ABITUR-TRAINING
BIOLOGIE

Rolf W. Meyer

Chemie für den Leistungskurs Biologie

Grundlagen und
Aufgaben mit Lösungen

STARK

Bildnachweis
Umschlagbild: Peter Kornherr, Dorfen; S. 17: aus: *Prinzipien der Chemie* von R. E. Dickerson et al., 2. bearb., erw. Auflage, Verlag Walter de Gruyter & Co.1988; S. 35, 53, 161: from: *Biochemistry* 3/E by Stryer © 1988 by Lubert Stryer, used with permission of W. H. Freeman and Company; S. 75: from: *Molecular Biology of the cell* by B. Alberts et al., 3rd ed. 1983, used with permission of Garland Publishing Inc.; S. 117: aus: *Biologie* von G. Czihak, H. Langer, H. Ziegler (Hrsg.), 3. völlig neubearb. Auflage, Springer Verlag 1984

Dieser Band wurde nach der neuen Rechtschreibung abgefasst.

ISBN: 3-89449-276-7

© 1997 by Stark Verlagsgesellschaft mbH · D-85318 Freising · Postfach 1852 · Tel. (08161) 1790
Nachdruck verboten!

Inhalt

Inhalt
Vorwort

1	**Aufbau der Materie**	**1**
1.1	Einteilung der Stoffe	2
1.2	Charakteristische Eigenschaften reiner Stoffe	4
1.3	Chemische Elemente und Atomaufbau	5
1.3.1	Atome – kleinste Teilchen chemischer Elemente	6
1.3.2	Bedeutung der Atomhülle und des Atomkerns	9
1.4	Isotope	9
1.5	Radioaktivität	10
1.6	Das Periodensystem der Elemente	12
1.7	Physikalische Theorie der thermischen Energie	14
1.8	Biologische Themenbezüge	15
1.9	Kontrollfragen	15
2	**Bildung chemischer Verbindungen**	**17**
2.1	Die chemische Bindung	18
2.2	Atombindung	20
2.3	Ionenbindung	22
2.4	Weitere Bindungsformen	25
2.4.1	Wasserstoffbrückenbindungen	25
2.4.2	Koordinative Bindung	26
2.4.3	Van-der-Waals-Kräfte	26
2.4.4	Hydrophobe Wechselwirkungen	26
2.5	Energiearten	27

(Fortsetzung siehe nächste Seite)

2.6	Die chemische Reaktion	29
2.6.1	Das Reaktionsschema	30
2.6.2	Regeln zur Formulierung von Reaktionsschemata	31
2.6.3	Die stöchiometrische Wertigkeit	31
2.6.4	Bindigkeit und Oxidationszahl	32
2.7	Biologische Themenbezüge	33
2.8	Kontrollfragen	34
3	**Grundtypen chemischer Reaktionen**	**35**
3.1	Säure-Base-Reaktionen	36
3.1.1	Protolyse von Säuren	37
3.1.2	Protolyse von Basen	40
3.1.3	Die Neutralisationsreaktion	40
3.1.4	Indikatoren	41
3.1.5	Protolyse von Salzen	41
3.1.6	Puffersysteme	42
3.2	Oxidations- und Reduktionsvorgänge	44
3.3	Gesetzmäßigkeiten chemischer Reaktionen	45
3.3.1	Masse und Volumen bei chemischen Reaktionen	45
3.3.2	Chemische Gleichgewichte	45
3.3.3	Massenwirkungsgesetz	46
3.3.4	Energie bei chemischen Reaktionen	47
3.3.5	Aktivierungsenergie und Katalyse	48
3.4	Biologische Themenbezüge	51
3.5	Kontrollfragen	52
4	**Wasser – Grundlage für Lebensvorgänge**	**53**
4.1	Physikalisch-chemische Eigenschaften des Wassers	54
4.1.1	Die Härte des Wassers	54
4.1.2	Chemische Zusammensetzung des Wassers	54
4.1.3	Der Bau des Wassermoleküls	55
4.1.4	Funktionen des Wassers	55
4.1.5	Wasserstoffbrückenbindungen ermöglichen Molekülverbände	56
4.1.6	Die Strukturen von Eis und Wasser – eine bemerkenswerte Ordnung	57
4.2	Wasser als Lösungsmittel	58
4.2.1	Echte Lösungen und unechte Lösungen	59
4.2.2	Hydration: Anlagerung von Wassermolekülen an Ionen	59

4.3	Ionenprodukt des Wassers	62
4.3.1	Wasser verhält sich amphoter	62
4.3.2	Oxoniumionen und Hydroxidionen – Ursache für die elektrische Leitfähigkeit	63
4.3.3	Der pH-Wert: „Stärke des Wasserstoffs"	66
4.4	Lösungen – unentbehrlich für Stoffwechselvorgänge	68
4.5	Biologische Themenbezüge	72
4.6	Kontrollfragen	72
5	**Struktur und Reaktionen organischer Moleküle**	**75**
5.1	Der Aufbau organischer Verbindungen	76
5.2	Benennung und Klassifizierung organischer Verbindungen	78
5.2.1	Bedeutung von Vorsilben in der Benennung organischer Verbindungen	78
5.2.2	Strukturmerkmale organischer Verbindungen	81
5.2.3	Ableitung organischer Verbindungen aus anorganischen	84
5.3	Reaktionstypen	86
5.3.1	Substitutionsreaktionen	86
5.3.2	Additionsreaktionen	87
5.3.3	Eliminierungsreaktionen	88
5.3.4	Kondensationsreaktionen	89
5.3.5	Hydrolysereaktionen	89
5.5.6	Isomerisierungen	90
5.4	Kohlenwasserstoffe	90
5.4.1	Alkane: Gesättigte Kohlenwasserstoffe	91
5.4.2	Alkene und Alkine: Ungesättigte Kohlenwasserstoffe	92
5.4.3	Systematische Benennung verzweigtkettiger Alkane	93
5.4.4	Aromatische Kohlenwasserstoffe	94
5.5	Alkohole (Alkanole)	95
5.6	Carbonylverbindungen	97
5.6.1	Aldehyde (Alkanale)	98
5.6.2	Ketone (Alkanone)	99
5.7	Carbonsäuren	100
5.7.1	Gesättigte Monocarbonsäuren	100
5.7.2	Ungesättigte Monocarbonsäuren	101
5.7.3	Gesättigte und ungesättigte Dicarbonsäuren	101
5.7.4	Substituierte Carbonsäuren	102

(Fortsetzung siehe nächste Seite)

5.7.5	Hydroxycarbonsäuren	102
5.7.6	Ketocarbonsäuren	103
5.7.7	Aminocarbonsäuren	104
5.7.8	Carbonsäureester	105
5.7.9	Carbonsäureamide	105
5.7.10	Für den Stoffwechsel wichtige Carbonsäuren	106
5.8	Amine	109
5.9	Schwefelhaltige organische Verbindungen	111
5.10	Farbstoffe	112
5.11	Biologische Themenbezüge	114
5.12	Kontrollfragen	114
6	**Moleküle des Lebens**	**117**
6.1	Kohlenstoffhydrate	118
6.1.1	Monosaccharide	118
6.1.2	Disaccharide	123
6.1.3	Polysaccharide	125
6.1.4	Der Glucoseabbau unter anaeroben und aeroben Bedingungen	126
6.2	Fette und fettähnliche Stoffe (Lipoide)	128
6.2.1	Bildung von Fett (Veresterung)	128
6.2.2	Biologische Bedeutung der Fette	129
6.2.3	Lipide	129
6.2.4	Fettabbau in der Zelle	130
6.3	Aminosäuren, Peptide und Proteine	132
6.3.1	Peptide	134
6.3.2	Proteine	135
6.3.3	Glycoproteine	137
6.3.4	Der Abbau von Aminosäuren in der Zelle	137
6.4	Intermediärer Kohlenstoff-Stoffwechsel	138
6.5	Nucleinsäuren	139
6.6	Enzyme	143
6.6.1	Substratspezifität eines Enzyms (Schlüssel-Schloss-Prinzip)	143
6.6.2	Wirkungsspezifität von Enzymen	143
6.6.3	Klassifizierung von Enzymen	144
6.6.4	Abhängigkeit der Enzymaktivität von verschiedenen Faktoren	146
6.7	Steroide	148
6.7.1	Hormone	149
6.7.2	Beispiele von Sexualhormonen	150

6.7.3	Wirkungsweise von Hormonen	150
6.7.4	Klassifizierung von Hormonen	152
6.7.5	Pflanzenhormone	153
6.8	Vitamine	154
6.9	Biologische Themenbezüge	155
6.10	Kontrollfragen	157

7	**Untersuchungsmethoden**	**161**
7.1	Trennung von Gemengen	162
7.1.1	Trennung von Feststoffgemischen	162
7.1.2	Trennung von Suspensionen	162
7.1.3	Trennung von Lösungen	162
7.1.4	Abtrennung von Gasen und Dämpfen	163
7.2	Isolierung und Reinigung von Stoffen	163
7.2.1	Gewebe- und Zellaufschluss	163
7.2.2	Zentrifugation	163
7.2.3	Dialyse	163
7.2.4	Gelchromatographie (Gelfiltration)	163
7.2.5	Extraktion	163
7.2.6	Chromatographische Verfahren	164
7.2.7	Elektrophorese	164
7.3	Methoden zum Stoffnachweis	165
7.3.1	Physikalische Methoden	165
7.3.2	Chemische Methoden	165
7.3.3	Biologische Methoden	165
7.4	Ermittlung der Stoffstruktur	166
7.5	Untersuchung von Reaktionsabläufen	166
7.6	Biologische Themenbezüge	168
7.7	Kontrollfragen	168

8	**Lösungen**	**169**

Anhang	**185**
SI-Einheiten	186
Glossar	191
Literaturverzeichnis	207
Stichwortverzeichnis	209

Vorwort

Liebe Kollegiatin, lieber Kollegiat,

für das tiefer gehende Verständnis biologischer Prozesse, die in den verschiedenen Kursthemen der reformierten gymnasialen Oberstufe (Kollegstufe) unterrichtlich behandelt werden, sind **chemische Grundkenntnisse** unentbehrlich.

Dieses Buch wurde im Hinblick auf diese Voraussetzungen aus der unterrichtlichen Praxis heraus entwickelt und bereitet chemisches Grundwissen in Verbindung mit physikalischen Grundlagen anhand von Texten, Abbildungen, Tabellen und Lehrsätzen systematisch auf.

Die Unterpunkte „**Biologische Themenbezüge**" zeigen Ihnen jeweils auf, wo Sie Ihre erworbenen Wissensgrundlagen im Biologieunterricht anwenden können.

Jedem Kapitel sind **Kontrollfragen** zugeordnet, die Ihnen zusätzlich eine gezielte Vorbereitung ermöglichen sollen, die **Lösungen** am Ende des Buches erleichtern Ihnen die Selbstkontrolle.

Im Anhang finden Sie eine Aufstellung von SI-Einheiten, physikalischen Größen und Einheiten sowie die wichtigsten griechischen Zahlwörter und die Buchstaben des griechischen Alphabets.
Das **Glossar** erläutert Ihnen wichtige chemische Begriffe und das **Stichwortverzeichnis** erleichtert Ihnen das Auffinden der einzelnen Kapitel und Begriffe.

Das Buch ist somit nicht nur als „Lernbuch", sondern auch als Studiengrundlage, Arbeitshilfe und Nachschlagewerk zu verstehen.

Viel Erfolg bei der Arbeit mit diesem Buch wünscht Ihnen

Rolf W. Meyer

Rolf W. Meyer

1 Aufbau der Materie

Die kleinste Einheit der Materie ist das Atom.
Nach einer Modellvorstellung umgibt den Atomkern die Atomhülle, in der sich die Elektronen auf schalenförmigen Bahnen bewegen.

Aufbau der Materie

1.1 Einteilung der Stoffe

Als **Materie** bezeichnet man die Gesamtheit aller **Stoffe**. Diese liegen als chemische Elemente, chemische Verbindungen oder Gemische (Gemenge, Mischungen) vor.
Für **Stoffe** werden, je nach Anwendungsgebiet, andere gleichbedeutende Bezeichnungen verwendet:
- „Körper" und „Festkörper" in der Physik,
- „Material" bei der Weiterverarbeitung,
- „Metabolit" im Stoffwechsel,
- „Reagenz" zur Untersuchung anderer Stoffe,
- „Substrat" bei der Bindung an Enzyme,
- „Substanz" und „Chemikalie" in der chemischen Industrie.

Einteilung der Stoffe

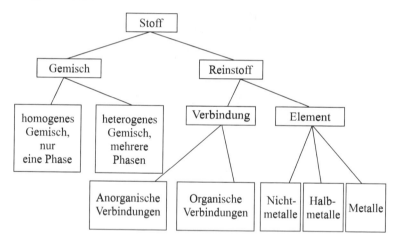

Jeder **Reinstoff** hat bei einer bestimmten Temperatur und unter gleichem Druck stets die gleichen (konstanten), aber nur für ihn zutreffenden Eigenschaften.
Elemente sind Reinstoffe, die chemisch in keine weiteren Bestandteile zerlegt werden können. Elemente bezeichnet man auch als Grundstoffe.
Elemente lassen sich unter folgenden Gesichtspunkten einteilen:
- Metalle/Nichtmetalle,
- nicht strahlende Elemente/radioaktive Elemente,
- natürlich vorkommende Elemente/künstlich hergestellte Elemente.

Als **Verbindungen** bezeichnet man Reinstoffe, die aus mehreren Elementen aufgebaut sind. Sie können mit chemischen Mitteln in weitere Bestandteile zerlegt werden. In einer Verbindung befinden sich die aufbauenden Elemente in einem bestimmten Massenverhältnis.

Ein **Stoffgemisch** (Gemenge) hat im Unterschied zu einem Reinstoff keine konstanten Eigenschaften. Diese hängen vom Mischungsverhältnis der einzelnen Bestandteile ab, aus denen das Stoffgemisch zusammengesetzt ist. Dieses Mischungsverhältnis kann innerhalb weiter Grenzen schwanken.

Die in einem **Gemisch** nebeneinander vorkommenden Stoffbereiche nennt man **Phasen**. Sind die Phasen einheitlich, spricht man von einem homogenen Gemisch oder Gemenge. Ein Beispiel für homogene Stoffgemische sind die Lösungen, die aus einer als Lösungsmittel bezeichneten Flüssigkeit und darin gelösten gasförmigen, flüssigen oder festen Stoffen bestehen.

Das bedeutendste Lösungsmittel ist Wasser, da die Lebensvorgänge in wässrigen Systemen ablaufen (vgl. Kap. 4).

Homogene Gemische

Phasen der Bestandteile	Bezeichnung
gasförmig – gasförmig	Gasgemisch
flüssig – flüssig	Lösung
fest – flüssig	Lösung
fest – fest	Legierung*

* Legierungen entstehen beim Zusammenschmelzen von Metallen

Sind die Phasen eines Gemisches leicht zu unterscheiden, liegt ein heterogenes Gemisch vor.

Heterogene Gemische

Phasen der Bestandteile	Bezeichnung
fest – fest	Gemenge
fest – flüssig	Suspension
fest – gasförmig	Rauch
flüssig – flüssig	Emulsion*
flüssig – gasförmig	Schaum, Nebel, Spray

* Ist das Öl tröpfchenförmig in Wasser verteilt, spricht man von einer Öl-in-Wasser-Emulsion (O/W). Ist das Wasser tröpfchenförmig in Öl verteilt, liegt eine Wasser-in-Öl-Emulsion (W/O) vor.

Als **System** bezeichnet man einen abgegrenzten Materiebereich. Stoffgemische bestehen aus zwei oder mehr Stoffen und werden auch **Mehrstoffsysteme** genannt. Bei Mehrstoffsystemen unterscheidet man **homogene** und **heterogene** Stoffgemische.

1.2 Charakteristische Eigenschaften reiner Stoffe

Zu den universellen Stoffarteigenschaften gehören:
- die physikalischen Größen **Volumen** und **Masse**;
- Teilbarkeit in kleinere Stoffportionen, und zwar bis zu einem kleinstmöglichen Stoffartteilchen, das noch die charakteristischen Eigenschaften der Stoffart zeigt;
- ständige Bewegung der kleinsten Stoffartteilchen (**Brown'sche Molekularbewegung** bei Gasen und Flüssigkeiten, Schwingungen bei Feststoffen).

Andere Stoffarteigenschaften hingegen sind spezifisch den unterschiedlichen Stoffarten zuzuordnen. Diese arteigenen oder charakteristischen Eigenschaften geben genaue Hinweise über Stoffe. Dabei unterscheidet man:
- **physikalische Eigenschaften**, wie z. B. Schmelztemperatur, Siedetemperatur, Dichte, Löslichkeit, Farbe;
- **chemische Eigenschaften** (Verhalten bei chemischen Vorgängen, „Reaktionen");
- nicht genau einzuordnende Eigenschaften (z. B. Geruch, Geschmack).

Die physikalische Zustandsform (**Aggregatzustand**) einer Stoffart wird durch Temperatur und Druck bestimmt.

Je nach Einfluss der Außenbedingungen und den Eigenschaften der betreffenden Stoffart befindet sich eine Stoffportion in **festem, flüssigem** oder **gasförmigem** Zustand.

Kennzeichnung: fest *(solid, s)*
flüssig *(liquid, l)*
gasförmig *(gaseous, g)*
wässrig *(aqueous, aq)*

Zur Identifizierung reiner Stoffe können außerdem herangezogen werden:
- die Brechzahl (Brechungsindex) von Flüssigkeiten, bestimmbar im **Refraktometer**;
- die Drehung der Ebene des polarisierten Lichtes durch Lösungen optisch aktiver Verbindungen, bestimmbar im **Polarimeter**;
- die elektrische Leitfähigkeit von Metallen, Legierungen und Lösungen von Salzen in Wasser;
- die Löslichkeit fester Stoffe in Wasser (angegeben als g reiner Stoff gelöst in 100 g Wasser bei einer gegebenen Temperatur);
- die Wanderungsstrecke bei der **Papierchromatografie** oder **Gaschromatografie**;
- die Wanderungsstrecke und -richtung bei der **Elektrophorese**;
- der typische Kurvenverlauf von **Absorptionsspektren** (Lage und Intensität von Absorptionen). Diese werden als Wechselwirkung der untersuchten Stoffe mit Licht des ultravioletten, sichtbaren oder infraroten Spektralbereichs aufgezeichnet.

1.3 Chemische Elemente und Atomaufbau

Elemente sind die chemischen Grundstoffe, weil sie sich mit chemischen Methoden nicht weiter zerlegen lassen. In der Chemie werden für die chemischen Elemente Symbole benutzt. Die bestehen aus einem oder zwei Buchstaben, die sich meist von lateinischen oder griechischen Elementnamen ableiten:

Chemisches Element		Symbol
Blei	Plumbum	Pb
Eisen	Ferrum	Fe
Gold	Aurum	Au
Kohlenstoff	Carbon(eum)	C
Kupfer	Cuprum	Cu
Quecksilber	Hydrargyrum	Hg
Sauerstoff	Oxygen(ium)	O
Schwefel	Sulfur	S
Silber	Argentum	Ag
Stickstoff	Nitrogen(ium)	N
Wasserstoff	Hydrogen(ium)	H
Zinn	Stannum	Sn

Eine vollständige Übersicht über die chemischen Elemente gibt das **Periodensystem der Elemente** (PSE, vgl. Kap. 1.6). In diesem System sind die Elemente nach zunehmender Protonenzahl angeordnet.

Chemische Elemente können miteinander reagieren, wobei chemische Verbindungen entstehen.

Bestimmte Elemente (**Alkalimetalle, Erdalkalimetalle, Halogene**) sind so reaktionsfähig, dass sie bereits in den Anfängen der Erdgeschichte unter Bildung chemischer Verbindungen reagiert haben.

Andere Elemente sind entweder sehr reaktionsträge (**Edelmetalle**) oder nicht reaktionsfähig (chemisch inert; **Edelgase**) und kommen daher als Elemente (elementar) in der Natur vor.

Zwischen diesen Elementgruppen mit besonders großer bzw. geringer Reaktivität stehen die Elemente mit mittlerer Reaktionsfähigkeit. Diese Elemente kommen in der Natur sowohl elementar (**Sauerstoff, Schwefel, Stickstoff**) als auch in Form ihrer Verbindungen vor (**Oxide, Sulfide, Nitrate**).

Einige Elemente kommen deshalb nicht in der Natur vor, weil die Kerne ihrer Atome nicht stabil sind und in sehr kurzer Zeit zerfallen. Zu diesen **radioaktiven Elementen** zählt man Technetium (Tc), Promethium (Pm), Astat (At) und Francium (Fr).

Als **künstliche Elemente** bezeichnet man Elemente, die ausschließlich durch Kernumwandlungen (atomphysikalische Prozesse) in Kernreaktoren hergestellt worden sind (Elemente mit Ordnungszahlen ab 94). Ihren Zerfall unter Aussendung von Strahlen bezeichnet man als künstliche Radioaktivität.

1.3.1 Atome – kleinste Teilchen chemischer Elemente

Als **Atom** definiert man das kleinste Teilchen eines Elementes, das noch Eigenschaften des Elementes besitzt oder solche zusammen mit gleichen Teilchen hervorruft.

Die wichtigsten Bausteine („Elementarteilchen") der Atome sind **Protonen, Elektronen und Neutronen.**

Bei der heute gültigen Modellvorstellung des Atombaus ist man von bestimmten Grundannahmen ausgegangen:
- Jedes Atom besteht aus einem **Atomkern** (Protonen und in der Regel auch Neutronen) und einer **Atomhülle** (Elektronenhülle).

- Nach außen erscheint das Atom elektrisch neutral. Die Summe der negativen Ladungen der Hüllenelektronen entspricht genau einer gleichen Menge positiver Ladungen des Atomkerns (das Proton ist elektrisch positiv geladen, während das Neutron elektrisch neutral ist).

Protonen und Neutronen bezeichnet man auch als **Nukleonen**. Die Gesamtheit der positiven Elementarladungen eines Atomkerns, d. h. die Zahl seiner Protonen, wird **Kernladungszahl** genannt und entspricht der Ordnungszahl des Elements. Diese Zahl charakterisiert ein Atom und ist Grundlage der heute gültigen Elementdefinition:

> Unter einem **Element** versteht man eine Stoffart, deren Stoffportionen aus Atomen gleicher Kernladungszahl bestehen.

Nach einer Modellvorstellung des dänischen Physikers Niels BOHR (1885–1962) ist der Atomkern eine kompakte, fast runde Ansammlung von Protonen und Neutronen (**Bohr'sches Atommodell**). Der Kern ist von den Elektronen der Atomhülle umgeben. Diese bewegen sich planetenartig auf individuellen Bahnen um den Kern.
Entsprechend einer weiterentwickelten Modellvorstellung der Atomhülle sind die Elektronen auf eine Reihe kugelförmiger **Elektronenschalen** verteilt, die konzentrisch um den Atomkern liegen (s. Abb. S. 8).
Die Zahl der jeweils besetzt vorliegenden Elektronenschalen richtet sich nach dem Gesamtelektronenbestand eines Atoms. Je nach ihrem Abstand vom Kern besitzen einzelne Schalen unterschiedliche Aufnahmekapazitäten.

Die Elektronen besitzen **kinetische Energie** (Bewegungsenergie) und **potenzielle Energie** (aus ihrer Lage im Kraftfeld abgeleitete Energie).
Der „energetische Grundzustand" der Elektronen ist dabei jeweils eine Funktion der Energiestufe (bzw. Schale), auf der sie sich bewegen. Somit unterscheiden sich die Schalen durch den Energiezustand der Elektronen, die sich dort bewegen.

> Je **weiter** vom Kern entfernt sich ein Elektron (im Durchschnitt) aufhält, umso **höher** ist dabei sein Energiezustand.

Aufbau der Materie

Die Energiestufen bzw. die Schalen werden entweder mit den Nummern 1 bis 7 oder den Buchstaben K, L, M, N, O, P, Q bezeichnet (von innen nach außen betrachtet).

Beispiele: Elektronenverteilungen

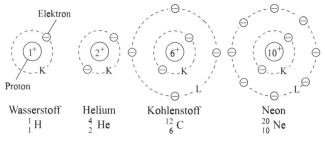

Wasserstoff	Helium	Kohlenstoff	Neon
$^{1}_{1}H$	$^{4}_{2}He$	$^{12}_{6}C$	$^{20}_{10}Ne$

(Die Neutronen der Kerne sind nicht angegeben.)

Für die jeweils äußere Schale eines Atoms (**Valenzschale**) liegt die oberste Grenze immer bei acht Elektronen. Die darunter liegenden Schalen können nach der folgenden Regel mehr als acht Elektronen aufnehmen. Eine Ausnahme bildet die K-Schale, die dem Atomkern am nächsten liegt: Mit zwei Elektronen ist sie schon voll besetzt.

Die maximale Elektronenzahl in einer Schale ist $2n^2$, (n = Schalenzahl).

Auch innerhalb einer Elektronenschale besteht keine Übereinstimmung im Energiezustand der Elektronen. Die Schalen stellen nur die Hauptenergiestufen dar.

Jede Hauptstufe, außer der K-Schale, unterteilt sich in eine Anzahl Unterstufen, die in ihrer Energie ähnlich, aber nicht gleich sind.

Nach heutiger Vorstellung fasst man die Hüllenelektronen als dreidimensionale „schwingende" Ladungen auf, die sich „wolkenartig" um den Kern ordnen. Diese Hypothese lässt über die Positionen der Elektronen nur noch Wahrscheinlichkeitsaussagen zu. Danach gibt es innerhalb bestimmter Räume um den Atomkern Bereiche, in denen die Ladungen von Elektronen häufiger anzutreffen sind als in anderen. Jede der Ladungswolken (**Orbitale**) kann höchstens zwei Elektronen aufnehmen.

Aufbau der Materie

Die Abbildung zeigt die Ladungswolke des Wasserstoffatoms. Die Größe der Aufenthaltswahrscheinlichkeit des Elektrons wird durch die Dichte der Punkte um den Atomkern angedeutet. Beim He-Atom mit seiner gesättigten K-Schale ergäbe sich ein verdichtetes Muster.

1.3.2 Bedeutung der Atomhülle und des Atomkerns

An chemischen Vorgängen ist nur die Atomhülle beteiligt, der Atomkern hingegen bleibt unverändert. Aus chemischer Sicht hat der Atomkern jedoch folgende Bedeutung:
- Durch seine Masse wird im Wesentlichen die Atommasse bestimmt.
- Durch die Zahl seiner Protonen ist auch die Anzahl der Hüllenelektronen des neutralen Atoms festgelegt.

> Die Atommasse wird näherungsweise durch die Massen der Atombausteine bestimmt. Als **atomare Masseneinheit** verwendet man die Einheit **1 u** (*unit*, engl.: Einheit).

1.4 Isotope

Von jedem chemischen Element existieren zwei oder mehrere Atomsorten mit gleicher Protonen-, aber unterschiedlicher Neutronenzahl. Da der Platz eines Elementes im Periodensystem ausschließlich von der Anzahl der Protonen (**Kernladungszahl** bzw. **Ordnungszahl**) bestimmt wird, müssen Atome mit gleicher Protonen-, aber unterschiedlicher Neutronenzahl demnach zu demselben Element gehören. Man nennt sie **Isotope**.

> Isotope sind Atome eines Elementes, die sich in der **Neutronenzahl** und damit in der Masse unterscheiden.
> Die Zahl der in Isotopen vorliegenden Neutronen ergibt sich als **Differenz** aus Nukleonenzahl minus Protonenzahl.

Alle Isotope eines Elementes haben dasselbe Symbol und denselben Namen. Elemente, die nur aus einer Atomsorte bestehen, nennt man **Reinelemente**. Die meisten Elemente sind **Isotopengemische**, man spricht von Mischelementen.

Aufbau der Materie

Bezeichnung von Isotopen:
Dem Elementsymbol wird die Nukleonenzahl **links oben** vorangestellt:
z. B. ^{14}C (Kohlenstoff 14) ^{34}S (Schwefel 34)
  ^{15}N (Stickstoff 15) ^{25}Mg (Magnesium 25)
  ^{18}O (Sauerstoff 18) ^{37}Cl (Chlor 37)
  ^{3}H (Tritium) ^{58}Fe (Eisen 58)

Kohlenstoffisotope

Das Kohlenstoffisotop ^{12}C ist der Hauptbestandteil des in der Natur elementar oder in Verbindungen vorkommenden Kohlenstoffs. Durch eine Kernumwandlung bei Einwirkung kosmischer Strahlung auf Stickstoffatome entsteht das radioaktive Isotop ^{14}C in sehr geringer Menge in den oberen Luftschichten. In Form der Verbindung ^{14}CO$_2$ wird radioaktiver Kohlenstoff bei der Assimilation von den Pflanzen aufgenommen (CO$_2$-Assimilation: Fotosynthese).

Die Menge radioaktiven Kohlenstoffs in pflanzlichem Material lässt sich mit sehr leistungsfähigen physikalischen Methoden bestimmen. Dies dient zur **Altersbestimmung** solcher Stoffe (Radiocarbonmethode).

Stabile Isotope wie z. B. ^{2}H, ^{13}C, ^{15}N, ^{17}O, ^{18}O und **Radioisotope** (instabile Isotope) wie etwa ^{3}H, ^{14}C, ^{32}P, ^{35}S können in die Moleküle chemischer Verbindungen eingebaut werden. Man bezeichnet solche Verbindungen als markierte Verbindungen (**Tracer**, engl. „Aufspürer"). Sie werden häufig zu Stoffwechseluntersuchungen und zu diagnostischen Zwecken verwendet.

1.5 Radioaktivität

Unter dem Begriff **Radioaktivität** versteht man den Vorgang des spontanen Zerfalls von Atomkernen unter Aussendung charakteristischer Strahlung. Dabei unterscheidet man die **natürliche** Radioaktivität von der **künstlichen** Radioaktivität, d. h. Radioaktivität eines künstlich hergestellten Elementes.

Man unterscheidet folgende Strahlungstypen:
– α-**Strahlung:** Sie besteht aus doppelt positiv geladenen Heliumkernen, die die Luft nicht sehr weit durchdringen können.

- **β-Strahlung:** Sie besteht aus schnell bewegten freien Elektronen mit größerem Durchdringungsvermögen.
- **γ-Strahlung:** Dies ist eine kurzwellige, besonders energiereiche elektromagnetische Strahlung, die viele Stoffe leicht durchdringen kann.

Das radioaktive Kohlenstoffisotop $^{14}_{6}C$ ist ein β-Strahler. Es besitzt gegenüber dem stabilen und am häufigsten verbreiteten $^{12}_{6}C$ zwei zusätzliche Neutronen. Zerfällt der ^{14}C-Kern, so entstehen durch Umwandlung eines Neutrons sowohl ein Proton als auch ein Elektron. Dieses Elektron wird mit charakteristisch hoher Energie freigesetzt (β-Strahlung).
Das neu entstandene Proton bleibt im Kern, der dadurch jetzt sieben Protonen enthält. Das zu dieser Kernladungszahl benötigte weitere Hüllenelektron wird aus der „Umgebung" gewonnen.

$$^{14}_{6}C \longrightarrow {}^{14}_{7}N + \beta\text{-Strahlung}$$

Damit ist dieses Atom kein Kohlenstoffatom mehr. Es wurde zum stabilen, nichtradioaktiven Stickstoffatom $^{14}_{7}N$ umgewandelt und hat auch entsprechend andere chemische Eigenschaften.

> Eine kennzeichnende Konstante der radioaktiven Isotope ist ihre individuelle **Halbwertszeit ($t_{1/2}$)**. Es handelt sich dabei um diejenige Zeitspanne, in der die Zahl vorliegender radioaktiver Atomkerne durch Zerfall auf genau die Hälfte absinkt.

Methoden zur absoluten Altersbestimmung von Fossilien

Name des Verfahrens	Ausgangsisotop	Zerfallsprodukt	Halbwertszeit in Jahren	Grenzen der Bestimmung
Radiocarbon (Radiokohlenstoff)	^{14}C	^{14}N	$5{,}76 \cdot 10^3$	~ 500 bis ~ 50 000 Jahre
Kalium-Argon	^{40}K	^{40}Ar	$1{,}27 \cdot 10^9$	Präkambrium bis Kambrium. Bei kombinierter Anwendung bis Tertiär.
Uran-Helium	^{238}U	α-Teilchen → Helium	$4{,}51 \cdot 10^9$	
Uran-Blei	^{238}U ^{235}U	^{206}Pb ^{207}Pb	$7{,}1 \cdot 10^9$	
Thorium-Blei	^{232}Th	^{208}Pb	$1{,}4 \cdot 10^{10}$	

Aufbau der Materie

1.6 Das Periodensystem der Elemente (PSE)

Das heute gültige Periodensystem der Elemente umfasst **acht Hauptgruppen** sowie **acht Nebengruppen** und ist nach folgenden Kriterien aufgebaut:
- Die Elemente sind nach **steigender Zahl der Protonen** im Atomkern angeordnet. Die Protonenzahl nennt man deshalb auch Ordnungszahl. Da die Protonen Träger der positiven Ladung sind, bezeichnet man sie auch als Kernladungszahl.
- Die Protonenzahl stimmt mit der Zahl der Elektronen in der Atomhülle überein.
- In einer **Periode** (waagrechte Zeile) sind die Elemente aufgeführt, in denen die gleiche Hauptschale mit Elektronen aufgefüllt wird.
- Die Periodennummer entspricht der Zahl der Hauptschalen. Sie gibt auch die Nummer der Valenzschale (äußere Elektronenschale) an.
- In den senkrechten Spalten, den **Gruppen**, stehen Elemente mit der gleichen Zahl von Valenzelektronen (Elektronen der äußeren Schale).
- Die Gruppennummer gibt an, wie viele Elektronen sich in der äußeren Elektronenschale befinden. Bei den Elementen der Hauptgruppen ist das die Zahl der Valenzelektronen (für die Gruppennummer VIII wird auch die Ziffer 0 geschrieben).

Hauptgruppe	Außenelektronen	Gruppenname
1.	1	Alkalimetalle
2.	2	Erdalkalimetalle
3.	3	Aluminium-Gruppe
4.	4	Kohlenstoff/Silicium-Gruppe
5.	5	Stickstoff/Phosphor-Gruppe
6.	6	Sauerstoff/Schwefel-Gruppe (Chalkogene, „Erzbildner")
7.	7	Halogene („Salzbildner")
8.	8	Edelgase

Periodisch wiederkehrende Eigenschaften am Beispiel der Hauptgruppenelemente:
- Innerhalb einer Elementgruppe nimmt der Atomradius von oben nach unten zu. Grund: Die Atome jedes in einer höheren Periode befindlichen Elementes enthalten eine Elektronenschale mehr. Die Elektronenhülle erreicht somit eine größere Ausdehnung.

- Innerhalb einer Periode nimmt der Atomradius von links nach rechts ab. Grund: Innerhalb einer Periode kommt keine neue Elektronenschale hinzu, sondern die bereits vorhandene Elektronenschale wird von Element zu Element mit je einem Elektron mehr aufgefüllt. Da mit je einem Elektron aber auch je ein Proton hinzukommt, nimmt die Kernladung zu. Die höhere Kernladung bewirkt eine „Zusammenziehung" der Elektronenhülle, was sich in dem kleineren Atomradius ausdrückt.
- Innerhalb einer Elementgruppe nehmen die Ionisierungsenergien von oben nach unten ab. (Unter **Ionisierungsenergie** versteht man denjenigen Energiebetrag, der aufzuwenden ist, um ein Elektron aus dem jeweiligen Atom zu entfernen. Hierdurch entstehen einfach positiv geladene Ionen.)
- Innerhalb einer Periode nehmen die Ionisierungsenergien von links nach rechts zu.
- Der Ionenradius ist bei Kationen kleiner als der Atomradius.
- Der Ionenradius von Anionen ist größer als der Atomradius.

Kurzperiodensystem, das nur die Elemente der Hauptgruppen zeigt

Hauptgruppe	I	II	III	IV	V	VI	VII	VIII
Außenelektronen	1	2	3	4	5	6	7	8
Periode 1	$_1$H $_{2,1}$							$_2$He
Periode 2	$_3$Li $_{1,0}$	$_4$Be $_{1,5}$	$_5$B $_{2,0}$	$_6$C $_{2,5}$	$_7$N $_{3,0}$	$_8$O $_{3,5}$	$_9$F $_{4,0}$	$_{10}$Ne
Periode 3	$_{11}$Na $_{0,9}$	$_{12}$Mg $_{1,2}$	$_{13}$Al $_{1,5}$	$_{14}$Si $_{1,8}$	$_{15}$P $_{2,1}$	$_{16}$S $_{2,5}$	$_{17}$Cl $_{3,0}$	$_{18}$Ar
Periode 4	$_{19}$K $_{0,8}$	$_{20}$Ca $_{1,0}$	$_{31}$Ga $_{1,6}$	$_{32}$Ge $_{1,8}$	$_{33}$As $_{2,0}$	$_{34}$Se $_{2,4}$	$_{35}$Br $_{2,8}$	$_{36}$Kr
Periode 5	$_{37}$Rb $_{0,8}$	$_{38}$Sr $_{1,0}$	$_{49}$In $_{1,7}$	$_{50}$Sn $_{1,8}$	$_{51}$Sb $_{1,9}$	$_{52}$Te $_{2,1}$	$_{53}$I $_{2,5}$	$_{54}$Xe
Periode 6	$_{55}$Cs $_{0,7}$	$_{56}$Ba $_{0,9}$	$_{81}$Tl $_{1,8}$	$_{82}$Pb $_{1,8}$	$_{83}$Bi $_{1,9}$	$_{84}$Po $_{2,0}$	$_{85}$At $_{2,2}$	$_{86}$Rn
Periode 7	$_{87}$Fr $_{0,7}$	$_{88}$Ra $_{0,9}$						

Die Zahl links von dem jeweiligen Element gibt jeweils die **Kernladungszahl** an, die Zahl rechts davon bezeichnet die **Elektronegativität**.

Die Periodizität der Eigenschaften zeigt sich auch in den von Linus PAULING angegebenen Elektronegativitätswerten.

Die **Elektronegativität (EN)** ist die Fähigkeit eines Atoms, Bindungselektronen anzuziehen.

Die unterschiedlichen Elektronegativitäten der Elemente werden durch dimensionslose Zahlen zueinander in Beziehung gesetzt (s. Tab. S. 13). Für Fluor (F) ist als höchste EN die Zahl 4,0 festgelegt worden, Francium (Fr) und Cäsium (Cs) haben mit 0,7 die kleinsten EN aller Elemente.
– Innerhalb einer Periode nimmt die Elektronegativität von links nach rechts zu.
– Innerhalb einer Gruppe nimmt die Elektronegativität von unten nach oben zu.

1.7 Physikalische Theorie der thermischen Energie

Wärmeaufnahme und Wärmeabgabe sind Vorgänge, denen ein Körper seiner Umwelt gegenüber ausgesetzt ist. Im Folgenden sind die Vorgänge, die beim Wechsel der Zustandsformen durch Wärmeaufnahme bzw. Wärmeabgabe erfolgen, wiedergegeben:
– Die in einem Körper gespeicherte thermische Energie (*thermos*, gr. warm, heiß) stellt die Bewegungsenergie der Teilchen dar, aus denen der Körper besteht. Diese kinetische Energie (*kinesis*, gr. Bewegung) hängt ab von der Masse der Teilchen und ihrer Geschwindigkeit.
– Wird ein Körper erwärmt, so nimmt die durchschnittliche Geschwindigkeit seiner Teilchen zu. Die Folge ist eine höhere Temperatur des Körpers. Beim Abkühlen eines Körpers nimmt die Teilchengeschwindigkeit ab. Dies hat eine Abnahme der Temperatur zur Folge. Die Temperatur ist also ein Maß für den Wärmezustand eines Stoffes.
– Die Übertragung von thermischer Energie geschieht dadurch, dass energiereichere (sich schneller bewegende Teilchen) bei Zusammenstößen Bewegungsenergie an energieärmere (langsamere) Teilchen abgeben.
– Der Platzbedarf eines Teilchens in einem Körper nimmt mit steigender kinetischer Energie zu, d. h. der durchschnittliche Abstand der sich bewegenden Teilchen nimmt mit der Temperatur zu.

Zwischen Atomen, Molekülen und Ionen wirken mehr oder weniger starke Anziehungskräfte. Diese Anziehungskräfte sind umso größer, je kleiner die Abstände zwischen den Teilchen sind.

1.8 Biologische Themenbezüge

Valenzelektronen:
Wirkung von Lichtquanten (Photonen) auf Atome und Moleküle („fotoelektrischer Effekt"); Ionisation des Chlorophyllmoleküls

Chemische Elemente:
Makronährelemente, Mikronährelemente (Spurenelemente); Gesetz des Minimums

Radioaktive Isotope:
Markierung von Molekülen (Tracer-Methode); Autoradiografie; Radiochromatografie (Untersuchungen zur Fotosynthese, DNA-Replikation); Altersbestimmung; Transport von Radionukliden in der Nahrungskette

1.9 Kontrollfragen

1. In manchen Periodensystemen wird Wasserstoff in die Elementgruppe der Alkalimetalle gestellt. Was spricht für bzw. gegen die Zuordnung?

2. Wie unterscheiden sich Elektronen, Protonen und Neutronen? Wie sind sie in den Atomen angeordnet?

3. Wie groß ist die Masse eines Atoms, das aus sechs Protonen, acht Neutronen und sechs Elektronen aufgebaut ist? Um welches Atom handelt es sich dabei?

4. Wie lassen sich folgende Begriffe definieren: Hypothese, Theorie, Modell?

5. Die Atommasse des Sauerstoffs beträgt 16 u, seine Ordnungszahl ist 8. Wie groß ist die Zahl der Neutronen im Atomkern?

6. Geben Sie für folgende Elemente die Verteilung der Elektronen auf den einzelnen Schalen an: Sauerstoff, Silizium, Magnesium und Kalium.

7. Unterscheiden Sie zwischen physikalischen und chemischen Vorgängen: Oxidation, Destillation, Sublimation, Neutralisation, Reduktion, Filtration, Verbrennung, Dialyse, Verdauung.

8. Ordnen Sie folgende Stoffe als chemische Elemente, Verbindungen oder Stoffgemische ein: Messing, Magnesium, Olivenöl, Harnsäure, physiologische Kochsalzlösung, Harnstoff, Vitamin C, Serumproteine.

Aufbau der Materie

9. Bilden Natriumchlorid und Wasser in beliebigen Anteilen homogene Systeme? Begründen Sie.
10. Begründen Sie, ob Ethanol und Wasser in beliebigen Anteilen homogene Systeme bilden.
11. Definieren Sie die Begriffe Emulsion und Suspension.
12. Wodurch wird die unterschiedliche Länge der Perioden im PSE bestimmt?
13. Was versteht man unter der Edelgaskonfiguration?
14. Nennen Sie vier sich periodisch ändernde Eigenschaften der Elemente.
15. Wie können „künstliche" Isotope hergestellt werden?

2 Bildung chemischer Verbindungen

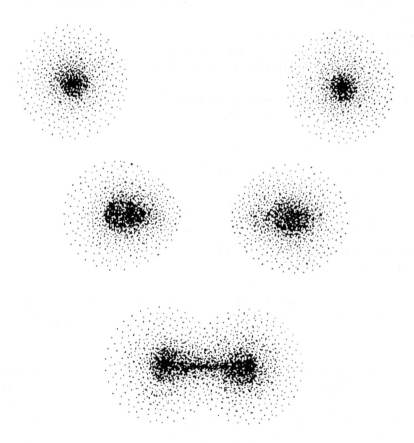

Bei der Bildung chemischer Verbindungen nähern sich die Bindungspartner einander an, bis verschiedene Arten von Wechselwirkungen zwischen ihnen wirksam werden können, die zur Entstehung der Bindung führen.

Bildung chemischer Verbindungen

2.1 Die chemische Bindung

Die chemische Bindung beruht auf der elektrostatischen Verknüpfung von positiv und negativ geladenen Teilchen bzw. auf der gemeinsamen Benutzung von Elektronenpaaren.
Die Elektronen der jeweils äußeren Schale oder Energiestufe nennt man auch **Valenzelektronen** *(valere,* lat.: wert sein). Sie sind hauptsächlich an den chemischen Reaktionen beteiligt und bestimmen daher das chemische Verhalten der Atome.
Die Anzahl der Valenzelektronen wird in den Valenzelektronenformeln vereinfacht durch Punkte dargestellt (s. Abb.).

•Na	•Mg•	•Al•	•Si•
Natrium	Magnesium	Aluminium	Silizium

•P•	•S•	:Cl•	:Ar:
Phosphor	Schwefel	Chlor	Argon

Reagieren zwei Elemente miteinander, so wird angestrebt jeweils eine volle Außenschale zu erreichen.

Je nach Anzahl der schon vorhandenen Valenzelektronen kann eine volle Außenschale durch Elektronenaufnahme oder Abgabe im Austausch zwischen Atomen verschiedener Elemente erreicht werden.

Gesättigte Außenschalen liegen beispielsweise bei den chemisch verhältnismäßig trägen Edelgasen vor (Helium, Neon, Argon, Krypton, Xenon, Radon). Ihr inertes *(inert,* lat.: untätig, unbeteiligt) Verhalten lässt sich damit erklären, dass sie eine stabile Valenzelektronenkonfiguration besitzen. Man sagt daher: Die Partner chemischer Reaktionen streben eine stabile Edelgaskonfiguration an.
Wie erreichen die Atome der verschiedenen Elemente die Edelgaskonfiguration?
- Atome der Alkali- und Erdalkalimetalle durch Elektronenabgabe (s. Tab. S. 19);
- Atome der Halogene und Chalkogene durch Elektronenaufnahme (s. Tab. S. 19);
- Atome von Elementen aus den dazwischen liegenden Gruppen des Periodensystems erreichen die Edelgaskonfiguration durch Aufbau von Molekülverbindungen, in denen die Außenschale der miteinander verknüpften Atome durch gemeinsame Elektronen aufgefüllt wird.

Bildung chemischer Verbindungen

Die zum Erreichen der Edelgaskonfiguration notwendigen Elektronenübertragungen bei Reaktionen zwischen Metallen und Nichtmetallen sind in der folgenden Tabelle zusammengefasst.

VI Sauerstoff- Schwefel- Gruppe	VII Halogene	VIII Edelgase	I Alkali- metalle	II Erdalkali- metalle	III Aluminium- Gruppe
O	F	Ne	Na	Mg	Al
S	Cl	Ar	K	Ca	
	Br	Kr			
	I	Xe		Ba	
	→ Aufnahme von 1 e^-		← Abgabe von 1 e^-		
→ Aufnahme von 2 e^-				← Abgabe von 2 e^-	
				← Abgabe von 3 e^-	

Chemische Reaktionen zwischen Atomen erfolgen entweder unter Elektronenübertragung oder unter Ausbildung von Bindungselektronenpaaren.

Man unterscheidet verschiedene Arten der chemischen Bindung:
- die kovalente oder **Atombindung**; ein Sonderfall ist die polare Atombindung;
- die **Ionenbindung**.

Außerdem gibt es noch **koordinative Bindungen** sowie Wechselwirkungen zwischen Atomen und Molekülen, die eine sehr geringe Bindungsenergie besitzen. Dazu zählen die **Wasserstoffbrückenbindungen**, die **van-der-Waals-Bindungen** und die hydrophoben Wechselwirkungen.

Unter **Bindungsenergie** versteht man den Energiebetrag, der aufgenommen werden muss, um eine Bindung vollständig zu trennen oder umgekehrt den Energiebetrag, der bei der Ausbildung derselben Bindung frei wird.

Bildung chemischer Verbindungen

2.2 Atombindung

Moleküle können gebildet werden, wenn sich zwei Atome nahe genug sind und es damit möglich ist, ein Elektronenpaar im Molekülorbital gemeinsam zu benutzen (s. Abb.). Das Elektronenpaar, das als Teil beider Atome anzusehen ist, ermöglicht die Elektronenpaarbindung (auch Atombindung oder kovalente Bindung genannt).
Orbitale, die mit einem Einzelelektron besetzt sind, eignen sich zur Elektronenpaarbindung. Das Bestreben nach doppelter Besetzung („Bildung eines doppelt besetzten Molekularorbits") ist der Grund für die Reaktionsfähigkeit der Elemente, um eine Edelgaskonfiguration der äußeren Schale zu erreichen.

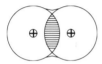

Die Schraffur zwischen den beiden Atomen zeigt den Überlappungsbereich der Atomorbitale an. In diesem Bereich weist der gemeinsame Molekularorbit seine größte Ladungsdichte auf. Beide Atomrümpfe werden von der negativen Ladung umhüllt und zusammengehalten.

Symbolische Darstellung am Beispiel von Wasserstoff und Chlor:

$$H\cdot + \cdot H \longrightarrow H:H \text{ oder } H_2$$
$$:\!\ddot{C}l\cdot + \cdot\ddot{C}l\!: \longrightarrow :\!\ddot{C}l\!:\!\ddot{C}l\!: \text{ oder } Cl_2$$

Die Elektronenpaare können auch als Striche dargestellt werden, wobei häufig nur die Elektronenpaare angegeben werden, die an der Bildung der Bindung beteiligt sind:

$$H-H \qquad |\overline{Cl}-\overline{Cl}| \ = \ Cl-Cl$$

Weitere Beispiele von zweiatomigen Molekülen von Elementen:
- Stickstoffmolekül, N_2. Hier kommt es zur Ausbildung einer
  Dreifachbindung zwischen den beiden Stickstoffatomen: $\quad |N\equiv N|$
- Sauerstoffmolekül, O_2. Es liegt eine **Doppelbindung** vor: $\quad \langle O\!=\!O\rangle$

Die Atombindung kommt dadurch zustande, dass sich zwei Elektronen vorwiegend zwischen den Atomkernen der Reaktionspartner aufhalten. Dieses Elektronenpaar heißt **Bindungselektronenpaar**. Man bezeichnet deshalb die Atombindung häufig auch als Elektronenpaarbindung oder **kovalente Bindung** *(kovalent: zusammenzählend)*.

Polare Atombindung

In einem Molekül, das aus Atomen mit verschiedener Elektronegativität (EN) besteht, ist das Bindungselektronenpaar auf die Seite des stärker elektronegativen Bindungspartners verschoben (s. Tab.).

Beispiele:

EN	2,1 4,0	2,1 3,0	2,1 2,8	2,1 2,5
Molekül	H ◄ F	H ◄ Cl	H ◄ Br	H ◄ I

Die Polarität einer Atombindung kann grafisch durch keilförmige Schreibweise des Bindungselektronenpaars zum Ausdruck gebracht werden. Die Breite des Keils deutet die Stärke der Polarität an.

Atombindungen, bei denen das Bindungselektronenpaar auf die Seite eines Bindungspartners verschoben ist, nennt man **polare Atombindungen**.

Je größer die EN-Differenz der beteiligten Atome ist, umso stärker ist die Polarität der Atombindung.
In einem zweiatomigen Molekül mit polarer Atombindung liegen der positive und der negative Ladungsschwerpunkt nicht mehr auf dem gleichen geometrischen Ort. Dadurch bekommt das Molekül auf der Seite des elektronegativeren Atoms eine negative und auf der anderen Seite eine positive Teilladung. Die Zeichen $\delta+$ und $\delta-$ symbolisieren bei den entsprechenden Elementsymbolen solche Teilladungen. Solche Moleküle heißen **Dipole**.

Beispiel: $\overset{\delta+}{H}$ ◄ $\overset{\delta-}{Cl}$

Wichtige anorganische Verbindungen sind aus mehratomigen Molekülen aufgebaut, z. B. die Verbindungen aus Nichtmetallen und Wasserstoff und aus Nichtmetallen und Sauerstoff:

Bildung chemischer Verbindungen

- Dihydrogeniummonooxid (Wasser), H_2O
- Hydrogensulfid (Schwefelwasserstoff), H_2S
- Ammoniak, NH_3

In den Molekülen der mehr als vier Millionen organischen Verbindungen sind die Atome durch nicht-polarisierte und/oder polarisierte kovalente Bindungen miteinander verknüpft.

2.3 Ionenbindung

Geben Atome Elektronen ab (Elektronendonatoren) oder nehmen Atome Elektronen auf (Elektronenakzeptoren), so bilden sich elektrisch geladene Ionen.

Ionen mit positiver Ladung nennt man **Kationen**. Das jeweilige Atom gab Elektronen ab.
Ionen mit negativer Ladung bezeichnet man als **Anionen**. Das jeweilige Atom nahm Elektronen auf.

Die elektrische Ladung eines Ions wird durch die **Ladungszahl z** angegeben. Sie wird dem Atomsymbol als rechts hochgestellter Index angefügt. Die Zahl der positiven oder negativen Elementarladungen, die ein Ion trägt, gibt seine **Ionenwertigkeit** an, z. B. ist Na^+ positiv einwertig, Cl^- negativ einwertig.

An folgendem Beispiel soll die Ionenbildung veranschaulicht werden:
Aus einem Natriumatom (Na, Kernladungszahl 11) ist durch Abgabe eines Elektrons das einwertig positiv geladene Kation Na^+ entstanden. In seiner Elektronenkonfiguration gleicht es nun dem Edelgas Neon (Ne).
Das einwertig negativ geladene Anion Cl^- (Chloridion) ist aus einem Chloratom (Cl, Kernladungszahl 17) durch Aufnahme eines Elektrons entstanden. Durch die Aufnahme eines Elektrons hat Chlor eine volle Außenschale (mit acht Außenelektronen) erreicht. In seiner Elektronenkonfiguration gleicht es nun dem Edelgas Argon (Ar).

$$Na\cdot \longrightarrow Na^+ + e^-$$

$$\cdot\ddot{\underset{..}{Cl}}: + e^- \longrightarrow :\ddot{\underset{..}{Cl}}:^-$$

$$Na\cdot + \cdot\ddot{\underset{..}{Cl}}: \longrightarrow Na^+ + :\ddot{\underset{..}{Cl}}: \quad \text{oder kurz } NaCl$$

Bildung chemischer Verbindungen

Die Bindung zwischen entgegengesetzt geladenen Ionen nennt man **Ionenbindung** oder heteropolare Bindung.
Alle Verbindungen, die nicht aus elektrisch neutralen Molekülen, sondern aus Ionen bestehen, also alle Ionenverbindungen, bezeichnet man als **Salze**.

Wie kann man sich den Aufbau der Salzverbindung Natriumchlorid (Stein- bzw. Kochsalz) vorstellen?
Im Steinsalzkristall sind die Na-Ionen und Cl-Ionen durch Ionenbindungen in einem Kristallgitter festgelegt (s. Abb.). Diese Gitterordnung spiegelt sich auch in der Kristallform und -symmetrie wider.

Aufbau eines Steinsalzkristalls

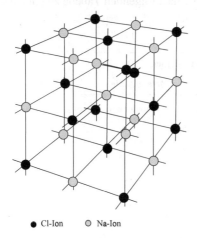

● Cl-Ion   ○ Na-Ion

Die Ionenbindung wirkt nicht in eine bestimmte Richtung. Das durch die Ladung der einzelnen Ionen hervorgerufene elektrische Feld wirkt vielmehr gleichmäßig nach allen Seiten und auf alle benachbarten Ionen.
Jedes Na^+-Ion ist von sechs Cl^--Ionen und jedes Cl^--Ion von sechs Na^+-Ionen umgeben. Die Zahl 6 bezeichnet man als die Koordinationszahl der Ionen im Steinsalzgitter.

Die **Koordinationszahl** gibt an, wie viele nächste Nachbarteilchen mit gleichem Abstand ein Teilchen in einem Gitter besitzt.

Bildung chemischer Verbindungen

Nur in verdünnter Lösung oder im geschmolzenen Zustand sind die Ionen des Natriumchlorids frei beweglich und gute Stromleiter. Wegen dieser Eigenschaft bezeichnet man sie auch als **Elektrolyte** *(lyein,* gr.: lösen).

Positiv geladene **Kationen** und die negativ geladene **Anionen** sind die Teilchen, aus denen ein Salz besteht.

Als Formel für ein Salz verwendet man i. d. R. die empirische Formel des Stoffes. Diese Formel gibt auch das Verhältnis N (Kationen) : N (Anionen) in einer Salzportion wieder (**Verhältnisformel**). Dieses Verhältnis hat zur Folge, dass die Salzportion insgesamt neutral ist.

Die Namen der Salze werden aus dem Namen für das Kation und dem Namen für das Anion gebildet. Beispiele sind der nachfolgenden Tabelle zu entnehmen.

Beispiele:

Atomionen		Molekülionen	
Atomkationen		**Molekülkation**	
Na^+	Natriumion	NH_4^+	Ammoniumion
K^+	Kaliumion		
Ag^+	Silberion		
Hg^+	Quecksilber(I)ion		
Hg^{2+}	Quecksilber(II)ion		
Mg^{2+}	Magnesiumion		
Fe^{2+}	Eisen(II)ion		
Fe^{3+}	Eisen(III)ion		
Al^{3+}	Aluminiumion		
Atomanionen		**Molekülanionen**	
Cl^-	Chloridion	OH^-	Hydroxidion
Br^-	Bromidion	NO_3^-	Nitration
I^-	Iodidion	SO_4^{2-}	Sulfation
O^{2-}	Oxidion	CO_3^{2-}	Carbonation
S^{2-}	Sulfidion	PO_4^{3-}	Phosphation
N^{3-}	Nitridion	CrO_4^{2-}	Chromation

2.4 Weitere Bindungsformen

2.4.1 Wasserstoffbrückenbindung

Moleküle, die polare Atombindungen enthalten, liegen als **Dipole** vor. Diese Dipole können miteinander in Wechselwirkung treten. Dies zeigt sich besonders bei Molekülen mit OH- und NH-Bindung. Die Moleküle ordnen sich dann so an, dass der Molekülteil mit der negativen Partialladung auf dem Sauerstoff- bzw. dem Stickstoffatom dem Molekülteil eines anderen Dipols mit der positiven Partialladung auf dem Wasserstoffatom gegenüberliegt. Dabei entstehen so genannte Wasserstoffbrückenbindungen mit relativ niedrigem Energiegehalt (12–30 kJ/mol), in denen sich zwei Atome ein Wasserstoffatom „teilen". Dieses Phänomen beeinflusst wesentlich die physikalischen Eigenschaften der entsprechenden Verbindungen: Wasserstoffbrücken sind für die Löslichkeit vieler organischer Verbindungen in Wasser und für die Stabilität von großen Molekülen, sog. Makromolekülen, verantwortlich.

Beispiele:

Wasser

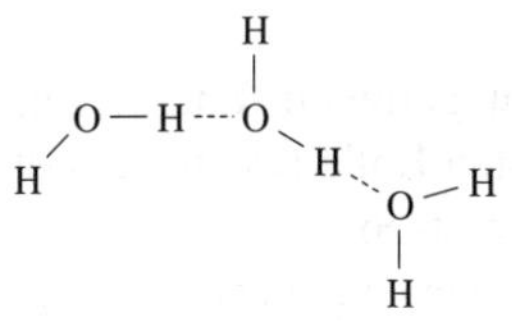

Basenpaarungen in der DNA

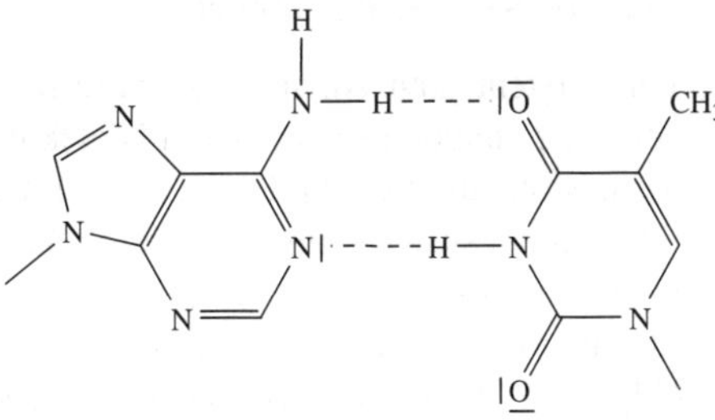

Adenin — Thymin

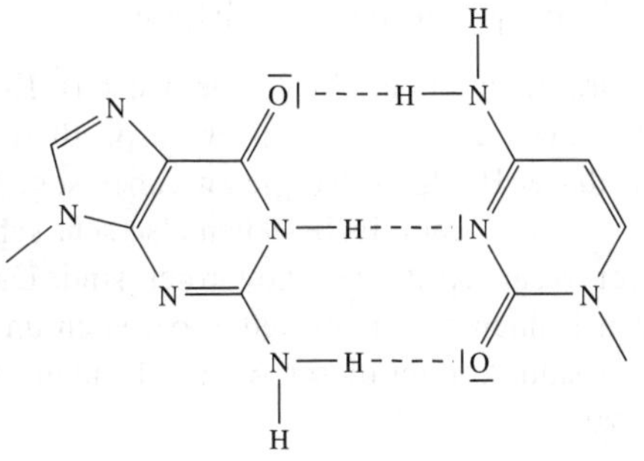

Guanin — Cytosin

Bildung chemischer Verbindungen

Wasserstoffbrückenbindungen können auch bei Alkoholen, Carbonsäuren, Peptiden, Aminen und Ammoniak ausgebildet werden. Die Löslichkeit von Ethanol in Wasser ist ebenfalls mit auf Wasserstoffbrückenbindungen zurückzuführen.

2.4.2 Koordinative Bindung

Sie ist ein Sonderfall der Atombindung, in der das bindende Elektronenpaar ausschließlich von einem der beiden Bindungspartner stammt. Für die meisten Metallkomplexe ist dieser Bindungstyp charakteristisch.

Beispiele:

$Cu^{2+} + 4\ NH_3 \rightleftharpoons [Cu(NH_3)_4]^{2+}$ Hier wird das freie Elektronenpaar des Stickstoffs zur Ausbildung von vier koordinativen Bindungen zum Cu^{2+}-Ion benutzt.

$$\begin{bmatrix} H_3N & & NH_3 \\ & Cu & \\ H_3N & & NH_3 \end{bmatrix}^{2+}$$

Kupfertetramminkomplex

Die koordinative Bindung wird meist mit einem Pfeil oder mit einer gestrichelten Linie angedeutet.

2.4.3 Van-der-Waals-Bindungen

Darunter versteht man Anziehungskräfte mit sehr geringem Energiegehalt (ca. 4 kJ/mol). Sie spielen bei unpolaren Molekülen eine Rolle (Elemente mit Molekülgittern; Molekülgitter: Moleküle auf den Gitterplätzen). Diese Anziehungskräfte entstehen durch kurzfristige ungleiche Ladungsverteilung in den Molekülen (sog. temporäre Dipolbildung). Die temporären Dipole können untereinander in Wechselwirkung treten. Beispiele von Elementen mit Molekülgittern: Phosphor (P_4), Jod (Iod, I_2), Schwefel (S_8), Selen (Se_8).

2.4.4 Hydrophobe Wechselwirkungen

Unpolare (hydrophobe) Moleküle wie z. B. Kohlenwasserstoffe, die man in polaren Lösungsmitteln wie Wasser suspendiert, neigen dazu zu assoziieren. Die Größe dieser Bindungsenergie zwischen sog. Alkylresten liegt in der Größenordnung von 10 kJ/mol. Es bestehen also sehr schwache Wechselwirkungen, für die van-der-Waals-Kräfte verantwortlich sind. Da Lipide zum größten Teil aus unpolaren Kohlenwasserstoffketten bestehen und viele Seitenketten von Proteinen unpolar sind, kommt dieser Art der Bindung im Zellgeschehen eine bedeutende Rolle zu.

2.5 Energiearten

Energie *(energeia,* gr.: Tatkraft) ist die Fähigkeit eines Systems Arbeit zu verrichten oder Wärme abzugeben. Betrachtet man ein System, so kann man davon ausgehen, dass jedem der Bestandteile ein bestimmter Energieanteil zukommt. Die Summe der Energiebeträge eines Systems bezeichnet man als seine innere Gesamtenergie.

Als **freie Energie** eines Systems bezeichnet man den Teil der Gesamtenergie, mit dem im System Arbeit geleistet werden kann.

Die „Arbeitsfähigkeit" einer chemischen Reaktion, die sog. Änderung der freien Energie (freie Gibbs-Energie) ΔG, setzt sich zusammen aus den Änderungen der Reaktionsenthalpie ΔH (H = Wärmeinhalt eines Systems, vgl. Kap. 3.3.4) und der Entropie („Grad von Unordnung in einem System") ΔS :

$$\Delta G = \Delta H - T \cdot \Delta S$$

Chemische Reaktionen, die unter Abnahme der verfügbaren freien Energie verlaufen, bezeichnet man im Hinblick auf eine mögliche Verwendung der freien Energie zu Arbeit als **exergonische Reaktionen**. Muss einem System von außen Energie zugeführt werden, damit die Ausgangsstoffe das Reaktionsprodukt bilden, so bezeichnet man solche Reaktionen im Hinblick auf die Energiezufuhr als **endergonische Reaktionen**.

Aus ΔG einer Reaktion A $\rightarrow$ B kann man – je nach ihrem Vorzeichen – folgende Aussagen über den Ablauf der Reaktion machen:
$\Delta G < 0$ (exergonisch): Reaktion A $\rightarrow$ B läuft spontan ab;
$\Delta G > 0$ (endergonisch): Reaktion A $\rightarrow$ B läuft in Gegenrichtung spontan ab;
$\Delta G = 0$: die Reaktion befindet sich im Gleichgewicht.

Bei chemischen Reaktionen wird entweder Wärme in innere Energie oder innere Energie in Wärme umgewandelt, d. h. der Wärmeinhalt des Systems ΔH, die Reaktionsenthalpie, ändert sich.

> Reaktionen, bei denen Wärme aufgenommen wird, nennt man **endotherme** *(endon,* gr.: innen) Reaktionen.
> Reaktionen, bei denen Wärme abgegeben wird, nennt man **exotherme** *(exo,* gr.: außen) Reaktionen.

Somit bezieht sich endo- bzw. exotherm auf ΔH und endergonisch bzw. exergonisch auf ΔG.

Bildung chemischer Verbindungen

Energiearten
- Mechanische Energie (Bewegungsenergie oder kinetische Energie)
- Wärmeenergie oder thermische Energie („Wärme")
- Chemische Energie
- Elektromagnetische Strahlungsenergie
- Kernenergie

Wechselseitige Umwandlung von Energiearten

Energieform		Energieform
mechanische Energie		Wärmeenergie
Bewegung	——Reibung——▶	Reibungswärme
Bewegung	◀——Dampfmaschine——	Wärme des Wasserdampfes
mechanische Energie		elektrische Energie
Energie des in einer Druckleitung fließenden Wassers	——Generator——▶	elektrischer Strom
Schall	◀——Lautsprecher——	elektrischer Strom
Wärmeenergie		elektrische Energie
Wärme des Wasserdampfes	——Dampfturbine——▶	elektrischer Strom
Wärme	◀——Kochherd——	elektrischer Strom
Wärmeenergie		Lichtenergie
zugeführte Wärme	——glühendes Metall——▶	Licht
aufgenommene Wärme	◀——bestrahlte Gegenstände——	Sonnenlicht
Wärmeenergie		chemische Energie
zugeführte Wärme	——Kochherd——▶	gekochte Lebensmittel
ausgestrahlte Wärme	◀——Ofen——	Brennstoff
elektrische Energie		chemische Energie
elektrischer Strom	——Laden einer Autobatterie——▶	chemische Energie (in der Batterie gespeichert)
elektrischer Strom	◀——Entladen einer Autobatterie——	chemische Energie (in der Batterie gespeichert)

2.6 Die chemische Reaktion

Den Vorgang, bei dem stoffliche Veränderungen auftreten, bei dem also neue Stoffe entstehen, nennt man chemische Reaktion. Chemische Reaktionen sind immer von Energieänderungen begleitet. Beispielsweise kann Energie in Form von Wärme frei werden (exotherme Reaktion) oder es wird Energie aus der Umgebung aufgenommen (endotherme Reaktion).

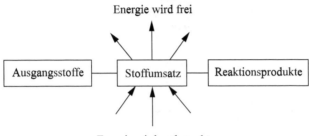

Damit eine chemische Reaktion einsetzt, muss **Aktivierungsenergie** zugeführt werden. Unter Aktivierungsenergie versteht man den Energiebetrag, der aufgewendet werden muss, um eine bestimmte chemische Reaktion in Gang zu setzen.

Durch Zufuhr der Aktivierungsenergie wird der Anteil der reaktionsfähigen Teilchen erhöht und damit die Wahrscheinlichkeit, dass eine Reaktion zwischen diesen Teilchen stattfindet. Es entsteht kurzfristig ein Übergangszustand, der energiereicher ist als Ausgangsstoffe und Produkte der Reaktion.
Die Zufuhr der Aktivierungsenergie ist aber unabhängig davon, ob eine Reaktion endotherm oder exotherm verläuft und umgekehrt (vgl. Kap. 3.3.4).

Bildung chemischer Verbindungen

Endotherme Reaktion

Die Produkte sind **energiereicher** als die Ausgangsstoffe (Edukte), daher ist insgesamt eine Energiezufuhr erforderlich:

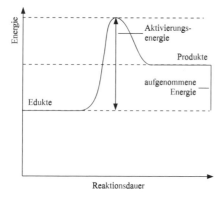

Exotherme Reaktion

Da die Reaktionsprodukte **energieärmer** als die Ausgangsstoffe sind, wird bei der stattfindenden Reaktion insgesamt Energie frei:

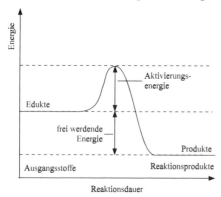

2.6.1 Das Reaktionsschema

Ein chemischer Vorgang kann mit einem Reaktionsschema beschrieben werden. Dazu verwendet man chemische Formeln. Für den Ausdruck „Reaktionsschema" wird gelegentlich der Ausdruck „Reaktionsgleichung" benutzt. Es muss jedoch beachtet werden, dass es sich dabei um keine mathematische Gleichung handelt.

Bildung chemischer Verbindungen

> Das Reaktionsschema für eine chemische Reaktion gibt deren **Edukte** und **Produkte** sowie das **Zahlenverhältnis** an, in dem die Atome, Moleküle oder Formeleinheiten der Stoffe an der Reaktion beteiligt sind.

2.6.2 Regeln zur Formulierung von Reaktionsschemata

– Die Symbole bzw. Formeln für die Edukte und für die Produkte werden, jeweils durch ein Pluszeichen verbunden, links bzw. rechts vom Reaktionspfeil aufgeführt.
– Durch Einsetzen geeigneter Koeffizienten wird im zweiten Schritt das Reaktionsschema so ausgeglichen, dass die Atombilanz stimmt.
 Ein Koeffizient ist beim Bilanzieren Multiplikator für alle Indizes der nachstehenden Formel.
 Die Formel einer Verbindung gibt das Zahlenverhältnis der am Aufbau der Verbindung beteiligten Atome an.

2.6.3 Die stöchiometrische Wertigkeit

> Die **stöchiometrische Wertigkeit** (oft nur Wertigkeit genannt) ist die Zahl der Wasserstoffatome, die von einem Atom gebunden oder ersetzt werden kann.

	Wasserstoff	Chlorwasserstoff	Wasser	Ammoniak	Methan
Molekül-modell					
Formel	H_2	HCl	H_2O	NH_3	CH_4
Wertig-keit	Wasserstoff: einwertig	Chlor: einwertig	Sauerstoff: zweiwertig	Stickstoff: dreiwertig	Kohlenstoff: vierwertig

Wasserstoff ist stets einwertig, Sauerstoff stets zweiwertig. Im Gegensatz dazu können manche Elemente in verschiedenen stöchiometrischen Wertigkeiten auftreten (s. Tab.).

Bildung chemischer Verbindungen

Stöchiometrische Wertigkeiten einiger Elemente

Element	Wertigkeit
Quecksilber	I, II
Zink	II
Aluminium	III
Natrium	I
Kalium	I
Silber	I
Phosphor	III, V
Chlor	I, V, VII
Iod	I, V, VII
Schwefel	II, IV, VI

2.6.4 Bindigkeit und Oxidationszahl

Die **Bindigkeit** gibt an, wie viele kovalente Bindungen von einem Atom ausgehen können.

Bindigkeiten von Atomen in kovalenten Bindungen

CH_4	4-bindiger Kohlenstoff, 1-bindiger Wasserstoff
NH_3	3-bindiger Stickstoff, 1-bindiger Wasserstoff
NH_4^+	4-bindiger Stickstoff; 1-bindiger Wasserstoff
H_2O	2-bindiger Sauerstoff, 1-bindiger Wasserstoff
H_3O^+	3-bindiger Sauerstoff, 1-bindiger Wasserstoff
H_2S	2-bindiger Schwefel, 1-bindiger Wasserstoff
HCl	1-bindiges Chlor, 1-bindiger Wasserstoff

Oxidationszahl
Bei Ionen ist die Oxidationszahl gleich der Ladung der entsprechenden Ionen. Man schreibt die Oxidationszahl über das entsprechende Atom.

Beispiele: $\overset{+1\ -1}{NaCl}$ $\overset{+2\ -1}{FeCl_2}$ und $\overset{+3\ -1}{FeCl_3}$

Bei Molekülen, die kovalente Bindungen enthalten, wird formal das Bindungselektronenpaar dem Atom mit der größeren Elektronegativität zugeordnet.

2.7 Biologische Themenbezüge

Molekül:
Räumliche Struktur von Molekülen (Kohlenstoffhydrate, Fette, Proteine, DNA, RNA); Oberflächenwirkung bei Proteinen, speziell Enzymen, und bei Lipoiden der Biomembran (Stimmgabelmodell)

Elektronegativität:
zur Erklärung polarer Strukturen

Polare Atombindung:
Löslichkeitsverhalten von Molekülen mit hydrophilen Atomgruppen; polare Lipide als Bausteine von biologischen Membranen; Oberflächenreaktion der Enzyme

Wasserstoffbrückenbindung:
α-Helixstruktur und β-Faltblattstruktur von Proteinen; Basenpaarungen in der DNA; Chargaff-Regel

Ionen:
Osmotische Wirkung von Ionenlösungen; Nährsalze; K^+/Na^+-Potenzial am Neuron; Schwermetallionenwirkung auf Enzyme; Entstehung von Potenzialen durch ungleiche Ionenverteilung; Gesetz des Minimums (Justus VON LIEBIG); physiologische Salzlösung

Energie:
- Einfluss des Lichtes auf Pflanzen: Schatten- und Sonnenpflanzen, Lang-, Kurztagpflanzen, Fotomorphosen
- Energieumwandlung im Chlorophyllmolekül (Energieabsorption, Energieleistung und Quantenausbeute)
- Chemosynthetisch arbeitende Bakterien
- Vergleich von Phytofotosynthese, Bakteriofotosynthese und Chemosynthese in Bezug auf Energiedonator und Energieausbeute
- die Zelle als offenes System
- exergonische und endergonische Prozesse im Stoff- und Energiewechsel; ADP/ATP-System; Enzyme als Biokatalysatoren (Schlüssel-Schloss-Prinzip); Energieflussdiagramm (Organismus als offenes System)
- Temperaturabhängigkeit biochemischer Prozesse: Reaktionsgeschwindigkeit-Temperatur-Regel (RGT)

Chemische Reaktion:
Entstehung organischer Kleinmoleküle (abiogene Bildung); Experiment von S. L. MILLER

2.8 Kontrollfragen

16. Wann bezeichnet man eine kovalente Bindung als polarisiert?
17. Was drücken die Elektronegativitätswerte (EN-Werte) der chemischen Elemente aus?
18. Welche Gase liegen im Normalzustand als zweiatomige Moleküle vor?
19. Worauf beruht der Unterschied in den Eigenschaften von Natriumchlorid und Hydrogenchlorid?
20. Welche Formeleinheiten haben folgende Salze und welche Ionen liegen im Kristallgitter vor: (a) Natriumsulfid, (b) Ammoniumchlorid, (c) Kaliumsulfat, (d) Kaliumhydrogensulfat, (e) Natriumcarbonat, (f) Magnesiumhydrogen-carbonat, (g) Calciumhydrogenphosphat?
21. Benennen Sie folgende Verbindungen: (a) LiBr, (b) K_2SO_4 (c) HgS, (d) Cu_2O, (e) CuO, (f) SO_2, (g) N_2O_3, (h) Fe_2O_3
22. Temperaturerhöhung beschleunigt den Ablauf chemischer Reaktionen. Ist ein hoher Wert der Aktivierungsenergie (E_A) kennzeichnend für eine große oder für eine geringe Temperaturabhängigkeit?
23. Was versteht man im naturwissenschaftlichen Sinne unter einem System?
24. Nennen Sie eine Definition des Begriffes Energie.
25. Energie ist eine Eigenschaft, die jeder Materie zukommt. Nennen Sie drei Grundformen.
26. Was versteht man unter freier Energie eines Systems?
27. Gesamtenergie und freie Energie sind charakteristische Daten eines Systems. Durch welche Aussagen wird die freie Energie näher charakterisiert?
28. Welche Aussagekraft kommt den unterschiedlichen Formeltypen zu: Summenformel, Verhältnisformel, Strukturformel?
29. Warum laufen viele exotherme Reaktionen nicht spontan ab?

3 Grundtypen chemischer Reaktionen

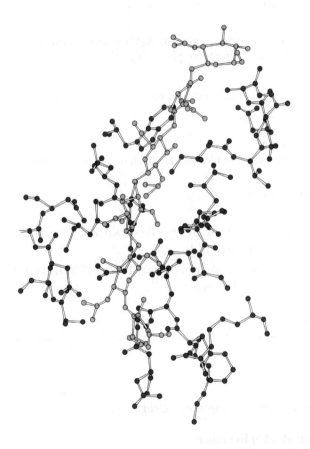

Enzyme spielen beim Ablauf chemischer Reaktionen eine entscheidende Rolle. Durch Ausbildung eines Komplexes zwischen dem Enzym Lysozym (schwarz) und seinem Substrat (grau) wird der Reaktionsablauf, d. h. die Umsetzung des Substrats, beschleunigt.

3.1 Säure-Base-Reaktionen

Eine charakteristische Eigenschaft des Zellmilieus und der Körperflüssigkeiten ist ihre Wasserstoffionenkonzentration bzw. ihr pH-Wert. Ändert sich die Wasserstoffionenkonzentration von Zellsäften und Körperflüssigkeiten, so hat dies erhebliche Auswirkungen auf die Lebensvorgänge.

> Der **pH-Wert** ist definiert als der negative dekadische Logarithmus der Wasserstoffionenkonzentration: $pH = -\log[H^+]$

Wässrige Lösungen können entweder neutral, sauer oder basisch (alkalisch) reagieren.

Neutrale Reaktion
Die Wasserstoffionenkonzentration ist gleich der Hydroxidionenkonzentration:

> $c(H^+) = c(OH^-)$

In reinem Wasser bei 25 °C beträgt jede dieser Konzentrationen 10^{-7} mol/l.
$c(H^+) = c(OH^-) = 10^{-7}$ mol/l
Alle neutralen wässrigen Lösungen haben daher bei 25 °C den pH-Wert 7:
$c(H^+) = c(OH^-) = 10^{-7}$ mol/l

Saure Reaktion
Die Wasserstoffionenkonzentration ist größer als die Hydroxidionenkonzentration:

> $c(H^+) > c(OH^-)$

Die pH-Werte solcher Lösungen sind kleiner als 7.

Basische (alkalische) Reaktion
Die Wasserstoffionenkonzentration ist kleiner als die Hydroxidionenkonzentration:

> $c(H^+) < c(OH^-)$

Die pH-Werte solcher Lösungen sind größer als 7.

Beim Vergleich von pH-Werten muss stets die Größenordnung beachtet werden.

Beispiel: Wenn eine saure Lösung den pH-Wert 2, eine andere Lösung den pH-Wert 5 hat, so unterscheiden sich ihre Wasserstoffionenkonzentrationen um den Faktor 1000.

$$pH = 2 \text{ (stark sauer)}: c(H^+) = 10^{-2} = \frac{1}{100} \text{ mol} / l$$

$$pH = 5 \text{ (schwach sauer)}: c(H^+) = 10^{-5} = \frac{1}{100000} \text{ mol} / l$$

Durch Regelvorgänge werden physiologische pH-Werte unter Mitwirkung von Puffersystemen konstant gehalten. Die Aufrechterhaltung der angegebenen pH-Bereiche ist für einen Organismus lebensnotwendig: Die physiologische Wirksamkeit von Proteinen hängt von der Wasserstoffionenkonzentration ab.

Die an nahezu allen Stoffwechselvorgängen beteiligten Enzyme (Proteine, die als Biokatalysatoren wirksam sind) sind nur bei bestimmten pH-Werten optimal wirksam (**pH-Optimum von Enzymen**).

Bei allen Reaktionen zwischen Säuren und Basen werden Protonen übertragen. Nach der Definition von BRÖNSTED und LOWRY gilt:
- **Säuren sind Protonendonatoren,**
- **Basen sind Protonenakzeptoren.**

Die beiden Vorgänge, die Abgabe von Protonen durch die Säure und die Aufnahme von Protonen durch die Base, können nur gekoppelt miteinander ablaufen: Protonen können nur dann abgegeben werden, wenn der Reaktionspartner diese Protonen aufnimmt und umgekehrt.

> Man bezeichnet Reaktionen mit Protonenübertragungen als Säure-Base-Reaktionen oder **Protolysen**.
> Bestimmte Verbindungen haben sowohl Säure- als auch Base-Eigenschaften. Man bezeichnet sie aufgrund ihres Verhaltens als **amphotere Stoffe**.

3.1.1 Protolyse von Säuren

Durch die chemische Zusammensetzung der Säuren ist festgelegt, wie viele Protonen von jedem Säureteilchen maximal abgegeben werden können. Man unterscheidet daher **einprotonige** („einbasige") und **mehrprotonige** („mehrbasige") **Säuren**.

Grundtypen chemischer Reaktionen

Beispiele: Einprotonige anorganische Säuren und ihre Anionen

Säure	Name	Anion	Name
HF	Fluorwasserstoffsäure (Flusssäure)	F^-	Fluorid
HCl	Chlorwasserstoffsäure (Salzsäure)	Cl^-	Chlorid
HBr	Bromwasserstoffsäure	Br^-	Bromid
HI	Jodwasserstoffsäure	I^-	Iodid
HClO	hypochlorige Säure	ClO^-	Hypochlorit
$HClO_2$	chlorige Säure	ClO_2^-	Chlorit
$HClO_3$	Chlorsäure	ClO_3^-	Chlorat
$HClO_4$	Perchlorsäure	ClO_4^-	Perchlorat
$HBrO_3$	Bromsäure	BrO_3^-	Bromat
HIO_3	Iodsäure	IO_3^-	Iodat
HNO_2	salpetrige Säure	NO_2^-	Nitrit
HNO_3	Salpetersäure	NO_3^-	Nitrat
HCN	Cyanwasserstoffsäure (Blausäure)	CN^-	Cyanid
HSCN	Rhodanwasserstoffsäure	SCN^-	Rhodanid

Beispiele: Einprotonige organische Säuren und ihre Anionen (vgl. Kap. 5)

- Ameisensäure → Formiat
- Essigsäure → Acetat
- Milchsäure → Lactat
- Brenztraubensäure → Pyruvat
- Palmitinsäure → Palmitat
- Stearinsäure → Stearat
- Ölsäure → Oleat

Grundtypen chemischer Reaktionen

Beispiele: Mehrprotonige anorganische Säuren ihre Anionen

Säure	Name	Anionen	Name
H_2CO_3	Kohlensäure	HCO_3^-	Hydrogencarbonat
		CO_3^{2-}	Carbonat
H_3PO_4	Phosphorsäure	$H_2PO_4^-$	Dihydrogenphosphat
		HPO_4^{2-}	Hydrogenphosphat
		PO_4^{3-}	Phosphat
H_2S	Schwefelwasserstoff (in wässriger Lösung)	HS^-	Hydrogensulfid
		S^{2-}	Sulfid
H_2SO_3	schweflige Säure	HSO_3^-	Hydrogensulfit
		SO_3^{2-}	Sulfit
H_2SO_4	Schwefelsäure	HSO_4^-	Hydrogensulfat
		SO_4^{2-}	Sulfat

Bei starken Säuren verläuft die Protolyse so weitgehend, dass in der wässrigen Lösung praktisch keine Säuremoleküle mehr vorliegen. Starke Säuren sind nahezu vollständig dissoziert.

Bei schwachen Säuren verläuft die Protolyse in so geringem Ausmaß, dass selbst in der wässrigen Lösung eine große Zahl an Säuremolekülen einer kleinen Zahl an Ionen gegenübersteht. Schwache Säuren sind nur zu einem geringen Anteil dissoziert.

Die stufenweise erfolgende Dissoziation (Protolyse) mehrprotoniger Säuren soll am Beispiel der **Phosphorsäure** verdeutlicht werden:
Als dreiprotonige Säure dissoziiert Phosphorsäure in drei Stufen:

$$H_3PO_4 + H_2O \rightleftharpoons H_3O^+ + H_2PO_4^-$$

$$H_2PO_4^- + H_2O \rightleftharpoons H_3O^+ + HPO_4^{2-}$$

$$HPO_4^{2-} + H_2O \rightleftharpoons H_3O^+ + PO_4^{3-}$$

Eine Säure und die durch Übertragung eines Protons aus ihr hervorgehende Base werden als **korrespondierendes Säure-Base-Paar** bezeichnet. Für jedes korrespondierende Säure-Base-Paar gilt:
Aus einer starken Säure entsteht eine schwache korrespondierende Base.
Aus einer schwachen Säure entsteht eine starke korrespondierende Base.

> Je **stärker** eine Säure (Base) ist, **umso schwächer** ist die korrespondierende Base (Säure).

3.1.2 Protolyse von Basen

An der Protolyse von Basen sind stets eine Base und die damit korrespondierende Säure beteiligt.

Beispiel: Aus dem Molekül der Base Ammoniak (NH_3) entsteht durch Aufnahme eines Protons ein Ammoniumion NH_4^+ als korrespondierende Säure:

$$NH_3 + H_2O \rightleftharpoons NH_4^+ + OH^-$$

3.1.3 Die Neutralisationsreaktion

Durch Zugabe von alkalisch reagierender wässriger Lösung (Base) zu einer sauer reagierenden wässrigen Lösung kann eine neutral reagierende Lösung hergestellt werden. Andererseits lässt sich eine alkalisch reagierende Lösung durch Zugabe einer sauer reagierenden wässrigen Lösung in eine neutrale Lösung überführen.
Unter dem **Neutralpunkt** (Äquivalenzpunkt) versteht man den pH-Wert, der sich nach Titration (vgl. Kap. 7) einer bestimmten Säuremenge (Basenmenge) mit der äquivalenten Menge Base (Säure) einstellt.
Die dabei ablaufenden Neutralisationsreaktionen verlaufen nach der allgemeinen Gleichung:

> Säure + Base $\longrightarrow$ Salz + Wasser

Die Wärmeenergie, die bei jeder Neutralisation frei wird, bezeichnet man als **Neutralisationswärme**.

3.1.4 Indikatoren

Die Wasserstoffionenkonzentration wässriger Lösungen lässt sich folgendermaßen bestimmen:
- mithilfe von Farbindikatoren,
- durch Verwendung von pH-Metern, deren Elektroden selbst geringe Änderungen der Wasserstoffionenkonzentration genau erfassen (potenziometrische Methode),
- durch Messung der elektrischen Leitfähigkeit.

Farbindikatoren zur Bestimmung des pH-Werts

pH-Indikator	Farbe	pH-Umschlagsbereich	Farbe
Thymolblau	rot	1,2 2,8	gelb
Methylorange	rot	3,1 4,4	gelborange
Bromkresolgrün	gelb	3,8 5,4	blau
Methylrot	rot	4,4 6,2	gelborange
Lackmus	rot	5,0 8,0	blau
Bromthymolblau	gelb	6,0 7,6	blau
Thymolblau	gelb	8,0 9,6	blau
Phenolphthalein	farblos	8,2 9,8	rotviolett
Thymolphthalein	farblos	9,3 10,5	blau

Indikatoren sind selbst schwache Säuren (oder schwache Basen) und somit in geringem Maße zur Dissoziation befähigt. So entsteht aus einer Indikator-Säure (Abkürzung: HIn) die korrespondierende Indikatorbase und umgekehrt:

$$HIn \rightleftharpoons H^+ + In^-$$

3.1.5 Protolyse von Salzen

Jedes der Kationen und Anionen von Salzen lässt sich von einer bestimmten Base bzw. einer bestimmten Säure ableiten. Salze können demzufolge einem bestimmten Typ (A, B, C oder D) zugeordnet werden (s. Tab. S. 42).

Grundtypen chemischer Reaktionen

Salze und ihre Reaktion in wässriger Lösung

Salz-Typ*	Kation abgeleitet von	Anion abgeleitet von	Reaktion der wässrigen Lösung	an der Salzprotolyse beteiligt
A	starker Base	starker Säure	neutral	weder Kationen noch Anionen
B	starker Base	starker Säure	alkalisch	nur Anionen
C	schwacher Base	schwacher Säure	sauer	nur Kationen
D	schwacher Base	schwacher Säure	neutral, sauer oder alkalisch (muss im Einzelfall durch pH-Messung ermittelt werden)	sowohl Kationen als auch Anionen

* Typ A: z. B. LiF, NaCl, KBr, K_2SO_4, $Mg(NO_3)_2$
Typ B: z. B. Natriumacetat, Natriumpalmitat (Seifen), Na_2CO_3, K_2CO_3, KCN
Typ C: z. B. NH_4Cl, $(NH_4)_2SO_4$, NH_4NO_3
Typ D: z. B. Ammoniumacetat, $(NH_4)_2CO_3$

Die in bestimmten Salzlösungen (C, B, D) festzustellende saure oder alkalische Reaktion ist die Auswirkung von Protonenübertragungsreaktionen zwischen Kationen oder Anionen der Salze und Wassermolekülen.

3.1.6 Puffersysteme

Eine wesentliche Voraussetzung für den Ablauf von Lebensvorgängen ist, dass die Wasserstoffionenkonzentration im Zellmilieu innerhalb eines bestimmten pH-Bereichs liegt.

Um pH-Verschiebungen möglichst gering zu halten, benutzt man Puffersubstanzen („Puffermischungen"). Sie sind so zusammengesetzt, dass sowohl Säuren als auch Basen, die in eine gepufferte Lösung hineingelangen, durch Neutralisation abgefangen werden.

Ihrer Funktion entsprechend enthalten Pufferlösungen entweder:
– eine schwache Säure und eines ihrer Salze mit einer starken Base oder
– eine schwache Base und eines ihrer Salze mit einer starken Säure.

In einem Puffersystem dienen die aus der Dissoziation der betreffenden schwachen Säure HA hervorgehenden Oxonium- (H_3O^+) bzw. Wasserstoffionen (H^+) dazu, hinzukommende Hydroxidionen (OH^-) oder Basen durch Neutralisationsreaktionen abzufangen. Die mit der jeweiligen korrespondierenden Base im Protolysegleichgewicht vorliegenden Hydroxidionen dienen andererseits dazu, hinzukommende Säuren durch Neutralisation abzufangen (s. Tab. S. 43).

Grundtypen chemischer Reaktionen

Schwache Säure	Protolyse ergibt	Korrespondierende Base	Protolyse ergibt
Essigsäure	$Ac^- + H_3O^+$	Acetationen	$HAc + OH^-$
Kohlensäure	$HCO_3^- + H_3O^+$	Hydrogencarbonationen	$H_2CO_3 + OH^-$
Dihydrogenphosphat	$HPO_4^{2-} + H_3O^+$	Hydrogenphosphationen	$H_2PO_4^- + OH^-$
Ammoniumion	$NH_3 + H_3O^+$	Ammoniak	$NH_4^+ + OH^-$

Wichtige Puffersysteme

Puffersystem	in wässriger Lösung	wirksame Bestandteile
Essigsäure	$H_3C-COOH \rightleftharpoons$ $H_3C-COO^- + H_3O^+$	Essigsäuremoleküle
Natriumacetat	$H_3C-COONa \rightleftharpoons$ $H_3C-COO^- + Na^+$	Acetationen
Kohlensäure	$CO_2 + H_2O \rightleftharpoons (H_2CO_3)$ $\rightleftharpoons H^+ + HCO_3^-$	CO_2-bzw. H_2CO_3-Moleküle
Natriumhydrogencarbonat	$NaHCO_3 \longrightarrow Na^+ + HCO_3^-$	Hydrogencarbonationen
Kaliumdihydrogenphosphat	$KH_2PO_4 \longrightarrow K^+ + H_2PO_4^-$	Dihydrogenphosphationen
Dinatriumhydrogenphosphat	$Na_2HPO_4 \longrightarrow 2\,Na^+ + HPO_4^{2-}$	Hydrogenphosphationen
Ammoniak	$NH_3 + H_2O \rightleftharpoons NH_4^+ + OH^-$	Ammoniakmoleküle
Ammoniumchlorid	$NH_4Cl \longrightarrow NH_4^+ + Cl^-$	Ammoniumionen

Grundtypen chemischer Reaktionen

3.2 Oxidations- und Reduktionsvorgänge

Oxidations- und Reduktionsvorgänge finden immer gekoppelt statt: Einer der Reaktionspartner wird oxidiert und dadurch der andere reduziert und umgekehrt. Sie spielen insbesondere in Form von Hydrierungs- und Dehydrierungsreaktionen im Zellstoffwechsel eine große Rolle.

> **Redoxreaktionen** sind Elektronenübertragungsreaktionen.

Definitionsmöglichkeiten für **Oxidation** (Teilreaktion):

- Abgabe von Elektronen $\quad$ $Cu \longrightarrow Cu^{2+} + 2\,e^-$
  (Zunahme der Oxidationszahl)
- Aufnahme von Sauerstoff (Oxidation) $\quad 2\,Mg + O_2 \longrightarrow 2\,MgO$
- Abgabe von Wasserstoff (Dehydrierung) $\quad 2\,H_2O \longrightarrow 2\,H_2 + O_2$

Definitionsmöglichkeiten für **Reduktion** (Teilreaktion):

- Aufnahme von Elektronen $\quad Fe^{3+} + e^- \longrightarrow Fe^{2+}$
  (Abnahme der Oxidationszahl)
- Abgabe von Sauerstoff (Desoxidation) $\quad FeO \longrightarrow Fe + O$
- Aufnahme von Wasserstoff (Hydrierung)

$$CH_3-C\overset{O}{\underset{H}{\diagdown}} \xrightarrow{[2H]} CH_3-CH_2-OH$$
Ethanal $\qquad\qquad$ Ethanol

Oxidationsmittel
Als Oxidationsmittel verhalten sich alle Stoffe, die bei Elektronenübertragungsreaktionen Elektronen aufnehmen. Dabei wird das Oxidationsmittel reduziert.

Reduktionsmittel
Als Reduktionsmittel verhalten sich alle Stoffe, die bei Elektronenübertragungsreaktionen Elektronen abgeben. Dabei wird das Reduktionsmittel oxidiert.

> Die Elektronenübertragung erfolgt von dem **Elektronendonator (dem Reduktionsmittel)** auf den **Elektronenakzeptor (das Oxidationsmittel)**.

3.3 Gesetzmäßigkeiten chemischer Reaktionen

Zur genauen Beschreibung chemischer Reaktionen sind Angaben über folgende Reaktionsbedingungen erforderlich:
- Temperatur,
- Druck,
- Konzentration der Reaktionsteilnehmer (chemische Reaktionen sind mit einer Änderung der Konzentrationen der Reaktionsteilnehmer verbunden),
- das Lösungsmittel, in dem die Reaktion stattfindet,
- die Verwendung von Katalysatoren.

3.3.1 Masse und Volumen bei chemischen Reaktionen

Gesetz von der Erhaltung der Masse (LAVOISIER, 1785)
Bei allen chemischen Reaktionen bleibt die Gesamtmasse der Reaktionspartner erhalten.

Gesetz von den konstanten Proportionen (PROUST, 1799)
Die am Aufbau einer chemischen Verbindung beteiligten Elemente liegen in einem konstanten Massenverhältnis vor.

Gesetz von den multiplen Proportionen (DALTON, 1808)
Bilden zwei Elemente mehrere Verbindungen miteinander, so stehen die Massen eines Elementes, die sich mit einer gegebenen Masse des anderen Elementes verbinden, im Verhältnis einfacher ganzer Zahlen.

Volumen-Gesetz von GAY-LUSSAC (1808)
Gase reagieren bei konstanter Temperatur und konstantem Druck stets in ganzzahligen Volumenverhältnissen miteinander.

AVOGADROSCHES Gesetz (1811)
Gleiche Volumina gasförmiger Stoffe enthalten bei gleichem Druck und gleicher Temperatur gleich viele Teilchen.

3.3.2 Chemische Gleichgewichte

Chemische Umsetzungen lassen sich durch das Verhalten der kleinsten Teilchen der miteinander reagierenden Stoffe erklären: Stoßen Teilchen mit ausreichend hoher kinetischer Energie und in bestimmter geometrischer Anordnung aufeinander, so finden chemische Reaktionen statt.

Durch eine Temperaturerhöhung nimmt die kinetische Energie der Teilchen zu. Somit wächst auch die Zahl der „reaktionsauslösenden" Zusammenstöße, die Reaktionsgeschwindigkeit steigt.

> Eine Temperaturerhöhung um 10 °C bewirkt eine Erhöhung der Reaktionsgeschwindigkeit auf das zwei- bis dreifache (**Reaktionsgeschwindigkeit-Temperatur-Regel**). Umgekehrt verringert eine Temperaturerniedrigung die Reaktionsgeschwindigkeit.

Chemische Reaktionen können ganz verschieden ablaufen:
- Bestimmte Reaktionen verlaufen (unter den jeweiligen Reaktionsbedingungen) nur in eine Richtung. Sie sind nicht umkehrbar (**irreversibel**).
- Die meisten chemischen Reaktionen sind umkehrbar (**reversibel**). Bei reversiblen Reaktionen stellt sich zwischen Ausgangsstoffen und Reaktionsprodukten ein chemisches Gleichgewicht ein.

> Ein System befindet sich dann im **chemischen Gleichgewicht**, wenn sich die Konzentrationen der Ausgangsstoffe und der Reaktionsprodukte mit fortschreitender Reaktionszeit nicht mehr ändern.

3.3.3 Massenwirkungsgesetz

Bei Gleichgewichtsreaktionen hat das Produkt aus den Stoffmengenkonzentrationen der Reaktionsprodukte, dividiert durch das Produkt aus den Stoffmengenkonzentrationen der Ausgangsstoffe, einen (bei gegebenen Druck- und Temperaturbedingungen) konstanten Wert.

Diesen Wert bezeichnet man als **Gleichgewichtskonstante K**:

$$K = \frac{c(\text{Produkt}_1) \cdot c(\text{Produkt}_2)}{c(\text{Edukt}_1) \cdot c(\text{Edukt}_2)}$$

Für die Reaktionen

1. $A + B \longrightarrow C + D$ (Hinreaktion)
2. $A + B \longleftarrow C + D$ (Rückreaktion),

die im Gleichgewichtszustand mit gleicher Geschwindigkeit ablaufen

1. + 2. $A + B \rightleftharpoons C + D$

lautet das Massenwirkungsgesetz (MWG):

$$\frac{c(C) \cdot c(D)}{c(A) \cdot c(B)} = K$$

3.3.4 Energie bei chemischen Reaktionen

Zur Beschreibung von Reaktionen, die bei konstantem Druck ablaufen, verwendet man die Begriffe Wärme/Wärmeinhalt(Enthalpie)/Enthalpieänderung (ΔH, Änderung des Wärmeinhalts). Der griechische Buchstabe Δ bezeichnet dabei eine Änderung (Differenz). Der Begriff „Enthalpie" leitet sich von dem griechischen Wort *enthalpein* (heizen), das Symbol „H" von dem englischen Wort *heat* (Wärme) ab.

> Die **Enthalpieänderung (ΔH)** ist definiert als:
> ΔH = Enthalpie der Reaktionsprodukte minus Enthalpie der Ausgangsstoffe.

Wonach richtet sich das Vorzeichen der Enthalpieänderung?
- Für die Enthalpieänderung ergibt sich ein negatives Vorzeichen ($\Delta H < 0$), wenn die Summe der Wärmeinhalte der Ausgangsstoffe größer ist als die Summe der Wärmeinhalte der Reaktionsprodukte. Das reagierende System gibt also Wärme an seine Umgebung ab (**exotherme** Reaktion, vgl. Kap. 2.5).
- Für die Enthalpieänderung ergibt sich ein positives Vorzeichen ($\Delta H > 0$), wenn die Summe der Wärmeinhalte der Ausgangsstoffe kleiner ist als die Summe der Wärmeinhalte der Reaktionsprodukte. Den Ausgangsstoffen muss also Wärme zugeführt werden (**endotherme** Reaktion, vgl. Kap. 2.5).

Wichtig ist Folgendes zu beachten:
- Die ΔH-Werte, die unter den jeweiligen Reaktionsbedingungen ermittelt wurden, müssen auf Standardbedingungen umgerechnet werden, d. h. auf eine Temperatur von 25 °C (entsprechend 198 K) und einen Druck von 1,013 bar.
- ΔH-Werte werden für definierte Stoffmengen angegeben.

- Entstehen mehrere Reaktionsprodukte, so gibt man die vollständige Reaktionsgleichung für die jeweilige chemische Reaktion an (mit Formeln und ganzzahligen stöchiometrischen Faktoren für alle Reaktionsteilnehmer).
  Die sich so ergebende Enthalpieänderung ist die Reaktionsenthalpie ΔH (in kJ).
- Die Reaktionsgleichung kann auch darauf abgestellt sein, dass 1 mol eines Reaktionsproduktes entsteht.
  Die sich so ergebende Enthalpieänderung bezeichnet man als die **Bildungsenthalpie ΔH** (in kJ/mol)des jeweiligen Reaktionsproduktes.
- Anzugeben sind außerdem der jeweilige Aggregatzustand der Reaktionsteilnehmer.

3.3.5 Aktivierungsenergie und Katalyse

Oft ist es erforderlich auch eine exotherm verlaufende Reaktion zunächst einmal „in Gang zu setzen". Obwohl die Reaktion, nachdem sie eingesetzt hat, unter Abgabe von Wärmeenergie verläuft, muss zunächst ein bestimmter Energiebetrag als Aktivierungsenergie aufgewendet werden (vgl. Kap. 2.6).

> Durch die Aktivierungsenergie werden die Teilchen der Ausgangsstoffe in einen aktivierten und somit **reaktionsbereiten** Zustand versetzt, in dem sie dann miteinander reagieren.

Eine Erhöhung der Reaktionsgeschwindigkeiten lässt sich in vielen Fällen durch die Anwesenheit eines Katalysators erreichen.

> **Katalysatoren** beschleunigen den Ablauf bestimmter Reaktionen, indem sie die Aktivierungsenergie herabsetzen.

Von größter Bedeutung für den Ablauf von Stoffwechselreaktionen sind **Enzyme**. Diese Biokatalysatoren zeichnen sich durch sehr hohe Spezifität aus: Sie katalysieren jeweils nur die Umsetzung ganz bestimmter Stoffwechselprodukte, die sie als ihr Substrat in einem Enzym-Substrat-Komplex binden. Hieraus entsteht das Reaktionsprodukt und der Biokatalysator ist wieder verfügbar (vgl. Kap. 6.5).

$$\text{Enzym (E) + Substrat (S)} \rightleftharpoons \text{Enzym-Substrat-Komplex}$$
$$\text{(E)-(S)-Komplex} \longrightarrow \text{Enzym (E) + Produkt (P)}$$

Grundtypen chemischer Reaktionen

Katalysatoren erhöhen die Geschwindigkeit der Hinreaktion und die der Rückreaktion. Damit beschleunigen sie die Einstellung chemischer Gleichgewichte unter vorgegebenen Bedingungen. Die Lage chemischer Gleichgewichte können Katalysatoren hingegen nicht verändern.

Ablauf einer exothermen Reaktion

Das spontane Ablaufen der Reaktion $2\,H_2 + O_2 \longrightarrow 2\,H_2O + \text{Energie}$ wird durch einen „Energieberg" verhindert. Erst nach Zuführung der erforderlichen Aktivierungsenergie 1↕ können die Ausgangsstoffe $H_2 + O_2$ zu dem energieärmeren Reaktionsprodukt H_2O in exothermer Reaktion unter Abgabe von Energie 2↕ reagieren. Die Reaktion verläuft also insgesamt unter **Energiefreisetzung**.

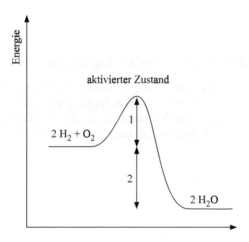

Ablauf einer endothermen Reaktion

Bei der Zersetzung von Silberchlorid $2\,AgCl + \text{Energie} \longrightarrow 2\,Ag + Cl_2$ muss dem Ausgangsstoff außer der Aktivierungsenergie 1↕ zur Überwindung des Energiebergs noch zusätzlich die Energie 3↕ zugeführt werden, die erforderlich ist, um aus AgCl die beiden energiereicheren Reaktionsprodukte Ag und Cl_2 zu erhalten. Die Reaktion verläuft also insgesamt unter **Energiezufuhr**.

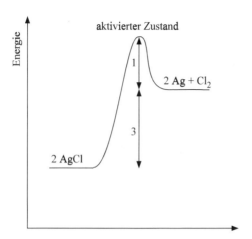

Herabsetzung der Aktivierungsenergie durch einen Katalysator

Die Herabsetzung der Aktivierungsenergie für die Reaktion der Ausgangsstoffe A und B zu dem Reaktionsprodukt C durch einen Katalysator führt zu einer Erhöhung der Reaktionsgeschwindigkeit (im Vergleich zu der nicht katalysierten Reaktion). Dies gilt sowohl für endotherme wie auch für exotherme (s. Abb.) Reaktionen.

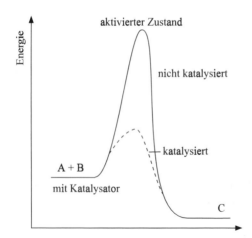

3.4 Biologische Themenbezüge

Säure-Base-Salz-Begriff:
– Nährsalze in Verbindung mit den Nährelementen S, P, N, K, Na, Ca, Mg, Fe; Salze in Körperflüssigkeiten; Stickstoffkreislauf, Stickstoffdüngung; ATP; DNA, RNA; Kohlenstoffkreislauf; Regulation der Atmung
– Säurebildende Schadstoffe in der Atmosphäre

Ionen:
Stoffanreicherung in der Vakuole nach dem Ionenfallenprinzip („Plasmalemma-Ionenfallenprinzip")

Indikator:
Vitalfärbung von pflanzlichen Zellvakuolen durch Neutralrot

pH-Wert:
Enzymwirkung in Abhängigkeit vom pH-Wert; Denaturierung von Proteinen; Bodenazidität und Pflanzenernährung

Redoxreaktionen:
Fotosynthese (Fotolyse des Wassers, sog. Hill-Reaktion; Reduktion des Kohlenstoffdioxids; Wasserstoff als Reduktionsmittel über $NADPH_2$); Dissimilation (Wasserstoff- und Elektronentransportkette; Endoxidation)

Chemisches Gleichgewicht:
Regelung der Proteinbiosynthese; Membranreaktionen bei Osmose, Neuronenpotenzialen, Synapsenreaktionen

Aktivierungsenergie:
Herabsetzung der Aktivierungsenergie durch Enzyme

Energetik:
Energieumwandlungen in Lebewesen (Licht-, chemische, mechanische Energie); ADP/ATP-System; Energiefluss im Ökosystem; Energieflussdiagramm (Organismus als offenes System); Energiebindung durch Fotosynthese; Energiefreisetzung durch Abbauvorgänge (anaerober ATP-Gewinn aus Gärungen; aerober ATP-Gewinn durch Atmung); Membranpotenziale als Speicher für elektrische Energie

Temperaturfaktor:
Temperaturabhängigkeit biochemischer Prozesse (RGT-Regel); Homoiothermie; Bergmannsche Regel; Anabiose (latentes Leben, Scheintod); Dunkelreaktion der Fotosynthese (Calvinzyklus); thermische Denaturierung von Proteinen; Zyklomorphose; Allen'sche Regel

3.5 Kontrollfragen

30. Was bewirkt ein Katalysator?
31. Weshalb bezeichnet man ein chemisches Gleichgewicht als dynamisches Gleichgewicht?
32. Wie definiert man das molare Volumen von Gasen?
33. Aus welchen kleinsten Teilchen bestehen primäre Elektrolyte sowie potenzielle Elektrolyte?
34. In welche drei großen Stoffklassen unterteilt man Elektrolyte?
35. Nennen Sie je vier einprotonige, zweiprotonige und dreiprotonige Säuren.
36. Wie erfolgt die Dissoziation mehrprotoniger Säuren?
37. Wie lautet die Reaktionsgleichung für die Neutralisationsreaktion zwischen Säuren und Basen?
38. Was versteht man unter dem Äquivalenzpunkt?
39. Zu welchem Zweck werden Pufferlösungen verwendet?
40. Aus welchen Bestandteilen ganz allgemein ist ein Puffersystem aufgebaut?
41. Worauf beruht die Pufferwirkung von Glycinlösungen?
42. Welche Elementarteilchen werden bei, stets miteinander gekoppelten, Reduktions-/Oxidationsvorgängen übertragen?
43. Welche Formeln haben die Hydroxide, die man zur Herstellung von Natronlauge, Kalilauge, Kalkwasser und Barytwasser benötigt?
44. Wie heißen die aus CO_2, N_2O_5, SO_2 und Wasser entstehenden Säuren?
45. Geben Sie die Namen für folgende Anionen an:
 S^{2-}, HS^-, HSO_3^-, SO_3^{2-}, HSO_4^-, SO_4^{2-}.

4 Wasser – Grundlage der Lebensvorgänge

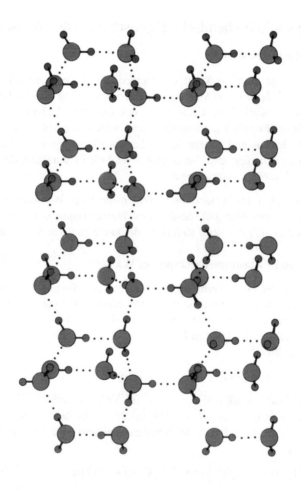

Im Eis ist jedes Wassermolekül mit vier Nachbarn über Wasserstoffbrückenbindungen verbunden. Dadurch bilden sich hochgeordnete Kristallstrukturen aus.

Bei dem in der Natur vorkommenden Wasser (Regenwasser, Grundwasser, Oberflächenwasser, Meerwasser) handelt es sich um Stoffgemische. In der Flüssigkeit Wasser sind verschiedene Gase (Regenwasser) und zahlreiche Salze (Meerwasser) in gelöster Form enthalten. Auch das als Trinkwasser verwendete Leitungs- oder Quellwasser enthält solche gelösten Stoffe.

4.1 Physikalisch-chemische Eigenschaften des Wassers

4.1.1 Die Härte des Wassers

Wasser enthält je nach Herkunft unterschiedliche Anteile an gelösten Salzen. Den Gehalt an Calcium- und Magnesium-Ionen bezeichnet man als **Gesamthärte** des Wassers. Sie wird überwiegend durch den Gehalt an **Calciumhydrogencarbonat** bestimmt. Für die Unterteilung in temporäre und permanente Härte ist der Gehalt an Calcium- und Magnesiumhydrogencarbonat bzw. an Calcium- und Magnesiumsulfat maßgebend. International wird die Gesamthärte des Wassers in Millimol pro Liter (mmol/l) angegeben.

Durch Verdampfen des Wassers und Kondensieren des Wasserdampfes in Destillationsapparaturen lässt sich destilliertes Wasser *(aqua destillata)* herstellen. Dabei handelt es sich um einen Reinstoff, der keine gelösten Stoffe mehr enthält.

4.1.2 Chemische Zusammensetzung des Wassers

Reines Wasser ist eine chemische Verbindung der Summenformel H_2O. Wie jede chemische Verbindung lässt sich auch Wasser (Dihydrogeniummonooxid) in chemische Elemente zerlegen. Durch Einwirkung von elektrischem Strom entstehen aus Wasser die gasförmigen Elemente Wasserstoff und Sauerstoff im Volumenverhältnis 2 : 1.

$$2\ H_2O\ (g) + \text{Energie} \longrightarrow 2\ H_2\ (g) + O_2\ (g)$$

Mischt man Wasserstoff und Sauerstoff im Volumenverhältnis 2 : 1, so erhält man eine als Knallgas bezeichnete Gasmischung, die bei Zündung explosionsartig zu Wasser reagiert. Bei dieser **Knallgasreaktion** wird ein erheblicher Energiebetrag frei.

$$2\ H_2\ (g) + O_2\ (g) \longrightarrow 2\ H_2O\ (g) + \text{Energie}$$

Bei der Bildung von 1 Mol Wasser (18 g) werden 286 kJ Wärme freigesetzt.

4.1.3 Der Bau des Wassermoleküls

Das Wassermolekül H_2O ist gewinkelt gebaut. Der Sauerstoffatomrumpf besitzt bei einem relativ kleinen Durchmesser eine beträchtliche Ladung und zieht daher die gemeinsamen Elektronen der beiden H-O-Bindungen stark an. Die Bindungselektronen halten sich im zeitlichen Mittel näher beim Sauerstoff als beim Wasserstoff auf. Der Sauerstoff hat daher einen Überschuss an negativer Ladung, während die Wasserstoffatome infolge des Elektronenmangels positiv geladen erscheinen.

Die Bindungen werden polar. Das Wassermolekül als Ganzes ist elektrisch neutral, aber die elektrische Ladung ist innerhalb des Moleküls ungleichmäßig verteilt.

Das Wassermolekül hat einen positiven und einen negativen Pol. Es ist ein **Dipol**. Die elektrischen Ladungspole im Molekül werden oft durch die Symbole $\delta+$ und $\delta-$ angegeben.

Je stärker die Fähigkeit eines Atoms Elektronen anzuziehen ausgeprägt ist, d. h. je größer seine Elektronegativität, desto stärker ist bei Bindung mit einem anderen Atom die Polarität dieser Bindung (vgl. Kap. 2.2). Polare Bindungen sind in vielen Fällen chemisch besonders reaktionsfähig.

4.1.4 Funktionen des Wassers

Aus den physikalisch-chemischen Eigenschaften des Wassers lassen sich folgende **biologische Grundfunktionen** ableiten:
– Strukturbestandteil von Makromolekülen (z. B. Nucleinsäuren, Proteine, Polysaccharide),
– Lösungsmittel für niedermolekulare Substanzen und Quellungsmittel der Eiweiße,
– Transportmittel,
– Reaktionspartner bei zahlreichen Reaktionen des Intermediärstoffwechsels (Substrat bzw. Produkt enzymatischer Reaktionen),

- Es ist an der Wärmeregulierung (Thermoregulation) im Organismus beteiligt. Durch die Verdampfung geringer Wassermengen können dem Organismus relativ große Wärmemengen entzogen werden.

> Das Wasser vermittelt die chemischen und physikalischen Prozesse innerhalb und außerhalb der Zellen, das Strömen und die Diffusion der Gewebs- und Nahrungsflüssigkeiten sowie den Aufbau des kolloidalen Zustands der Körperbestandteile.

4.1.5 Wasserstoffbrückenbindungen ermöglichen Molekülverbände

Wasser hat im Vergleich zu anderen molekularen Stoffen (z. B. O_2, N_2) eine relativ hohe Schmelz- und Siedetemperatur. Dies lässt auf stärkere Anziehungskräfte zwischen den Wassermolekülen schließen. Sie kommen dadurch zustande, dass sich die Wassermoleküle nicht nur durch van-der-Waals-Kräfte, sondern zusätzlich als Dipolmoleküle anziehen (vgl. Kap. 2.4.1). Diese elektrostatischen Dipol-Dipol-Kräfte zwischen Dipolmolekülen verstärken die Anziehung im Vergleich zu derjenigen durch reine van-der-Waals-Kräfte zwischen unpolaren Molekülen ähnlicher Größe.

Die Anziehung zwischen stark positiv polarisierten Wasserstoffatomen und stark negativ polarisierten Atomen benachbarter Moleküle nennt man **Wasserstoffbrücke**.

> Jeweils mehrere Wassermoleküle bilden Wasserstoffbrückenbindungen untereinander aus und werden so zu Molekülverbänden (Aggregaten, Clustern) miteinander verknüpft.

Eine besonders wichtige Rolle spielen Wasserstoffbrücken beim Aufbau von Naturstoffen. Die Eigenschaften von Stärke, Cellulose, Eiweißstoffen und Nucleinsäuren werden wesentlich durch Wasserstoffbrücken mitbestimmt.

Wasserstoffbrückenbindungen zwischen Wassermolekülen

Die Siedetemperatur von Wasser ist relativ hoch im Vergleich zu den anderen Hydriden von Elementen der sechsten Hauptgruppe (z. B. H_2S, H_2Se, H_2Te). Dasselbe gilt auch für den Fluorwasserstoff (HF) unter den Halogenwasserstoffen (Halogen = Elemente der siebten Hauptgruppe des PSE).

> Bei Wasser und Fluorwasserstoff sind die Dipol-Dipol-Kräfte also besonders groß. Dies ist auf die starke Elektronegativität (EN) von Sauerstoff (EN = 3,5) und Fluor (EN = 4,0) im Vergleich zu Wasserstoff (EN = 2,1) zurückzuführen.

4.1.6 Die Strukturen von Eis und flüssigem Wasser – eine bemerkenswerte Ordnung

Im festen Aggregatzustand (Eis) kann ein Wassermolekül Wasserstoffbrücken zu insgesamt vier Nachbar-Wassermolekülen ausbilden:
- Jedes der beiden freien Elektronenpaare am O-Atom des zentralen Wassermoleküls geht eine lockere Wasserstoffbrückenbindung zu je einem Nachbar-Wassermolekül ein.
- Zu jedem der an das O-Atom durch eine feste Elektronenpaarbindung gebundenen H-Atome werden von je einem freien Elektronenpaar von Nachbar-Wassermolekülen Wasserstoffbrücken gebildet.

Die Eiskristalle bilden ein **Molekülgitter**. Auf seinen Gitterplätzen befinden sich Wassermoleküle, die durch gerichtete Wasserstoffbrücken festgehalten werden. Im Eiskristall ist jedes Sauerstoffatom eines Wassermoleküls tetraedrisch von vier Wasserstoffatomen umgeben, zwei davon sind über Atombindungen verknüpft, zwei über Wasserstoffbrücken.

Wasser – Grundlage der Lebensvorgänge

Die Wassermoleküle sind in diesem Gitter weniger dicht gepackt als im flüssigen Wasser. Dies erklärt die geringere Dichte von Eis gegenüber Wasser von 0 °C.

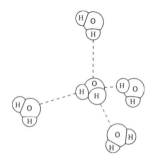

Wasserstoffbrückenbindungen (gestrichelte Linien) zwischen Wassermolekülen im festen Aggregatzustand (Eis).
Die Abbildung muss man sich nun nach allen angegebenen Richtungen durch weitere Wasserstoffbrückenbindungen ergänzt denken.

Um Eis zum Schmelzen zu bringen, ist nur ein verhältnismäßig geringer Energiebetrag aufzuwenden, da die Wasserstoffbrückenbindungen auch im flüssigen Zustand erhalten bleiben.

Erst dann, wenn Wasser verdampfen soll, muss der durch die Wasserstoffbrückenbindungen bedingte Zusammenhalt aufgehoben werden, was erhebliche Energiebeträge erfordert.

4.2 Wasser als Lösungsmittel

Das aus Dipolmolekülen bestehende Wasser besitzt ein sehr gutes Lösungsvermögen für viele Stoffe,
- die selbst auch Dipoleigenschaften haben, wie z. B. die Gase Ammoniak (NH_3) oder Chlorwasserstoff (HCl),
- die aus positiv und negativ elektrisch geladenen Teilchen (Ionen) aufgebaut sind (z. B. viele anorganische und organische **Salze**),
- **potenzielle Elektrolyte**, die durch chemische Reaktion mit den Wassermolekülen in elektrisch geladene Teilchen zerfallen (dissoziieren), wie z. B. Essigsäure oder Citronensäure,
- deren Moleküle den Wassermolekülen insoweit ähnlich sind, als sie ein gemeinsames Strukturmerkmal in Form der OH-Gruppe enthalten (allg. **hydrophile Stoffe**). Dies trifft z. B. auf Alkohole, Zucker und Aminosäuren zu.

In Wasser sind auch Biopolymere löslich, die eine ausreichende Zahl an polaren Gruppen enthalten, wie z. B. die zu den Sphäroproteinen zählenden Eiweißstoffe Albumine.

In Wasser gut lösliche Stoffe bezeichnet man als **hydrophil**. Stoffe mit Wasser abweisenden Eigenschaften, z. B. Fette, bezeichnet man als **hydrophob**.

Stoffe, die aus Gasen Wasser aufnehmen (z. B. viele Salze, Säuren, bestimmte organische Stoffe) bezeichnet man als **hygroskopisch** *(hygros,* gr.: feucht; *skopein*, gr.: auf etwas gerichtet sein).

4.2.1 Echte Lösungen und unechte Lösungen

Löst sich ein Stoff in Form kleinstmöglicher Teilchen in Wasser auf, so spricht man von einer echten Lösung. Sie erscheint auch unter dem Mikroskop völlig klar. Es handelt sich um ein **homogenes Gemisch** mit nur einer flüssigen Phase.

Oft vermischt sich der zu lösende Stoff mit dem flüssigen Lösungsmittel aber nicht in Form kleinstmöglicher Teilchen, sondern in Form von größeren Partikeln. Dann entsteht ein **heterogenes Gemisch**, das trüb erscheint (unechte Lösung).

Enthält das flüssige Lösungsmittel dabei Partikel eines festen Stoffes, so spricht man von einer **Suspension**.
Sind die Partikel ebenfalls flüssig, so liegt eine **Emulsion** vor.

4.2.2 Hydration: Anlagerung von Wassermolekülen an Ionen

Trotz der hohen Gitterenergie, die für die Ionengitter der Salze kennzeichnend ist, löst Wasser die Kristalle vieler Salze auf.

Unter der **Gitterenergie** versteht man die Energie, die aufgewendet werden muss, um ein Mol eines Stoffes aus dem kristallinen in den gasförmigen Zustand zu überführen. Sie wird bestimmt von Ionenladung und Ionenradius.

Wasser – Grundlage der Lebensvorgänge

Wie kann man sich den Auflösungsvorgang vorstellen?

Nähert sich ein Wassermolekül der Oberfläche eines Ionengitters, so kommt es zu einer elektrostatischen Anziehung zwischen dem Dipolmolekül Wasser und dem entsprechenden Ion. Das Wassermolekül bewegt sich dabei beschleunigt auf das Ion zu, das gleichzeitig aus dem Ionengitterverband herausgezogen wird.

An das so isolierte Ion lagern sich sofort weitere Wassermoleküle an und bilden eine Hydrathülle. Die Anlagerung von Wassermolekülen an Ionen wird **Hydration** bzw. **Hydratation** genannt.

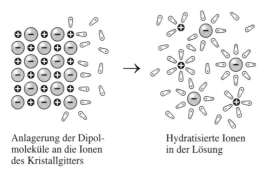

Anlagerung der Dipolmoleküle an die Ionen des Kristallgitters

Hydratisierte Ionen in der Lösung

Da das Wassermolekül als Dipol mit negativer und positiver Partialladung vorliegt, richtet es sich in der Umgebung von Ionen und Dipolen mit entsprechender Partialladung so aus, dass die in Bezug auf das jeweilige Ion gegensinnig geladene Partialladung des Wassermoleküls sich in die Richtung des entsprechenden Anions oder Kations ausrichtet. Dasselbe gilt für organische Ionen wie z. B. Carboxylate.

Die Hydration ist ein exothermer Vorgang. Um das Dipolmolekül Wasser wieder vom Ion zu entfernen, müsste gegen die Ionen-Dipol-Anziehungskräfte Arbeit verrichtet werden, Die bei der Anlagerung von Wassermolekülen an ein Ion frei werdende Energie heißt Hydrationsenergie. Sie genügt in vielen Fällen, um die hohe Gitterenergie eines Ionengitters zu überwinden.

Die Löslichkeit ist abhängig von **Hydrations-** und **Gitterenergie**.

Ähnliche Vorgänge gelten für alle anderen Lösungsmittel (Solvenzien). Man spricht dann allgemein von **Solvationsenergie** bzw. **Solvathülle** bzw. **Solvatation**.

Die Solvatation bzw. Hydration hängt von der Ladungsdichte des Ions ab. Je höher diese ist, d. h. je kleiner der Ionenradius und je größer die Ionenladung ist, desto größer ist auch die Hydrathülle bzw. Solvathülle.

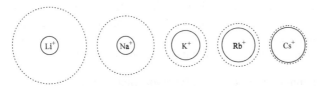

Hydratationshüllen (gestrichelt) der Alkaliionen

Die Solvatation bzw. Hydration nimmt mit steigender Temperatur ab. Neben Anionen und Kationen können auch organische Verbindungen mit polaren Gruppen wie Alkohole, Zucker und Proteine solvatisiert bzw. hydratisiert werden.

Energetisch lassen sich beim Lösungsvorgang vier Fälle unterscheiden:
- *Die Hydrationsenergie ist größer als die Gitterenergie.*
  Die Lösungsvorgänge verlaufen exotherm.
- *Die Hydrationsenergie ist annähernd gleich groß wie die Gitterenergie.*
  Der Lösungsvorgang verläuft ohne wesentliche Temperaturänderung.
- *Die Hydrationsenergie ist wenig kleiner als die Gitterenergie.*
  Es kommt zur Abkühlung beim Lösen. Die zur Überwindung der Gitterenergie fehlende Energie wird dem Wärmevorrat des Wassers entnommen.
- *Die Hydrationsenergie ist wesentlich kleiner als die Gitterenergie.*
  In diesem Fall löst sich das Salz in der Regel nur zum Teil oder fast gar nicht.

4.3 Ionenprodukt des Wassers

4.3.1 Wasser verhält sich amphoter

Reines Wasser weist eine, wenn auch nur geringe elektrische Leitfähigkeit auf. Selbst in chemisch reinem Wasser müssen also Kationen und Anionen als Träger elektrischer Ladungen vorliegen; es können nicht ausschließlich Wassermoleküle vorhanden sein. Die Konzentration dieser Ionen ist jedoch sehr niedrig.

Die Bildung der Ionen kann man sich folgendermaßen vorstellen:

In einem Wassermolekül löst sich eine O-H-Bindung in der Weise, dass das Elektronenpaar am Sauerstoff verbleibt, der hierdurch Träger einer negativen Ladung wird.

Das resultierende positiv geladene Wasserstoffion (Proton) wird auf ein anderes Wassermolekül übertragen und durch ein (bis dahin) freies Elektronenpaar gebunden. Hierdurch ergibt sich eine positive Ladung am Sauerstoffatom.

$$H_2O + H_2O \rightleftharpoons H_3O^+ + OH^-$$

> Protonen abgebende Stoffe nennt man **Protonendonatoren**. Protonen aufnehmende Stoffe werden als **Protonenakzeptoren** bezeichnet.
> Wasser kann sowohl als Protonendonator als auch als Protonenakzeptor reagieren. **Wasser verhält sich amphoter**.

Die Protonenübertragung bezeichnet man als **Protolyse**. Da an der beschriebenen Protolyse ausschließlich Wassermoleküle beteiligt sind, spricht man von der **Autoprotolyse** des Wassers. Die dabei entstehenden Ionen heißen:

Oxoniumionen H_3O^+

Hydroxidionen OH^-

4.3.2 Oxoniumionen und Hydroxidionen – Ursache für die elektrische Leitfähigkeit

Von jedem H-Atom eines Oxoniumions kann eine Wasserstoffbrückenbindung zu einem Wassermolekül gebildet werden. Dadurch bilden sich Hydroniumionen. Dies sind mit Wassermolekülen durch Wasserstoffbrückenbindungen verknüpfte Oxoniumionen.
Wird von jedem der drei untereinander vollkommen gleichartigen H-Atome des Oxoniumions je eine Wasserstoffbrückenbindung zu einem Wassermolekül ausgebildet, so entstehen $H_9O_4^+$-Ionen:

$$H_3O^+ + 3\,H_2O \rightleftharpoons H_9O_4^+$$

Vereinfachend bezeichnet man die in Wasser neben den Hydroxidionen vorliegenden Kationen oft als Wasserstoffionen (Protonen, H^+-Ionen). In Wirklichkeit sind jedoch in Wasser keine freien Protonen (Wasserstoffkerne) vorhanden.

Ebenso vereinfachend kann man die **Reaktionsgleichung für die Autoprotolyse** des Wassers

$$H_2O + H_2O \rightleftharpoons H_3O^+ + OH^-$$

auch so schreiben:

$$H_2O \rightleftharpoons H^+ + OH^-$$

Jede dieser beiden Gleichungen zeigt, dass in chemisch reinem Wasser stets ebenso viele Oxoniumionen bzw. Wasserstoffionen wie Hydroxidionen vorhanden sind.

Für reines Wasser und für alle neutralen wässrigen Lösungen gilt:

> Die Teilchenanzahl der H_3O^+-Ionen ist **gleich** der Teilchenanzahl der OH^--Ionen.

Durch die Stoffmengenkonzentration (mol/l) ausgedrückt, ergibt sich als Neutralisationsbedingung:

$c(H_3O^+) = c(OH^-)$ bzw. $c(H^+) = c(OH^-)$

Die Dissoziation des Wassers ist temperaturabhängig

Betrachtet man die Dissoziation von Wasser

$$H_2O \rightleftharpoons H^+ + OH^-$$

quantitativ unter Anwendung des Massenwirkungsgesetzes (MWG)

$$K = \frac{c(H^+) \cdot c(OH^-)}{c(H_2O)}$$

so ergeben sich zwei Fragen:
1. Wie groß ist die Stoffmengenkonzentration an Wasser in einem Volumen von einem Liter bei 25 °C?
2. Wie ändert sich diese Konzentration durch die Dissoziation von Wassermolekülen in H^+- und OH^--Ionen?

Aus dem Volumen des Wassers $V(H_2O) = 1\,l$ kann man die Stoffmenge und die Konzentration berechnen:

Wasservolumen:	$V(H_2O) = 1\,000\,ml$
Dichte von Wasser bei 25 °C:	$\rho(H_2O) = 0{,}99704\,g/ml$
daraus ergibt sich die *Masse von 1000 ml Wasser:*	$m(H_2O) = 997{,}04\,g$
Molare Masse von Wasser:	$M(H_2O) = 18{,}015\,g/mol$
daraus ergibt sich die *Stoffmenge des Wassers:*	$n(H_2O) = 55{,}34\,mol$
und die *Stoffmengenkonzentration:*	$c(H_2O) = 55{,}34\,mol/l$

Die Konzentration an Wasserstoffionen und Hydroxidionen bei einer gegebenen Temperatur kann durch Messung der elektrischen Leitfähigkeit experimentell ermittelt werden. Sie ist sehr niedrig und liegt in der Größenordnung von jeweils $10^{-7}\,mol/l$.

Da nur sehr wenig Wasser dissoziiert, verringert sich die H_2O-Konzentration praktisch nicht.

Man kann die H_2O-Konzentration als konstant ansehen und durch Umformen der Gleichung

$$K = \frac{c(H^+) \cdot c(OH^-)}{c(H_2O)}$$

in $\quad K \cdot c(H_2O) = c(H^+) \cdot c(OH^-)$

mit der Gleichgewichtskonstante K durch Multiplikation zu einer weiteren Konstante K_W zusammenfassen, die man als **Ionenprodukt des Wassers** bezeichnet (W steht für Wasser). So ergibt sich die Gleichung:

$$K \cdot c(H_2O) = K_W = c(H^+) \cdot c(OH^-)$$

Die Dissoziation des Wassers ist ein von der Temperatur abhängiges chemisches Gleichgewicht. Daher ist auch die Größe des Ionenprodukts temperaturabhängig.

Temperatur in °C	Ionenprodukt des Wassers K_W in mol²/l²	pH-Wert
10	$0{,}292 \cdot 10^{-14}$	7,267
20	$0{,}681 \cdot 10^{-14}$	7,084
22	$\mathbf{1{,}000 \cdot 10^{-14}}$	**7,000**
25	$1{,}008 \cdot 10^{-14}$	6,998
37	$2{,}398 \cdot 10^{-14}$	6,810
40	$2{,}919 \cdot 10^{-14}$	6,767

Die K_W-Werte sind umso größer, je höher die Temperatur ist. Dies zeigt, dass die Dissoziation des Wassers in Ionen und demzufolge auch das Ionenprodukt mit steigender Temperatur zunimmt.
Bei 25 °C hat das Ionenprodukt des Wassers abgerundet folgenden Wert:

$$K_W = 1{,}00 \cdot 10^{-14} \text{ mol}^2/\text{l}^2$$

Aus diesem Wert kann man die Wasserstoffionenkonzentration und die genau gleich große Hydroxidionenkonzentration berechnen.

Wasser – Grundlage der Lebensvorgänge

Anwendungsbeispiele

1. Bei 25 °C gilt:
   $1,00 \cdot 10^{-14} = c(H^+) \cdot c(OH^-)$
   sowie
   $c(H^+) = c(OH^-)$

   Wenn man für die H$^+$-Ionen-Konzentration x mol/l einsetzt, dann ergibt sich aufgrund der gleich großen OH$^-$-Ionen-Konzentration
   $x \cdot x = x^2 = 1,00 \cdot 10^{-14} \, mol^2 / l$
   $x = \sqrt{K_W} = \sqrt{1,00} \cdot \sqrt{10^{-14}} = 1,0 \cdot 10^{-7} \, mol/l$

   Bei 25 °C ist demnach in reinem Wasser:
   $c(H^+) = c(OH^-) = 1,0 \cdot 10^{-7} \, mol/l$

   Somit beträgt die Wasserstoffionenkonzentration und die Hydroxidionenkonzentration ein Zehnmillionstel mol/l:
   $c(H^+) = c(OH^-) = 10^{-7} \, mol/l = \frac{1}{10\,000\,000} \, mol/l$

2. Bei 37 °C ergibt sich aus dem größeren Ionenprodukt in reinem Wasser:
   $x^2 = 2,398 \cdot 10^{-14} \, mol^2 / l^2$
   $x = \sqrt{2,398 \cdot 10^{-14}} \, mol/l$
   $c(H^+) = c(OH^-) = 1,55 \cdot 10^{-7} \, mol/l$
   $c(H^+) = \frac{1,55}{10\,000\,000} \, mol/l$

4.3.3 Der pH-Wert: „Stärke des Wasserstoffs"

Da Angaben als Potenzen mit negativem Exponenten wenig übersichtlich sind, hat man den **pH**-Wert (lat.: *potentia hydrogenii*) definiert:

> Der pH-Wert ist der negative dekadische Logarithmus der Wasserstoffionenkonzentration: **pH = –lg c(H$^+$)**

In reinem Wasser und in neutral reagierenden wässrigen Lösungen gilt stets:
$c(H^+) = c(OH^-)$
$c(H^+) \cdot c(OH^-) = K_W$

Nur bei 25 °C (genauer bei 22 °C) haben reines Wasser und neutral reagierende wässrige Lösungen den pH-Wert 7,0.
Für andere Temperaturen ergeben sich hingegen andere pH-Werte:

Temperatur in °C	$c(H^+)$ in mol/l	pH-Wert
10	$0{,}54 \cdot 10^{-7}$	7,27
25	$1{,}00 \cdot 10^{-7}$	7,00
37	$1{,}55 \cdot 10^{-7}$	6,81

Dem pH-Wert entsprechend kann man auch einen pOH-Wert definieren:

$pOH = -\lg c(OH^-)$

Der Zahlenwert des Ionenproduktes des Wassers kann auch als negativer dekadischer Logarithmus dargestellt werden:

$pOH = -\lg K_W$

Für Wasser und alle wässrigen Lösungen gilt die Beziehung

$$pH + pOH = pK_W$$

Bei 25 °C ist $pK_W = 14$, sodass jede pH-Angabe ohne Probleme in die entsprechende pOH-Angabe umgerechnet werden kann nach der Gleichung:

$pH + pOH = 14$

4.4 Lösungen – unentbehrlich für Stoffwechselvorgänge

Im lebenden Organismus werden zahlreiche Stoffe in gelöster Form mit den Körperflüssigkeiten transportiert. Stoffwechselvorgänge sind an wässriges Medium gebunden, d. h. sie laufen in wässriger Lösung ab.

Eine Lösung ist stets eine Stoffmischung (Stoffgemisch) bestehend aus:
- der Regel mengenmäßig überwiegenden flüssigen Stoff, dem **Lösungsmittel** (Solvens), und
- dem oder den darin **gelösten Stoff(en)**.

Der gelöste Stoff liegt vor dem Auflösen in einem der drei Aggregatzustände (fest, flüssig oder gasförmig) vor. Nach dem Auflösen sind seine kleinsten Teilchen durch Diffusion in dem Lösungsmittel fein verteilt.
Bei gelösten Feststoffen unterscheidet man in Abhängigkeit von der Teilchengröße des gelösten Stoffes in Wasser zwischen
- echten Lösungen (Teilchengröße kleiner als 10^{-7} cm) und
- kolloidalen Dispersionen (Teilchengröße von 10^{-5} bis 10^{-7} cm).

Echte Lösungen kann man durch Betrachten nicht von dem reinen Lösungsmittel unterscheiden (es sei denn, der gelöste Stoff ist farbig).

> Echte Lösungen bilden ein **homogenes Mehrkomponentensystem**, eine homogene **Mischphase**.

Kolloidale Dispersionen entstehen durch Auflösen makromolekularer Stoffe, deren Teilchen Moleküle mit sehr großer molarer Masse sind (z. B. wasserlösliche Proteine, Polysaccharide, Nucleinsäuren). Eine Besonderheit der in kolloidalen Dispersionen vorliegenden Teilchen ist es, seitlich eingestrahltes Licht zu streuen (TYNDALL-Effekt).

Zur Herstellung von Lösungen muss man die Eigenschaften der zu lösenden Stoffe und der Lösungsmittel kennen. **Die zu lösenden Stoffe lassen sich unterteilen in:**
- **Polare Stoffe**, aufgebaut aus Ionen oder Molekülen mit stark polarisierten Elektronenpaarbindungen (Moleküle mit hydrophilen Atomgruppen).
- **Unpolare** (nicht polare, schwach polare) **Stoffe**, aufgebaut aus Molekülen mit nicht oder nur in geringem Maße polarisierten kovalenten Bindungen.

Polare Stoffe (hydrophil)	Unpolare Stoffe (hydrophob, lipophil)
Salze, Oxide, Hydroxide	Kohlenwasserstoffe (z. B. Paraffine)
anorganische Säuren	Ester und Wachse
Carbonsäuren, Sulfonsäuren	Fette
anorganische Basen	Cholesterin
Amine	Aminocarbonsäuren
bestimmte Aminocarbonsäuren	langkettige Alkohole
Alkohole und Zucker	fettlösliche Vitamine
wasserlösliche Vitamine	

Auch die Lösungsmittel lassen sich in polare und unpolare Solvenzien einteilen. Grundregel: **„Ähnliches löst sich in Ähnlichem"** (lat.: *similia similibus solvuntur*).

Löslichkeit in Wasser – Polarität vorausgesetzt

In dem polaren Lösungsmittel Wasser lösen sich zahlreiche polare Stoffe (vgl. Kap. 4.2). Dies können sein:
- Salze,
- potenzielle Elektrolyte,
- hydrophile Stoffe.

Das unterschiedliche Verhalten der zu lösenden Stoffe gegenüber Wasser drückt sich in ihrer Löslichkeit aus. Die Löslichkeit gibt an, wie viel Gramm reiner Stoff von 100 g Lösungsmittel bei einer bestimmten Temperatur maximal gelöst werden. In der Regel nimmt die Löslichkeit eines festen Stoffes in Wasser mit der Temperatur erheblich zu.

$$\text{Löslichkeit} = \frac{\text{Masse reiner Stoff in g}}{100 \text{ g Lösungsmittel}}$$

Häufig wählt man die Stoffmengenkonzentration mol/l (mol gelöster Stoff in 1 l Lösung), um den Gehalt einer wässrigen Lösung an einem gelösten Stoff auszudrücken.

Wasser – Grundlage der Lebensvorgänge

Gehaltsangaben von Lösungen

Gehalt ist ein Oberbegriff, der alle Angaben über die Zusammensetzung von Lösungen (Mischphasen) einschließt.

Gehaltsangabe	alte Bezeichnung	Symbol	Einheit
Stoffmengen-konzentration	(Molarität, M) *molar*	c	mol/l mmol/l µmol/l
Äquivalentkonzentration	(Normalität, *normal*, N)	c (eq)	mol/l
Molalität		b	mol/kg
Massenanteil	(Massenprozent)	w	g/g g/100 g ($\triangleq$ %)
Massenkonzentration		β	g/l mg/ml
Volumenkonzentration	(Volumenprozent)	σ	l/l ml/ml

Von der Teilchenanzahl abhängige Lösungseigenschaften

Lösungen nicht flüchtiger Stoffe haben einen niedrigeren Dampfdruck, eine höhere Siedetemperatur und eine tiefere Gefriertemperatur als das jeweilige reine Lösungsmittel.
Man beobachtet also bei den Lösungen eine Dampfdruckerniedrigung, eine Siedetemperaturerhöhung, eine Gefriertemperaturerniedrigung und außerdem einen osmotischen Druck.

> Diese physikalischen Eigenschaften von Lösungen sind allein von der **Anzahl**, nicht aber von der Art der in Lösung vorliegenden Teilchen abhängig.

Nach dem Auflösen von Nicht-Elektrolyten (z. B. von Rohrzucker oder von Harnstoff) in Wasser liegen die Moleküle als gelöste Teilchen vor. Die Teilchenanzahl entspricht genau der in Lösung gebrachten Stoffmenge, weil beim Auflösen der Moleküle keine Dissoziation erfolgt.
Wässrige Lösungen von Rohrzucker und Harnstoff derselben Molalität enthalten also dieselbe Anzahl gelöster Teilchen. Sie haben daher trotz der verschiedenen chemischen Zusammensetzung von Rohrzuckermolekülen und Harnstoffmolekülen auch denselben osmotischen Druck und zeigen z. B. dieselbe Gefriertemperaturerniedrigung.

Nach dem Auflösen von Ionenverbindungen (z. B. Salzen) oder von potenziellen Elektrolyten (z. B. Citronensäure, Äpfelsäure) in Wasser ist durch die Dissoziation in Kationen und Anionen in der wässrigen Lösung eine größere Teilchenanzahl vorhanden als der Stoffmenge des in Lösung gebrachten Stoffes entspricht.

Wie viel mol Ionen entstehen aus 1 mol folgender Ionenverbindungen?

Formeleinheit 1 mol	Ionen in wässriger Lösung	
NaCl	$Na^+ + Cl^-$	2 mol
$MgBr_2$	$Mg^{2+} + 2\ Br^-$	3 mol
K_2SO_4	$2\ K^+ + SO_4^{2-}$	3 mol
AlF_3	$Al^{3+} + 3\ F^-$	4 mol
$K_4[Fe(CN)_6]$	$4\ K^+ + [Fe(CN)_6]^{4-}$	5 mol

Lösungen aus gleichen Stoffmengen verschiedener Ionenverbindungen können daher beispielsweise unterschiedlich großen osmotischen Druck haben.

Wie lassen sich die Lösungseigenschaften näher erklären?

Beim Verdampfen von Wasser oder eines organischen Lösungsmittels treten die Moleküle von der Flüssigkeitsoberfläche in den darüber befindlichen Gasraum über und üben dort einen Druck aus (Dampfdruck), der mit steigender Temperatur ansteigt.

An der Oberfläche einer Lösung befinden sich jedoch nicht nur flüchtige Lösungsmittelmoleküle, sondern auch Teilchen des gelösten nicht flüchtigen Stoffes. Dies erklärt, warum der Dampfdruck einer Lösung bei einer bestimmten Temperatur kleiner als der des reinen Lösungsmittels ist. Diese Dampfdruckerniedrigung bei Lösungen hat eine Siedetemperaurerhöhung sowie eine Gefriertemperaturerniedrigung zur Folge.

> Die Größe der Siedetemperaturerhöhung, der Gefriertemperaturerniedrigung und auch des osmotischen Druckes ist in verdünnten Lösungen direkt proportional der **Gesamtzahl** der in der jeweiligen Lösung vorliegenden gelösten Teilchen (Moleküle oder Ionen).

4.5 Biologische Themenbezüge zum Kapitel 4

pH-Wert:
Zeigerpflanzen für bestimmte Bodenverhältnisse; pH-Wert in aquatischen Systemen (Beurteilung der Wassergüte)

Wasser als Lösungsmittel:
Herstellung und „Beurteilung" von Lösungen (z. B. osmotische Wirkung des Zellsaftes); Aufnahme und Transport von Wasser und Ionen durch die Wurzel; kolloidale Lösungen (kolloidale Dispersionen, Tyndall-Effekt); Transportmechanismen durch Membranen (aktiver und passiver Transport); Lipidfiltrationshypothese

Diffusion:
Brown'sche Molekularbewegung; kinetische Energie; Transpiration

Osmose:
Plasmolyse, Deplasmolyse, Turgor; Messung des osmotischen Drucks einer Zuckerlösung mithilfe der Pfeffer'schen Zelle; Stoffanreicherung in der Vakuole nach dem Ionenfallenprinzip; anorganische, osmotisch wachsende „Zellen" (Traube'sche Zellen)

Wasserhaushalt von Organsimen:
Aufnahme und Transport von Wasser und Ionen durch die Wurzel; Stofftransport bei Kormophyten; Anpassung der Pflanzen an den Wasserhaushalt (Hydrophyten, Tropophyten, Hygrophyten, Xerophyten, Sukkulenten); Frostresistenz bei Pflanzen; Wasserhaushalt bei Tieren unter ökologischem Aspekt

4.6 Kontrollfragen

46. Formulieren Sie die Reaktionsgleichung für die Entstehung von 2 mol Wasser aus den Elementen.
47. Durch welchen Vorgang kann man den Zerfall von Wasser in die Elemente erzwingen?
48. Welche Eigenschaft der Wassermoleküle resultiert aus dem Bindungswinkel sowie der hohen Elektronegativität der Sauerstoffatome?
49. Wie erklärt sich die in Relation zur molaren Masse außergewöhnlich hohe Siedetemperatur von Wasser?

50. Für welche Art von Lösungsmittel ist Wasser das wichtigste Beispiel?
51. Welche Stoffklassen sind in Wasser in der Regel löslich?
52. Was sind Hydrate?
53. Was bedeuten die Begriffe hygroskopisch, hydrophil und hydrophob?
54. Formulieren Sie die Reaktionsgleichung für die Autoprotolyse von Wasser. Welche Ionen entstehen hierbei?
55. Was besagt der Begriff amphoter? Weshalb gehört Wasser zu den Ampholyten?
56. Welche Aussage gilt für alle neutral reagierenden wässrigen Lösungen?
57. In welcher Weise hängt das Ionenprodukt des Wassers von der Temperatur ab?
58. Geben Sie die pH-Definition in Worten und als Gleichung wieder.
59. Welche Eigenschaft ist für die Unterscheidung zwischen echten Lösungen und kolloid dispersen Systemen maßgebend?
60. Aus welchen Gründen sind viele Salze sowie potenzielle Elektrolyte in Wasser gut löslich?
61. Was ist beim Einleiten von Chlorwasserstoffgas in eine gesättigte Kochsalzlösung zu beobachten? Begründen Sie.
62. Welches sind die wichtigsten Angaben zur Kennzeichnung des Gehalts von Lösungen?
63. Worauf sind alle Konzentrationsangaben bezogen? Welches ist die wichtigste Konzentrationsangabe? Welche Einheiten sind hierfür gebräuchlich?
64. Welche Eigenschaften von Lösungen hängen von der Teilchenzahl (ungeachtet der Art der Teilchen) ab?
65. Wie verhalten sich Ionen im Wasser?

5 Struktur und Reaktionen organischer Moleküle

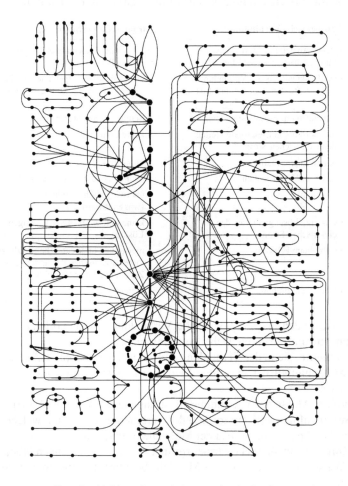

Im Stoffwechsel bilden die Reaktionen, durch die die organischen Moleküle ineinander umgewandelt werden, ein dichtes Netzwerk aus.

Struktur und Reaktionen organischer Moleküle

5.1 Der Aufbau organischer Verbindungen

Am Aufbau organischer Verbindungen können neben Kohlenstoff (C) noch folgende Elemente beteiligt sein: Wasserstoff (H), Sauerstoff (O), Stickstoff (N), Schwefel (S), Phosphor (P), Halogene (z. B. Brom, Br, und Jod, J).

Unterschiede zwischen anorganischen und organischen Verbindungen

Anorganische Verbindungen	Organische Verbindungen
• starke Anziehungskräfte zwischen ungleichartig geladenen Ionen	• schwache Anziehungskräfte zwischen Molekülen
• aus Ionen aufgebaute Verbindungen sind feste Stoffe (bei Raumtemperatur)	• aus Molekülen aufgebaute Verbindungen sind feste, flüssige oder gasförmige Stoffe
• Schmelztemperaturen sind hoch	• Schmelztemperaturen sind niedrig
• Schmelzen von Elektrolyten leiten den elektrischen Strom	• keine Leitfähigkeit
• polare Eigenschaften	• unpolare Eigenschaften
• meist in Wasser löslich	• überwiegend in Wasser unlöslich
• hydrophil	• überwiegend hydrophob (wasserabweisend)
• wässrige Lösungen leiten den elektrischen Strom	• keine Leitfähigkeit der wässrigen Lösungen
• stabil beim Erhitzen	• meist nicht hitzestabil (beim Erhitzen vieler organischer Verbindungen erfolgt Zersetzung unter Verkohlung)
• meist nicht brennbar	• brennbar

Um herauszufinden, welche organische Verbindung jeweils vorliegt, führt man eine **Strukturanalyse** durch. Dabei bestimmt man:
- die **Elemente,** die in der Verbindung enthalten sind (qualitative Analyse);
- den **Massenanteil** der einzelnen Elemente an der Verbindung (quantitative Analyse);
- die **molare Masse** der Verbindung (Bestimmung der molaren Masse);
- die **Summenformel** (Bruttoformel) der Verbindung, die angibt, welche Atome in welcher Anzahl am Aufbau der Moleküle beteiligt sind;
- die **Konstitutionsformel** („Strukturformel"), die genau erkennen lässt, in welcher Weise die am Aufbau eines Moleküls beteiligten Atome miteinander verknüpft sind;
- die **Konfiguration** (dreidimensionale Anordnung der Atome organischer Verbindungen).

Struktur und Reaktionen organischer Moleküle

In den Konstitutionsformeln ist jeder Strich (senkrecht, waagerecht oder schräg) das Symbol für ein Bindungselektronenpaar. Von den Atomen jedes Elementes geht eine feststehende Anzahl Bindungen aus (vgl. Kap. 2.6.4).

In organischen Verbindungen sind
- einbindig: H, Br, I (J)
- zweibindig: O, S
- dreibindig: N
- vierbindig: C
- fünfbindig: N, P
- sechsbindig: S

Für die Einteilung organischer Verbindungen in Verbindungsklassen sind folgende Strukturmerkmale maßgebend:
- Die kettenförmige oder ringförmige Verknüpfung der C-Atome miteinander, d. h. die Beschaffenheit des C-Gerüstes und
- die an das vorliegende C-Gerüst gebundenen anderen Atome oder Atomgruppen.

> Die meisten organischen Moleküle enthalten bestimmte Atomgruppen, die für die Eigenschaften des ganzen Moleküls bestimmend sind. Man bezeichnet sie deshalb als **funktionelle Gruppen**.

Funktionelle Gruppen bilden die Grundlage der Einordnung organischer Verbindungen in Verbindungsklassen (s. Tab.).

Einteilung von Verbindungsklassen nach funktionellen Gruppen

Verbindungsklasse	funktionelle Gruppe(n)
Alkohole	—OH
Aldehyde	—C(=O)H
Ketone	—C(=O)—
Carbonsäuren	—COOH
Amine	—NH$_2$
Thioalkohole	—SH
Sulfonsäuren	—SO$_3$H

Struktur und Reaktionen organischer Moleküle

Organische Verbindungen kann man einteilen in
- niedermolekulare Verbindungen (Monomere) und
- hochmolekulare Verbindungen (Polymere, bei Naturstoffen: Biopolymere).

Polymere sind aus Makromolekülen aufgebaut, die aus bestimmten niedermolekularen Verbindungen (**Monomeren**) entstehen.

Zusammensetzung wichtiger Biopolymere

Naturstoffe	molekulare Bausteine
Ester (z. B. Aromastoffe)	Carbonsäuren + Alkohole
Fette	Fettsäuren + Glycerin
Polysaccharide (z. B. Stärke)	Monosaccharide
Glycoside (Pflanzeninhaltsstoffe)	Monosaccharide + Phenole oder Alkohole
Proteine und Peptide	Aminosäuren
Nucleinsäuren (Polynucleotide)	Mononucleotide, zusammengesetzt aus H_3PO_4 sowie Purin- und Pyrimidinbasen + Ribose oder Desoxyribose

5.2 Benennung und Klassifizierung organischer Verbindungen

5.2.1 Bedeutung von Vorsilben in der Benennung organischer Verbindungen

Durch Vorsilben wird angegeben, wie viele Atome oder Atomgruppen einer bestimmten Art in einem Molekül vorhanden sind. Manche Bezeichnungen weisen auch auf die Art der enthaltenen Bausteine oder bestimmte Moleküleigenschaften hin.

Struktur und Reaktionen organischer Moleküle

Bezeichnung der Anzahl an Atomen, Ionen, Bindungen, Atomgruppen, Bausteinen oder Molekülen durch Vorsilben

Vorsilbe	Anzahl	Beispiel	Erläuterung
mono	1	Monocarbonsäure	Säure mit einer COOH-Gruppe
di	2	Oxalsäuredihydrat	Oxalsäure mit 2 mol Kristallwasser
tri	3	Triglycerid	Ester aus Glycerin und 3 mol Fettsäuren
tetra	4	Tetrachlormethan	4 Chloratome als Substituenten (CCl_4)
penta	5	Pentaen	Kohlenwasserstoff mit 5 Doppelbindungen
hexa	6	Hexamethylbenzol	6 Methylgruppen als Substituenten
hepta	7	Heptafluorbuttersäure	7 Fluoratome als Substituenten
octa	8	Octan	das Alkan mit 8 C-Atomen
nona	9	Nonapeptid	Peptid aus 9 Aminosäurebausteinen
deca	10	Decansäure	Carbonsäure mit insgesamt 10 C-Atomen
oligo	einige	Oligonucleotid	Verbindungen aus einigen Nucleotidbausteinen
poly	viele	Polysaccharid	Biopolymer aus vielen Monosaccharidbausteinen

Bezeichnung von Atomen und funktionellen Gruppen durch Vorsilben

Vorsilbe	Bedeutung	Beispiel
amino	—NH_2	Aminobenzol
azo	—N=N—	Azobenzol
carboxy	—COOH	Carboxymethylcellulose
hydroxy	—OH	β-Hydroxybuttersäure
keto	—CO—	α-Ketocarbonsäure
nitro	—NO_2	p-Nitrophenol
oxo	—O	2-Oxoglutarsäure
sulfo	Schwefel	Methansulfonsäure
thio	Schwefel	Thioethanol

Struktur und Reaktionen organischer Moleküle

Bezeichnung einiger Moleküleigenschaften durch Vorsilben

Vorsilbe	Bedeutung	Beispiel	Erläuterung
a	nicht	acyclisch	nicht cyclisch
carbo	C enthaltend	carbocyclisch	nur C-Atome enthaltendes Ringsystem
cis	diesseits	cis-ständig	auf derselben Seite
co	mit	Coenzyme	mit Enzymen zusammenwirkende niedermolekulare Stoffe
cyclo	ringförmig	Cycloalkane	ringförmige Kohlenwasserstoffe
de	Hinweis auf Abspaltung	Decarboxylierung	Abspaltung von CO_2
des	Nichtvorhandensein	2-Desoxyribose	mit einem C-Atom 2 ist kein O-Atom verknüpft
hetero	verschieden(artig)	Heteroatome	andere Atome als C und H, vor allem O-, N- und S-Atome
hydro	Wasser	Hydrolyse	Reaktion mit Wasser
inter	zwischen	intermolekular	zwischen Molekülen
intra	in(nerhalb)	intracellulär	in der Zelle
iso	gleich	Isomere	Verbindungen mit gleicher Summenformel
lipo	Fette oder fettähnliche Stoffe betreffend	Lipoproteine	Verbindungen mit Fett- und Proteinstruktur
makro	groß	Makromoleküle	Moleküle von Polymeren, z. B. Proteinen
meta	1,3-Stellung	m-Dinitrobenzol	zur Unterscheidung von stellungsisomeren Disubstitutionsprodukten des Benzols
ortho	1,2-Stellung	o-Chlorphenol	
para	1,4-Stellung	p-Aminobenzoesäure	
trans	jenseits	trans-ständig	auf verschiedenen Seiten

5.2.2 Strukturmerkmale organischer Verbindungen

Grundlage aller chemischen Reaktionen sind die Strukturen der jeweils beteiligten Moleküle. Sie entscheiden über Reaktivität und Art der möglichen Reaktionen. Die strukturelle Vielfalt in der organischen Chemie ist zwar sehr groß, trotzdem ist es möglich die Verbindungen nach bestimmten charakteristischen Merkmalen zu klassifizieren und dadurch ihr chemisches Reaktionsverhalten und ihre Rolle in biochemischen Prozessen abschätzen zu können. Die folgenden Tabellen sollen einen Überblick über die wichtigsten Strukturen chemischer Verbindungen und ihre sich daraus ergebende Klassifizierung geben.

Strukturmerkmale organischer *kettenförmiger* (acyclischer, aliphatischer) Verbindungen

gesättigt: C–C	ungesättigt: C=C
Alkane Halogenalkane Alkohole Aldehyde Ketone Carbonsäuren Amine	Alkene Diene, Polyene Halogenalkene einfach und mehrfach ungesättigte Carbonsäuren
	ungesättigt: C≡C Alkine

Strukturmerkmale organischer *ringförmiger* (cyclischer) Verbindungen

carbocyclisch (nur C-Atome im Ring)		heterocyclisch (außer C-Atomen auch O-, N- oder/und S-Atome im Ring)	
nicht aromatisch (alicyclisch)	aromatisch	gesättigt	ungesättigt

Cycloalkane
Cycloalkene
	Benzol und aromatische
	  Kohlenwasserstoffe
	Phenole
	Sulfonsäuren
	Amine
	Halogen-, Nitro- und
	  Azoverbindungen
		Tetrahydrofuran
		Furanosen
		Pyranosen
		Pyrrolidin
		Piperidin
		Morpholin
			Pyrrol
			Indol
			Imidazol
			Pyridin
			Pyrimidin
			Purin

Struktur und Reaktionen organischer Moleküle

Verbindungsklasse, Endung	allg. Formel	Beispiel	Name
Alkene *-en*	$R^1-CH=CH-R^1$	$H-CH=CH-H$	Ethen
Alkine *-in*	$R^1-C\equiv C-R^2$	$H-C\equiv C-H$	Ethin
Alkohole *-ol*	$R-OH$	H_3C-OH	Methanol
Ether *-ether*	R^1-O-R^2	$H_3C-O-CH_3$	Dimethylether
Aldehyde *-al*	$R-\underset{H}{\overset{O}{\underset{\|}{C}}}$	$H-\underset{H}{\overset{O}{\underset{\|}{C}}}$	Methanal (Formaldehyd)
Ketone *-on*	$R^1-\underset{O}{\overset{\|}{C}}-R^2$	$H_3C-\underset{O}{\overset{\|}{C}}-CH_3$	Propanon (Aceton)
Carbonsäuren *-säure*	$R-\underset{OH}{\overset{O}{\underset{\|}{C}}}$	$H-\underset{OH}{\overset{O}{\underset{\|}{C}}}$	Methansäure (Ameisensäure)
Ester *-ester*	$R^1-\underset{O-R^2}{\overset{O}{\underset{\|}{C}}}$	$H-\underset{O-CH_3}{\overset{O}{\underset{\|}{C}}}$	Methansäure-methylester (Ameisensäure-methylester)
Amine *-amin*	$R-NH_2$	H_3C-NH_2	Methylamin
	$R^1{\atop R^2}\!\!\!>\!N-H$	$H_3C{\atop H_3C}\!\!\!>\!N-H$	Dimethylamin
	$R^1{\atop R^2\atop R^3}\!\!\!>\!N$	$H_3C{\atop H_3C\atop H_3C}\!\!\!>\!N$	Trimethylamin
Amide *-amid*	$R-\underset{NH_2}{\overset{O}{\underset{\|}{C}}}$	$H-\underset{NH_2}{\overset{O}{\underset{\|}{C}}}$	Formamid
Sulfonsäuren *-sulfonsäure*	$R-SO_3H$	H_3C-SO_3H	Methansulfonsäure

Struktur und Reaktionen organischer Moleküle

Allgemeine Formel	Verbindungsklasse	entstanden aus
R^1-O-R^2	Ether Phenolether	Alkohol + Alkohol Alkohol + Phenol Phenol + Phenol
$R^1-C(=O)-O-R^2$	Carbonsäureester Phenolester	Alkohol + Carbonsäure
$R^1-C(=O)-O-C(=O)-R^2$	Carbonsäureanhydride (Anhydride)	Carbonsäure + Carbonsäure
$R^1-C(=O)-NH-R^2$	Carbonsäureamide (Amide)	Carbonsäure + Ammoniak oder primäres Amin
R^1-S-R^2	Thioether	Thioalkoholen
$R^1-S-S-R^2$	Disulfide	Thioalkoholen
$R^1-C(=O)-S-R^2$	Thioester	Thioalkohole + Carbonsäure
$R-O-P(=O)(OH)-OH$	Phosphorsäureester ("organische Phosphate")	Alkohol oder Zucker + Phosphorsäure

Struktur und Reaktionen organischer Moleküle

In der physiologischen Chemie sind organische Verbindungen mit mehreren unterschiedlichen funktionellen Gruppen als Stoffwechselprodukte und als Bausteine körpereigener hochmolekularer Stoffe (vgl. Kap. 6) von großer Bedeutung.

Verbindungsklasse	funktionelle Gruppen
ungesättigte Carbonsäuren z. B. Ölsäure, essentielle Fettsäuren, Fumarsäure	$\diagdown C = C \diagdown$ und $-COOH$
Hydroxycarbonsäuren z. B. Milchsäure, β-Hydroxybuttersäure, Äpfelsäure, Citronensäure	$-OH$ und $-COOH$
Ketocarbonsäuren z. B. Acetessigsäure, Oxalessigsäure, α-Ketoglutarsäure	$-CO$ und $-COOH$
Aminosäuren z. B. Alanin, Asparaginsäure, Glutaminsäure, Lysin	$-NH_2$ und $-COOH$
Aldosen (Aldehydzucker) z. B. Glycerinaldehyd, Glucose, Galactose	$-OH$ und $-C\underset{H}{\overset{O}{\diagup\diagdown}}$
Ketosen (Ketozucker) z. B. Dihydroxyaceton, Fructose	$-OH$ und $-CO-$
Aminoalkohole z. B. Aminoethanol	$-OH$ und $-NH_2$

5.2.3 Ableitung organischer Verbindungen aus anorganischen

Zur Klassifizierung organischer Verbindungen kann man auch von anorganischen Verbindungen ausgehen und in diesen H-Atome nacheinander durch Kohlenwasserstoffreste ersetzen. So ergeben sich:

aus **Wasser**:   Alkohole   Ether

$$\begin{matrix} H \\ \diagdown \\ \diagup \\ H \end{matrix} O \longrightarrow \begin{matrix} R \\ \diagdown \\ \diagup \\ H \end{matrix} O \longrightarrow \begin{matrix} R^1 \\ \diagdown \\ \diagup \\ R^2 \end{matrix} O$$

aus **Schwefelwasserstoff**:   Thioalkohole   Thioether

$$\begin{matrix} H \\ \diagdown \\ \diagup \\ H \end{matrix} S \longrightarrow \begin{matrix} R \\ \diagdown \\ \diagup \\ H \end{matrix} O \longrightarrow \begin{matrix} R^1 \\ \diagdown \\ \diagup \\ R^2 \end{matrix} S$$

Struktur und Reaktionen organischer Moleküle

aus **Ammoniak:** primäre Amine sekundäre Amine tertiäre Amine

$$H_3N \longrightarrow R^1NH_2 \longrightarrow R^1R^2NH \longrightarrow R^1R^2R^3N$$

aus **Ammoniumsalzen:** quartäre Ammoniumsalze

$$[NH_4]^+ Cl^- \longrightarrow [R^1R^2R^3R^4N]^+ Cl^-$$

Des Weiteren leiten sich wichtige organische Verbindungen von bestimmten anorganischen Säuren ab:

von Salpetersäure   Nitroverbindungen   Ester der Salpetersäure

$$HO-NO_2 \longrightarrow R-NO_2 \longrightarrow R-O-NO_2$$

von Phosphorsäure: Monoester   Diester der Phosphorsäure

$$HO-\underset{OH}{\overset{O}{\underset{\|}{P}}}-OH \longrightarrow R-O-\underset{OH}{\overset{O}{\underset{\|}{P}}}-OH \longrightarrow R^1-O-\underset{OH}{\overset{O}{\underset{\|}{P}}}-O-R^2$$

Da Schwefelsäure und Phosphorsäure zu den mehrprotonigen Säuren gehören, haben die angegebenen von diesen Säuren abgeleiteten organischen Verbindungen ebenfalls Säure-Eigenschaften. Durch Protonenübertragung entstehen so folgende Anionen:

aus Sulfonsäuren: $R-SO_3^-$

aus Schwefelsäuremonoestern: $R-O-SO_3^-$

aus Phosphorsäuremonoestern:
$$R-O-\underset{O^-}{\overset{O}{\underset{\|}{P}}}-O^-$$

aus Phosphorsäurediestern:
$$R^1-O-\underset{O^-}{\overset{O}{\underset{\|}{P}}}-O-R^2$$

Struktur und Reaktionen organischer Moleküle

5.3 Reaktionstypen

Ebenso wie die strukturellen Besonderheiten klassifiziert werden können, folgen auch die sich daraus ergebenden Reaktionen immer wiederkehrenden Mustern. Die für physiologisch-biochemische Prozesse wichtigsten Reaktionstypen sollen im Folgenden kurz vorgestellt werden:
- Substitutionsreaktionen
- Additionsreaktionen
- Eliminierungsreaktionen
- Kondensationsreaktionen
- Hydrolysereaktionen
- Isomerisierungen
- Säure-Base-Reaktionen (vgl. Kap. 3.1)
- Oxidations-Reduktions-Reaktionen (vgl. Kap. 3.3)

5.3.1 Substitutionsreaktionen

Substitutionsreaktionen sind *Austauschreaktionen*, in deren Verlauf ein Atom oder eine Atomgruppe im Molekül durch ein anderes Atom oder eine andere Atomgruppe ersetzt (substituiert) wird. Sie sind zum einen typisch für alle Moleküle, deren Kohlenstoffgerüst keine Mehrfachbindungen enthält, zum anderen für Benzol und andere aromatische Verbindungen.

Beispiele:

Reaktion von Methan mit Chlor

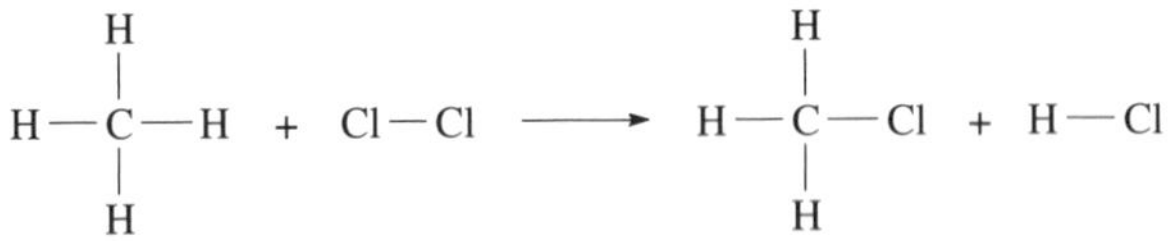

$$CH_4 + Cl-Cl \longrightarrow CH_3-Cl + H-Cl$$

Reaktion von Benzol mit Brom

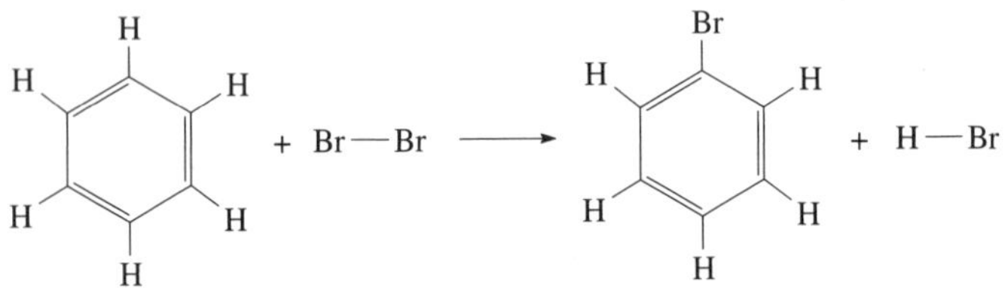

$$C_6H_6 + Br-Br \longrightarrow C_6H_5Br + H-Br$$

Eine im Stoffwechsel, insbesondere im Aminosäurestoffwechsel häufig stattfindende Substitutionsreaktion ist die Transaminierung. Sie bezeichnet die *Übertragung von Aminogruppen* zwischen verschiedenen Molekülen.

$$\underset{\underset{\textcircled{R'}}{|}}{\overset{\overset{O}{\|}}{\underset{|}{C-OH}}}+\underset{\underset{\textcircled{R''}}{|}}{\overset{\overset{O}{\|}}{\underset{|}{C=\boxed{O}}}}\longrightarrow\underset{\underset{\textcircled{R'}}{|}}{\overset{\overset{O}{\|}}{\underset{|}{C=\boxed{O}}}}+\underset{\underset{\textcircled{R''}}{|}}{\overset{\overset{O}{\|}}{\underset{|}{C-OH}}}$$

(H—C—$\boxed{NH_2}$ on left; H—C—$\boxed{NH_2}$ on right)

Beispiel: Die Aminogruppe der α-Aminosäure L-Alanin wird auf das α-C-Atom der α-Ketosäure α-Ketoglutarsäure übertragen. Aus der Aminosäure entsteht dabei die entsprechende α-Ketosäure Brenztraubensäure, aus der α-Ketosäure die entsprechende α-Aminosäure L-Glutaminsäure (vgl. Kap. 6.3.4).

5.3.2 Additionsreaktionen

Bei Additionsreaktionen findet eine *Anlagerung* von Atomen oder Atomgruppen an eine Mehrfachbindung eines Moleküls statt. Demnach sind sie typisch für alle nicht aromatischen Moleküle, die Mehrfachbindungen enthalten, z. B. Alkene, Alkine, ungesättigte Fettsäuren, Aldehyde, Ketone, Ketocarbonsäuren, Cycloalkene und Stickstoffheterocyclen. Je nach chemischem Verhalten des angreifenden Agens unterscheidet man zwischen elektrophiler, nukleophiler und radikalischer Addition. Häufige Reaktionspartner für Additionsreaktionen sind z. B. Wasserstoff (Hydrierung) und Wasser (Hydratisierung).

Hydrierung: Anlagerung von Wasserstoff

$$-\underset{|}{\overset{|}{C}}-\underset{H}{\overset{\nearrow O}{C}}+\boxed{2H}\longrightarrow-\underset{|}{\overset{|}{C}}-\underset{H}{\overset{H}{\underset{|}{C}}}-\boxed{OH}$$

Hydratisierung: Anlagerung von Wasser

$$\overset{\diagdown}{\underset{\diagup}{C}}-\overset{\diagup}{\underset{\diagdown}{C}}+\boxed{H_2O}\longrightarrow-\underset{|}{\overset{|}{C}}-\underset{|}{\overset{|}{C}}-\boxed{HOH}$$

Beispiel: Hydrierung von Ethen zu Ethan

$$\underset{H}{\overset{H}{\diagdown}}C=C\underset{H}{\overset{H}{\diagup}}+H-H\longrightarrowH-\underset{H}{\overset{H}{\underset{|}{C}}}-\underset{H}{\overset{H}{\underset{|}{C}}}-H$$

Struktur und Reaktionen organischer Moleküle

5.3.3 Eliminierungsreaktionen

Eliminierungen stellen die Umkehr von Additionen dar: in ihrem Verlauf werden aus einem Molekül (also intramolekular) Atome oder Atomgruppen *abgespalten*, so dass häufig Mehrfachbindungen oder Ringsysteme entstehen. Wichtige Eliminierungsreaktionen sind die Dehydrierung (Abspaltung von Wasserstoff), die Dehydratisierung (Abspaltung von Wasser) und die Decarboxylierung (Abspaltung von CO_2).

Im Stoffwechsel finden Dehydrierungen und Dehydratisierungen nach folgendem Muster statt:

$$-\underset{H}{\overset{|}{C}}-\underset{H}{\overset{|}{C}}- \longrightarrow -\overset{|}{C}=\overset{|}{C}-$$

$$\underset{}{\overset{}{>}}\underset{H}{\overset{OH}{C}} \longrightarrow \;>C=O$$

$$-\underset{H}{\overset{|}{C}}-\underset{OH}{\overset{|}{C}}- \longrightarrow -\overset{|}{C}=\overset{|}{C}-$$

Beispiele: Decarboxylierungen

$$\begin{array}{c} \boxed{\overset{O}{\underset{}{\overset{\diagdown}{C}}-O}}H \\ | \\ H-C-H \\ | \\ C=O \\ | \\ H-C-H \\ | \\ H \end{array} \xrightarrow{\text{Decarboxylase}} \boxed{CO_2} \;+\; \begin{array}{c} H \\ | \\ H-C-H \\ | \\ C=O \\ | \\ H-C-H \\ | \\ H \end{array}$$

β-Ketobuttersäure   Dimethylketon
(Acetessigsäure)   (Aceton)

$$CH_3-\overset{O}{\overset{\|}{C}}-COOH \xrightarrow{\text{Decarboxylase}} CO_2 \;+\; CH_3-\overset{O}{\overset{\|}{C}}-H$$

Brenztraubensäure   Ethanal

5.3.4 Kondensationsreaktionen

Die Bildung zusammengesetzter Verbindungen (Kondensation) ergibt sich aus der intermolekularen Reaktion zwischen funktionellen Gruppen unter Wasserabspaltung. Umgekehrt verläuft der Abbau kondensierter Verbindungen meist unter Wasseranlagerung (Hydrolyse, vgl. Kap. 5.3.5).

Ausgangsstoff(e)	Reaktionsprodukte
Alkohol + Alkohol	Ether + H_2O
Carbonsäure + Alkohol	Ester + H_2O
Carbonsäure + Amin	Amid + H_2O

Beispiel: Bildung und Spaltung eines Peptids

5.3.5 Hydrolysereaktionen

Eine *hydrolytische Spaltung* ist stets eine Abbaureaktion. Durch Reaktion mit Wasser entstehen aus einem Ausgangsstoff unter Spaltung kovalenter Bindungen Reaktionsprodukte, deren Moleküle eine kleinere molare Masse haben als der Ausgangsstoff.

Typisches Beispiel für eine Hydrolyse ist die Verseifung von Fetten (vgl. Kap. 6.2.1), bei der aus einem Fett durch Wasseranlagerung die entsprechenden Fettsäuren und Glycerin entstehen.

Struktur und Reaktionen organischer Moleküle

Hydrolysen unter Enzymkatalyse

Ausgangsstoff	Enzym	Reaktionsprodukte
Harnstoff	Urease	$CO_2 + 2\,NH_3$
Dipeptide	Peptidasen	Aminosäuren
Maltose	Maltase	2 Glucose
Lactose	Lactase	Galactose + Glucose
Saccharose	Saccharase	Glucose + Fructose
Ester	Esterasen	Alkohol + Säure
Fette	Lipasen	Glycerin + Fettsäuren

5.3.6 Isomerisierungen

Isomerisierungen sind *Umlagerungsreaktionen*, bei denen Ausgangsstoff und Reaktionsprodukt dieselbe Summenformel haben. Sie unterscheiden sich jedoch durch die Verknüpfung der Atome oder durch ihren räumlichen Aufbau.

Beispiele:

Ausgangsstoff	Reaktionsprodukt	Summenformel
Ammoniumcyanat	Harnstoff	CH_4N_2O
Maleinsäure	Fumarsäure	$C_4H_4O_4$
Glucose	Fructose	$C_6H_{12}O_6$

5.4 Kohlenwasserstoffe

Unter der Bezeichnung Kohlenwasserstoffe fasst man alle organischen Verbindungen zusammen, deren Moleküle ausschließlich aus Kohlenstoffatomen und Wasserstoffatomen aufgebaut sind.
Die Vielfalt der Verbindungen von Kohlenwasserstoffen ergibt sich aus:
- Kettenförmigen Strukturen: Die Länge dieser aus C-Atomen aufgebauten Ketten kann von zwei C-Atomen bis zu einigen Tausend C-Atomen reichen.
- Kettenverzweigungen: Die unterschiedliche Verknüpfung von Atomen ergibt zum einen nicht-verzweigte, zum anderen verzweigte C-Ketten; Gerüstisomerie bei Kohlenwasserstoffen derselben Summenformel.
- Ringförmigen Strukturen: Bei den wichtigsten cyclischen Verbindungen bilden fünf oder sechs C-Atome ein Ringsystem.
- Mehrfachbindungen: Je nach Anzahl der Bindungselektronenpaare – ein, zwei oder drei Elektronenpaare – zwischen zwei C-Atomen unterscheidet man zwischen Einfach-, Doppel- und Dreifachbindungen.

Verbindungsklassen von Kohlenwasserstoffen

Homologe Reihe	allg. Formel	typische Strukturmerkmale
Alkane	C_nH_{2n+2}	nur Einfachbindungen (kettenförmig, gesättigt)
Cycloalkane	C_nH_{2n}	nur Einfachbindungen (ringförmig, gesättigt)
Alkene	C_nH_{2n}	eine Doppelbindung (kettenförmig, ungesättigt)
Cycloalkene	C_nH_{2n-2}	eine Doppelbindung (ringförmig, ungesättigt)
Alkine	C_nH_{2n-2}	eine Dreifachbindung (kettenförmig, ungesättigt)
Diene		zwei Doppelbindungen (ketten- oder ringförmig)
Polyene		zahlreiche Doppelbindungen (ketten- oder ringförmig)
aromatische Kohlenwasserstoffe		aromatischer Bindungszustand (cyclisch)

5.4.1 Alkane: Gesättigte Kohlenwasserstoffe

Alkane sind Verbindungen mit C—C-Einfachbindungen und Absättigung der restlichen Valenzen mit H-Atomen in ihren Molekülen. Wird einem Alkanmolekül ein Wasserstoffatom entzogen, erhält man einen Alkylrest (Alkyl).

Alkan		Alkyl	
Methan	CH_4	Methyl	$—CH_3$
Ethan	C_2H_6	Ethyl	$—C_2H_5$
Propan	C_3H_8	Propyl	$—C_3H_7$
Butan	C_4H_{10}	Butyl	$—C_4H_9$
Pentan	C_5H_{12}	Pentyl	$—C_5H_{11}$
Hexan	C_6H_{14}	Hexyl	$—C_6H_{13}$
Heptan	C_7H_{16}	Heptyl	$—C_7H_{15}$
Octan	C_8H_{18}	Octyl	$—C_8H_{17}$
Nonan	C_9H_{20}	Nonyl	$—C_9H_{19}$
Decan	$C_{10}H_{22}$	Decyl	$—C_{10}H_{21}$

Die Moleküle aufeinander folgender Alkane unterscheiden sich nur um eine Methylgruppe $-CH_2$. Sie bilden eine **homologe Reihe** mit der allgemeinen Formel C_nH_{2n+2}.

Die Erscheinung, dass Verbindungen gleicher Summenformel sich in der Struktur ihrer Moleküle und in ihren Eigenschaften unterscheiden, bezeichnet man als **Isomerie**.
Unverzweigte Alkane bezeichnet man als **normal-** oder n-Alkane, Alkane mit verzweigter Kohlenstoffkette nennt man **iso-** oder i-Alkane.

Beispiel: Beim Pentan (C_5H_{12}) sind drei Isomere möglich.

n-Pentan $H_3C-CH_2-CH_2-CH_2-CH_3$

2-Methylbutan
$$H_3C-\underset{\underset{H}{|}}{\overset{\overset{CH_3}{|}}{C}}-CH_2-CH_3$$

2,2-Dimethylpropan
$$H_3C-\underset{\underset{CH_3}{|}}{\overset{\overset{CH_3}{|}}{C}}-CH_3$$

5.4.2 Alkene und Alkine: Ungesättigte Kohlenwasserstoffe

Kohlenwasserstoffe mit einer Doppel- oder Dreifachbindung zwischen C-Atomen nennt man ungesättigte Kohlenwasserstoffe. Dabei unterscheidet man Alkene und Alkine.

Alkene bilden eine homologe Reihe mit der allgemeinen Summenformel C_2H_{2n}. Bei ihnen liegt eine C=C-Doppelbindung vor.
Alkine bilden eine homologe Reihe mit der allgemeinen Summenformel C_nH_{2n-2}. Bei ihnen liegt eine C≡C-Dreifachbindung vor.

Bei der Beschreibung von Kohlenstoffketten unterscheidet man zwischen primären, sekundären, tertiären und quartären Kohlenstoffatomen:
- Ein **primäres C-Atom** ist mit nur **einem** anderen C-Atom direkt verknüpft. Primäre C-Atome stehen am Anfang und am Ende von C-Ketten.
- Ein **sekundäres C-Atom** ist mit **zwei** anderen C-Atomen direkt verknüpft. Sekundäre C-Atome sind das zweite bis vorletzte C-Atom in nicht-verzweigten Ketten.
- Ein **tertiäres C-Atom** ist mit **drei** anderen C-Atomen direkt verknüpft. Von tertiären C-Atomen geht eine Kettenverzweigung aus.
- Ein **quartäres C-Atom** ist mit **vier** C-Atomen direkt verknüpft. Von quartären C-Atomen gehen zwei Kettenverzweigungen aus.

5.4.3 Systematische Benennung verzweigtkettiger Alkane

Zur Benennung eines verzweigtkettigen Alkans wendet man die international vereinbarten Regeln der systematischen Nomenklatur (IUPAC-Nomenklatur) an: Man bezeichnet den ein H-Atom weniger enthaltenden Rest eines Alkans als Alkylrest (Alkylgruppe). Zur Bezeichnung der jeweiligen Alkylgruppe wird die Endsilbe -an des betreffenden Alkans durch -yl ersetzt. Beispiel: Hexan/Hex*yl*.

Regeln zur systematischen Benennung verzweigter Alkane:
- Ermittlung der längsten unverzweigten Kette (Hauptkette);
- Bezifferung der Hauptkette in der Weise, dass Verzweigungsstellen eine möglichst niedrige Ziffer erhalten;
- Angabe der Anzahl gleicher Seitenketten durch Vorsilben (Mono-, Di-, Tri-);
- Alphabetische Reihenfolge bei der Aufzählung unterschiedlicher Seitenketten.

Beispiel: Strukturformel der Verbindung 3,4-Diethyl-2,2-dimethylhexan

$$\begin{array}{ccccccc}
 & CH_3 & C_2H_5 & H & H & & \\
 & | & | & | & | & & \\
H_3C\overset{1}{}\!\!-\!\!\overset{2}{C}\!-\!\overset{3}{C}\!-\!\overset{4}{C}\!-\!\overset{5}{C}\!\overset{6}{}\!\!-\!\!CH_3 \\
 & | & | & | & | & & \\
 & CH_3 & H & C_2H_5 & H & & \\
\end{array}$$

5.4.4 Aromatische Kohlenwasserstoffe

Die bekannteste aromatische Verbindung ist das **Benzol** mit der Summenformel C_6H_6. Im Benzolmolekül bilden die sechs C-Atome ein regelmäßiges Sechseck. Die C-Atome sind verhältnismäßig fest miteinander und mit je einem H-Atom verbunden.

oder abgekürzt:

Entgegen der Schreibweise liegen aber keine echten Doppelbindungen vor. Die als Doppelbindungen gezeichneten Elektronen sind nämlich regelmäßig über das ganze Molekül verteilt. Auf dieser **Delokalisation der Elektronen** beruht die Stabilität des Benzols.

Mögliche Schreibweisen:

> Der tatsächliche Bindungszustand des Benzols lässt sich mit einem Formelbild nicht exakt beschreiben. Man kann nur sog. **Grenzstrukturen** zeichnen. Die Erscheinung, dass ein Teilchen in mehreren, in Wirklichkeit aber nicht existierenden Grenzstrukturen dargestellt werden kann, nennt man **Mesomerie**. Der tatsächliche Bindungszustand ist ein Zwischenzustand.

Kohlenwasserstoffe, deren Moleküle eine Elektronenverteilung wie das Benzol aufweisen, gehören zu den **aromatischen Verbindungen** (Aromaten).

5.5 Alkohole (Alkanole)

Charakteristisches Merkmal der Alkohole ist die mit einem Kohlenwasserstoffrest verknüpfte **OH-Gruppe** (Hydroxyl- bzw. Hydroxygruppe).

Die physikalischen und chemischen Eigenschaften der Alkohole werden durch diese funktionelle Gruppe geprägt. In der Formel R−OH bedeutet R eine Alkylgruppe, mit der die polare Hydroxygruppe verbunden ist. Das Gesamtmolekül eines Alkohols (Alkanols) setzt sich somit aus einem unpolaren Molekülteil und aus einem polaren Molekülteil zusammen.

Die Hydroxygruppe ist deshalb polar, weil Sauerstoff als Element mit der größeren Elektronegativität das Bindungselektronenpaar zwischen O und H zu sich heranzieht (polarisierte Bindung).

Alkohole sind gute Lösungsmittel für hydrophile Stoffe. In dem Maße, in dem die Anzahl der C-Atome größer wird, wird der Einfluss der hydrophilen Hydroxygruppe auf die Eigenschaften der Alkoholmoleküle geringer und der Einfluss der hydrophoben (lipophilen) Alkylgruppe größer.

Einteilung der Alkohole
− nach der Anzahl der OH-Gruppen in ihren Molekülen in **einwertige** Alkohole (mit einer OH-Gruppe) und **mehrwertige** Alkohole (z. B. zwei- bis sechswertige Alkohole mit zwei bis sechs OH-Gruppen).
− nach der Art des C-Atoms, mit dem eine OH-Gruppe verknüpft ist, in **primäre, sekundäre** und **tertiäre** Alkohole.

Bei **primären Alkoholen** ist das C-Atom, das die Hydroxygruppe trägt, mit keinem oder nur einem C-Atom verbunden.
Bei **sekundären Alkoholen** sind an das C-Atom, das die OH-Gruppe trägt, zwei C-Atome gebunden.
Tertiäre Alkohole liegen vor, wenn an das C-Atom, das die OH-Gruppe trägt, drei C-Atome gebunden sind.

Struktur und Reaktionen organischer Moleküle

Strukturmerkmale der Alkohole

Art des C-Atoms	Strukturmerkmal	Stoffklasse
primär	$\begin{array}{c} H \\ | \\ C-C-OH \\ | \\ H \end{array}$	primäre Alkohole
sekundär	$\begin{array}{c} H \\ | \\ C-C-C \\ | \\ OH \end{array}$	sekundäre Alkohole
tertiär	$\begin{array}{c} C \\ | \\ C-C-C \\ | \\ OH \end{array}$	tertiäre Alkohole

Reaktionsverhalten der Alkohole

Bei der milden Oxidation eines primären Alkohols entsteht ein **Aldehyd**.
Die Oxidation (Dehydrierung) des primären Alkohols Ethanol verläuft unter Bildung des Alkanals (Aldehyds) Ethanal (Acetaldehyd):

$$H-\underset{\underset{H}{|}}{\overset{\overset{H}{|}}{C}}-\underset{\underset{H}{|}}{\overset{\overset{H}{|}}{C}}-O-H \longrightarrow H-\underset{\underset{H}{|}}{\overset{\overset{H}{|}}{C}}-C\overset{\nearrow O}{\underset{\searrow H}{}} + [2H]$$

Bei der milden Oxidation eines sekundären Alkohols entsteht ein **Keton**.
Die Oxidation (Dehydrierung) des sekundären Alkohols 2-Propanol verläuft unter Bildung des Alkanons (Ketons) Propanon:

$$H-\underset{\underset{H}{|}}{\overset{\overset{H}{|}}{C}}-\underset{\underset{OH}{|}}{\overset{\overset{H}{|}}{C}}-\underset{\underset{H}{|}}{\overset{\overset{H}{|}}{C}}-H \longrightarrow H-\underset{\underset{H}{|}}{\overset{\overset{H}{|}}{C}}-\underset{\underset{O}{||}}{C}-\underset{\underset{H}{|}}{\overset{\overset{H}{|}}{C}}-H + [2H]$$

Struktur und Reaktionen organischer Moleküle

Tertiäre Alkohole widerstehen einer milden Oxidation. Bei starker Oxidation bilden sich, wie bei allen Alkoholen, CO_2 und H_2O. So verläuft auch die Oxidation von tertiärem Butylalkohol (2-Methyl-2-propanol):

$$H_3C-\underset{\underset{OH}{|}}{\overset{\overset{CH_3}{|}}{C}}-CH_3 + 6\,O_2 \longrightarrow 4\,CO_2 + 5\,H_2O$$

Reaktion von Alkoholen mit Carbonsäuren

Eine intermolekulare Wasserabspaltung kann nicht nur zwischen zwei Alkoholmolekülen stattfinden (Bildung eines Ethers: R_1-O-R_2), sondern auch zwischen einem Alkoholmolekül und einem Carbonsäuremolekül. Dadurch bilden sich Verbindungen aus der Stoffklasse der **Ester**.

Cholesterin (Cholesterol), ein in pflanzlichen und tierischen Zellen auftretender Stoff, enthält eine an ein sekundäres C-Atom gebundene alkoholische OH-Gruppe, die mit Fettsäuren verestert sein kann. Aufgrund der Löslichkeitseigenschaften rechnet man sowohl Cholesterin als auch Cholesterinester zu den Lipiden.

5.6 Carbonylverbindungen

Die beiden Verbindungsklassen **Aldehyde** (Alkanale) und **Ketone** (Alkanone) werden unter der Bezeichnung Carbonylverbindungen zusammengefasst, da ihr gemeinsames Strukturmerkmal die Carbonylgruppe ist.

$$\underset{\text{Aldehydgruppe}}{\diagup\!\!\!\!C=O \qquad -C\diagdown\overset{\displaystyle\nearrow O}{\underset{H}{}}} \qquad \underset{\text{Ketogruppe}}{\overset{\overset{|}{-C-}}{\underset{\underset{|}{-C-}}{}}\!\!\!C=O}$$

Carbonylverbindungen entstehen durch Dehydrierung (Oxidation) der entsprechenden Hydroxyverbindungen (Alkohole). Die Dehydrierung primärer Alkohole ergibt **Aldehyde**, die Dehydrierung sekundärer Alkohole ergibt **Ketone**.

Struktur und Reaktionen organischer Moleküle

5.6.1 Aldehyde (Alkanale)

Sie bilden eine homologe Reihe. Die einzelnen Glieder werden durch Anfügen der Endung *-al* an den entsprechenden Kohlenwasserstoff bezeichnet.

In der Tabelle ergeben sich durch Einsetzen verschiedener Kohlenwasserstoffreste für R in die allgemeine Alkanalformel die entsprechenden Aldehyde.

$$R-C{\overset{\displaystyle O}{\underset{\displaystyle H}{}}}$$

Name	R
Formaldehyd (Methanal)	H—
Acetaldehyd (Ethanal)	H_3C-
Propionaldehyd (Propanal)	H_3C-CH_2-
n-Butyraldehyd (n-Butanal)	$H_3C-CH_2-CH_2-$
Isobutyraldehyd (2-Methylpropanal)	$H_3C-CH(CH_3)-$
n-Pentanal	$H_3C-CH_2-CH_2-CH_2-$
n-Hexanal	$H_3C-CH_2-CH_2-CH_2-CH_2-$

Reaktionsverhalten

Primäre Alkohole können zu Aldehyden (dehydriert) und diese wiederum leicht zu Carbonsäuren oxidiert werden.

$$R-\underset{H}{\overset{H}{C}}-O-H \longrightarrow R-C{\overset{O}{\underset{H}{}}} \longrightarrow R-C{\overset{O}{\underset{O-H}{}}}$$

prim. Alkohol   Aldehyd   Carbonsäure

$$R-C{\overset{O}{\underset{H}{}}} + [O] \longrightarrow R-C{\overset{O}{\underset{OH}{}}}$$

5.6.2 Ketone (Alkanone)

Zur Benennung von Ketonen wird dem Namen des Kohlenwasserstoffes mit demselben Kohlenstoffgerüst die Endung -*on* angefügt. Beispiel: Butan/Butan*on*.
Namen von Ketonen können auch gebildet werden durch:
- Aneinanderreihen der Kohlenwasserstoffreste, die mit der Ketogruppe verknüpft sind,
- Anfügen des Namens der Stoffklasse -*keton*.

In der Tabelle ergeben sich durch Einsetzen verschiedener Kohlenwasserstoffreste für R in die allgemeine Alkanonformel R^1-C-R^2 die entsprechenden Ketone. $\quad\quad\overset{\|}{O}$

Name	R^1	R^2
Aceton (Dimethylketon)	H_3C-	$-CH_3$
Butanon (Methylethylketon)	H_3C-	$-C_2H_5$
2-Pentanon [Methyl-(n-propyl)-keton]	H_3C-	$-C_3H_7$
3-Pentanon (Diethylketon)	H_5C_2-	$-C_2H_5$
4-Heptanon [Di-(n-propyl)-keton]	H_7C_3-	$-C_3H_7$

Reaktionsverhalten

Die Bildung von Ketonen erfolgt durch Oxidation (Dehydrierung) sekundärer Alkohole. Als Wasserstoffakzeptor dient z. B. Sauerstoff.

$$R^1-\underset{O-H}{\overset{H}{\underset{|}{\overset{|}{C}}}}-R^2 + [O] \longrightarrow R^1-\underset{O}{\overset{\|}{C}}-R^2 + H_2O$$

Ketone haben im Gegensatz zu den Aldehyden keine reduzierenden Eigenschaften und sind insgesamt weniger reaktionsfähig als Aldehyde. Die Reaktion von Ketonen mit Sauerstoff führt zur Bildung von CO_2 und H_2O.

Struktur und Reaktionen organischer Moleküle

5.7 Carbonsäuren

Die allgemeine Formel der Carbonsäuren lautet: $R-C\overset{O}{\underset{O-H}{\diagdown}}$

Nach der Anzahl der Carboxy-(Carboxyl-)gruppen (–COOH) unterscheidet man:

Carbonsäure	–COOH	bei der Protonenübertragung
Monocarbonsäuren	1	einprotonig
Dicarbonsäuren	2	zweiprotonig
Tricarbonsäuren	3	dreiprotonig

Nach der Konstitution des Kohlenstoffgerüstes R unterscheidet man:

Strukturmerkmale von R	Carbonsäure
nur C–C-Einfachbindungen	gesättigt
eine C=C-Doppelbindung	einfach ungesättigt
mehrere C=C-Doppelbindungen	mehrfach ungesättigt
ein aromatisches Ringsystem	aromatisch
ein heterocyclisches System	heterocyclisch

5.7.1 Gesättigte Monocarbonsäuren

Man bezeichnet sie nach der systematischen Nomenklatur als Alkansäuren (R = H) oder Alkylgruppe).

Beispiele:

Name	Formel	Salzname
Ameisensäure	HCOOH	Formiat
Essigsäure	CH_3COOH	Acetat
Propionsäure	CH_3CH_2COOH	Propionat
n-Buttersäure	$CH_3(CH_2)_2COOH$	Butyrat
Palmitinsäure	$CH_3(CH_2)_{14}COOH$	Palmitat
Stearinsäure	$CH_3(CH_2)_{16}COOH$	Stearat

5.7.2 Ungesättigte Monocarbonsäuren

Bei ihnen hängt die Carboxylgruppe an einem Kohlenwasserstoffrest mit einer oder mehreren Doppelbindungen. Die internationale Bezeichnung ist Alkensäuren.

Beispiele:

Name	Formel
Acrylsäure	$CH_2=CH-COOH$
Ölsäure	$H_3C-(CH_2)_7-CH=CH-(CH_2)_7-COOH$
Linolsäure	$H_3C-(CH_2)_4-CH=CH-CH_2-CH=CH-(CH_2)_7-COOH$
Linolensäure	$H_3C-CH_2-CH=CH-CH_2-CH=CH-CH_2-CH=CH-(CH_2)_7-COOH$

5.7.3 Gesättigte und ungesättigte Dicarbonsäuren

Wenn an einen Kohlenwasserstoffrest zwei Carboxylgruppen gebunden sind, handelt es sich um eine Dicarbonsäure.

Beispiele:

COOH | COOH	COOH / CH$_2$ \ COOH	CH$_2$COOH | CH$_2$COOH	CH$_2$CH$_2$COOH | CH$_2$CH$_2$COOH
Oxalsäure	Malonsäure	Bernsteinsäure	Adipinsäure

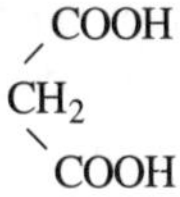

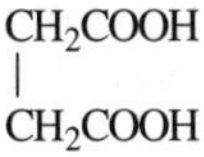

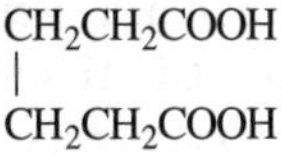

Ist der Kohlenwasserstoffrest ungesättigt, treten bei den entsprechenden ungesättigten Verbindungen Stereoisomere auf (um eine Doppelbindung besteht keine freie Drehbarkeit). Man bezeichnet sie als **cis-trans-Isomere**. Bei den cis-Verbindungen liegt ein Paar identischer Substituenten auf derselben Seite einer Bezugsebene, bei den trans-Verbindungen auf verschiedenen Seiten.

Beispiele:

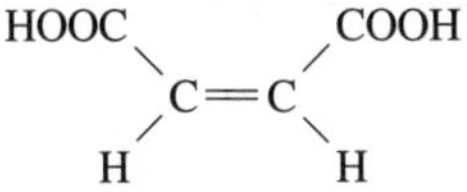

Maleinsäure (cis-Stellung) 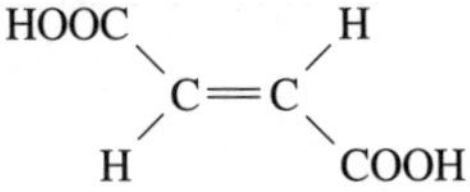   Fumarsäure (trans-Stellung)

5.7.4 Substituierte Carbonsäuren

Sie entstehen durch Austausch von Wasserstoffatomen im Kohlenwasserstoffrest durch andere Atome (z. B. Halogenatome) oder Atomgruppen. Die Carboxylgruppe bleibt hierbei unverändert, so dass substituierte Carbonsäuren ebenfalls Säure-Eigenschaften haben.

Substituierte Carbonsäuren, die weitere funktionelle Gruppen wie z. B. Hydroxy-, Keto- oder Aminogruppen enthalten, kommen in lebenden Organismen in großer Vielfalt vor.

Beispiele:

substituierte Carbonsäuren	funktionelle Gruppen
Hydroxycarbonsäuren (Milchsäure, β-Hydroxybuttersäure, Äpfelsäure, Citronensäure)	–OH und –COOH
Ketocarbonsäuren (Brenztraubensäure, Acetessigsäure, Oxalessigsäure, α-Ketoglutarsäure)	–CO und –COOH
Aminocarbonsäuren (Aminosäuren)	$-NH_2$ und –COOH

5.7.5 Hydroxycarbonsäuren

Zu ihnen gehören u. a. Verbindungen, die Trivialnamen nach ihrem Vorkommen tragen (s. Tab.). Die Hydroxycarbonsäuren können eine oder mehrere Carboxygruppen und eine oder mehrere Hydroxygruppen enthalten.

Anzahl der –COOH-Gruppen	Anzahl der –OH-Gruppen	Hydroxycarbonsäuren
1	1	Glycolsäure, Milchsäure, β-Hydroxybuttersäure
2	1	Äpfelsäure
3	1	Citronensäure
1	2	Glycerinsäure
1	5	Gluconsäure
2	2	Weinsäure

Struktur und Reaktionen organischer Moleküle

Beispiele:

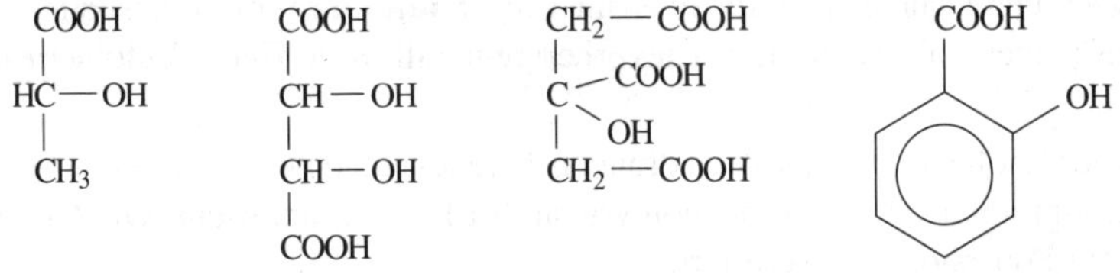

Milchsäure	Weinsäure	Citronensäure	Salicylsäure
COOH | HC—OH | CH$_3$	COOH | CH—OH | CH—OH | COOH	CH$_2$—COOH | C—COOH | OH | CH$_2$—COOH	COOH | C$_6$H$_4$—OH

5.7.6 Ketocarbonsäuren

Im Organismus finden zahlreiche Stoffwechselvorgänge statt, bei denen das jewielige Kohlenstoffgerüst unverändert bleibt, funktionelle Gruppen dagegen umgewandelt werden.
So entstehen Ketocarbonsäuren
– aus Aminocarbonsäuren durch oxidative Desaminierung,
– aus Hydroxycarbonsäuren durch Dehydrierung.

> Die bekannteste Ketocarbonsäure ist die **Brenztraubensäure** (α-Ketopropansäure):
>
> $$CH_3 - \underset{\underset{O}{\|}}{C} - COOH$$
>
> Das Anion der Brenztraubensäure wird **Pyruvat** genannt. Es spielt beim Abbau von Fetten und Kohlenstoffhydraten eine zentrale Rolle.

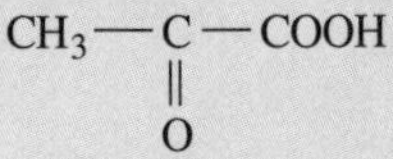

Bei Brenztraubensäure stellt sich ein chemisches Gleichgewicht zwischen folgenden Strukturen ein:

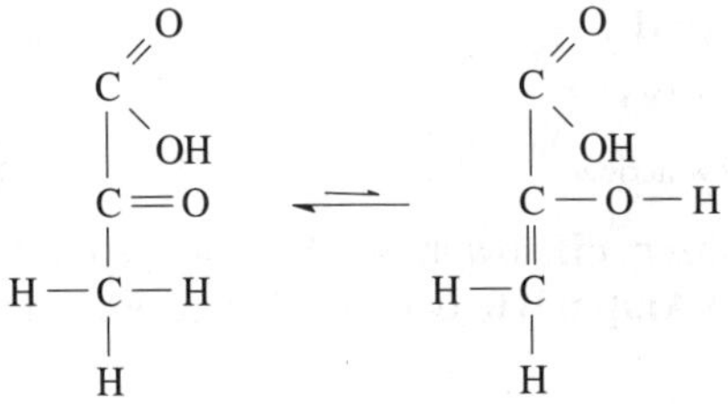

Keto-Struktur ⇌ Enol-Struktur

103

Struktur und Reaktionen organischer Moleküle

> Verbindungen, die sich durch die Stellung eines „beweglichen" Wasserstoffatoms unterscheiden, bezeichnet man als **Tautomere**, diese besondere Art der Isomerie als Tautomerie (in vorherigem Fall: Keto-Enol-Tautomerie).

Von der Enol-Struktur der Brenztraubensäure leitet sich ein energiereiches Stoffwechselprodukt ab: Phosphoenolpyruvat (PEP). Die enolische OH-Gruppe ist hier mit Phosphorsäure verestert.

$$\begin{array}{c} O \\ \parallel \\ C \\ | \backslash OH O \\ | \parallel \\ C - O - P - OH \\ \parallel | \\ H - C OH \\ | \\ H \end{array}$$ Enol-Struktur

Phosphoenolpyruvat

Die in diesem Enolester in Form der Phosphatgruppe gespeicherte chemische Energie kann durch die Pyruvatkinase auf ADP übertragen werden, wodurch der im Zellstoffwechsel universelle Energieträger ATP entsteht.

5.7.7 Aminocarbonsäuren

Bei Aminocarbonsäuren (**Aminosäuren**) ist ein Wasserstoffatom durch eine Aminogruppe ersetzt.

Beispiele:

α-Aminopropansäure (Alanin) $\quad CH_3 - \overset{\alpha}{C}H - COOH$
$ |$
$ NH_2$

β-Aminopropansäure $\quad H_2N - \overset{\beta}{C}H_2 - \overset{\alpha}{C}H_2 - COOH$

Da die Aminogruppe basisch, die Carboxylgruppe sauer reagiert, kann eine innermolekulare Neutralisation eintreten; dabei entsteht ein **Zwitterion**.

$$R - \overset{\diagup NH_2}{\underset{\diagdown COOH}{C} - H} \quad \rightleftharpoons \quad R - \overset{\diagup NH_3^+}{\underset{\diagdown COO^-}{C} - H}$$
$$\text{Zwitterion}$$

Aminosäuren sind kristalline Substanzen, die sowohl mit Säuren wie mit Laugen Salze bilden. Man nennt sie deshalb **Ampholyte** oder amphotere Verbindungen (vgl. Kap. 6.3).
Die größte Bedeutung der α-Aminosäuren liegt darin, dass zwanzig von ihnen Bausteine von **Eiweiß** sind (vgl. Kap. 6.3).

5.7.8 Carbonsäureester

Ester entstehen in einer unter Wasserabspaltung verlaufenden Gleichgewichtsreaktion aus Carbonsäuren und Alkoholen.

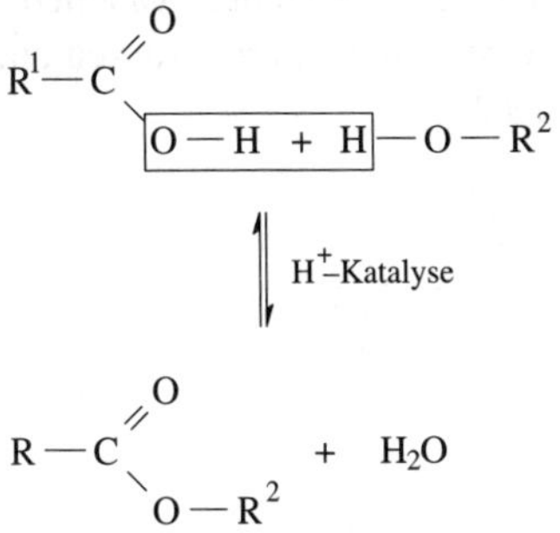

$$R^1-C\overset{O}{\underset{\boxed{O-H}}{}} + \boxed{H}-O-R^2$$

$\updownarrow$ H^+-Katalyse

$$R-C\overset{O}{\underset{O-R^2}{}} + H_2O$$

Auf die Veresterungsreaktion ist das Massenwirkungsgesetz anwendbar:

$$K = \frac{c(\text{Ester}) \cdot c(\text{Wasser})}{c(\text{Carbonsäure}) \cdot c(\text{Alkohol})}$$

5.7.9 Carbonsäureamide

Carbonsäureamide (auch Carbonamide genannt) leiten sich von Ammoniak (NH_3) durch Substitution eines Wasserstoffatoms durch eine Acylgruppe ab. Als typische funktionelle Gruppe enthalten ihre Moleküle die Carbonamidgruppe $-CONH_2$. Sie haben folgende allgemeine Formel:

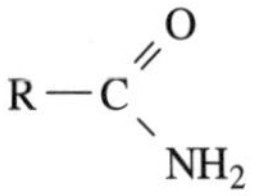

$$R-C\overset{O}{\underset{NH_2}{}}$$

Beispiel:

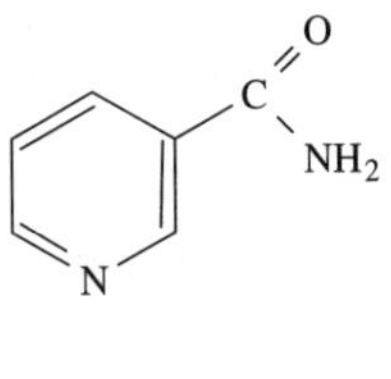

Nicotinamid
Vitamin der B_2-Gruppe, Baustein von Nicotinamidadenindinucleotid (NAD)

5.7.10 Für den Stoffwechsel wichtige Carbonsäuren

Da bei physiologischen pH-Werten nicht die freien Carbonsäuren, sondern deren Anionen vorliegen, werden in der physiologischen Chemie oftmals nur die Namen der **Carbonsäureanionen** angegeben. Die folgenden Tabellen bieten einen Überblick über die Struktur stoffwechselrelevanter Carbonsäuren und ihrer Anionen sowie ihr Vorkommen im Stoffwechsel.

Carbonsäuren mit drei C-Atomen

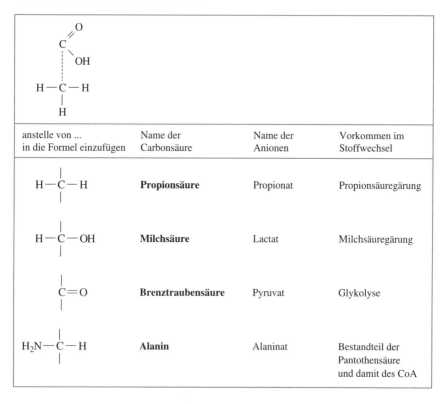

Dicarbonsäuren mit vier C-Atomen

$$\begin{array}{c} \text{C} \overset{O}{\underset{OH}{\diagup}} \\ \vdots \\ \text{C} \overset{O}{\underset{OH}{\diagup}} \end{array}$$

anstelle von ... in die Formel einzufügen	Name der Dicarbonsäure	Name der Anionen	Vorkommen im Stoffwechsel
H—C—H | H—C—H	**Bernsteinsäure**	Succinat	Citratzyklus
H\\C⁄ || C⁄\\H	**Fumarsäure**	Fumarat	Citratzyklus
H—C—OH | H—C—H	**Äpfelsäure**	Malat	Citratzyklus
C=O | H—C—H	**Oxalessigsäure** (Ketobernsteinsäure)	Oxalacetat	Citratzyklus, Gluconeogenese
H_2N—C—H | H—C—H	**Asparaginsäure**	Aspartat	Harnstoffzyklus

Struktur und Reaktionen organischer Moleküle

Dicarbonsäuren mit fünf C-Atomen

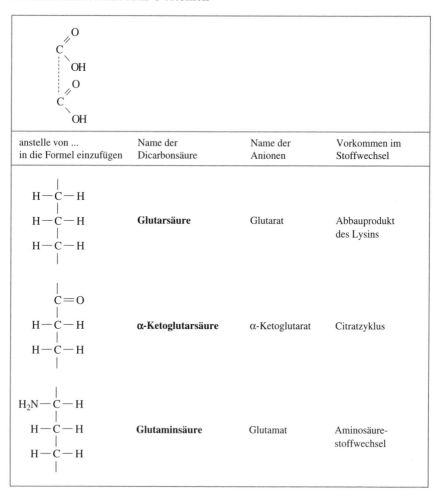

108

Struktur und Reaktionen organischer Moleküle

Weitere Beispiele für Salze von Carbonsäuren

Carbonsäure	Carboxylat
β-Ketobuttersäure	β-Ketobutyrat
Alkansäure (allg.)	Alkanoat (allg.)
Ameisensäure	Formiat
Benzoesäure	Benzoat
Buttersäure	Butyrat
Citronensäure	Citrat
Essigsäure	Acetat
Gluconsäure	Gluconat
Ölsäure	Oleat
Oxalsäure	Oxalat
Palmitinsäure	Palmitat
Pentansäure	Pentanoat
Salicylsäure	Salicylat
Stearinsäure	Stearat
Trichloressigsäure	Trichloracetat
Weinsäure	Tartrat

5.8 Amine

Die „Basisstoffart" der Amine ist die anorganische Base **Ammoniak** (NH_3). Amine entstehen aus Ammoniak durch Substitution von H-Atomen durch Kohlenwasserstoffreste. Mit fortschreitender Substitution erhält man folgende Amine:

Primäre Amine (ein H substituiert)

$$H - N \underset{H}{\overset{R}{\diagup}}$$

Sekundäre Amine (zwei H substituiert)

$$R - N \underset{H}{\overset{R}{\diagup}}$$

Tertiäre Amine (drei H substituiert)

$$R - N \underset{R}{\overset{R}{\diagup}}$$

Struktur und Reaktionen organischer Moleküle

Ein Beispiel für ein körpereigenes Amin mit stark ausgeprägter physiologischer Wirksamkeit ist das Nebennierenmarkhormon **Adrenalin**:

$$HO-C_6H_3(OH)-CH(OH)-CH_2-NH-CH_3$$

> Amine leiten sich vom Ammoniak ab. Dabei können die H-Atome des NH_3-Moleküls durch drei Alkylgruppen ersetzt werden oder die NH_2-(Amino-)Gruppe ist direkt mit dem Benzolkern verbunden.

Quartäre Ammoniumsalze

Ammoniak reagiert mit Säuren zu Ammoniumsalzen, in denen Stickstoff eine positive Ladung trägt. Sind alle vier H-Atome des Ammoniumions durch Kohlenwasserstoffreste substituiert (ersetzt), dann liegen quartäre Ammoniumionen vor:

$H-\overset{+}{N}H_3$	$(CH_3)_4\overset{+}{N}$	$R_4\overset{+}{N}$
Ammoniumion	Tetramethylammoniumion	quartäres Ammoniumion

Die vier Substituenten müssen nicht gleichartig sein. Ein Beispiel für ein quartäres Ammoniumsalz mit unterschiedlichen Atomgruppen am Stickstoff ist **Cholin** (hier als Cholinchlorid dargestellt):

$$HO-CH_2-CH_2-\overset{+}{N}(CH_3)_3 \quad Cl^-$$

Cholin ist ein Baustein der Lecithine. **Acetylcholin**, das als Neurotransmitter wirkt, ist der Essigsäureester von Cholin.

5.9 Schwefelhaltige organische Verbindungen

Alkohole, Ether und Ester enthalten sauerstoffhaltige funktionelle Gruppen. Ersetzt man (formal) die Sauerstoffatome durch Schwefelatome, dann erhält man **Thioalkohole, Thioether** und **Thioester**.

Verbindungsklasse, allg. Formel	Verbindungsklasse, allg. Formel
Alkohole $R-O-H$	Thioalkohole $R-S-H$
Ether R^1-O-R^2	Thioether R^1-S-R^2
Ester $R^1-C(=O)-O-R^2$	Thioester $R^1-C(=O)-S-R^2$

Weitere Stoffklassen schwefelhaltiger Verbindungen:

Disulfide	$R-S-S-R$
Sulfonsäuren	$R-SO_3H$
Schwefelsäuremonoester	$R-O-SO_3H$

Thioester

Der Abbau langkettiger Fettsäuren (vgl. Kap. 6.2.3), die aus pflanzlichen und tierischen Fetten stammen, zu „aktivierter Essigsäure" verläuft in allen Stufen über Thioester. Diese Thioester werden aus den Fettsäuren und Coenzym A gebildet. Dabei reagiert die von dem Baustein Cysteamin in das Coenzym A-Molekül eingebrachte Thiolgruppe mit der Carboxylgruppe der Fettsäure. Die so entstandenen Thioester sind wesentlich reaktionsfähiger als die Fettsäuren selbst, da die an Coenzym A (CoA; A steht für Acylierung) gebundenen Säuren ein hohes Gruppenübertragungspotenzial besitzen. Man bezeichnet sie daher als aktivierte Fettsäuren. Der Abbau der langkettigen aktivierten Fettsäuren führt schließlich zu aktivierter Essigsäure (**Acetyl-Coenzym A**).

In der zugehörigen Formel bedeutet CoA den Teil des Coenzym A-Moleküls, mit dem das S-Atom verbunden ist:

$$H_3C - C \overset{O}{\underset{S-CoA}{\diagdown}}$$

Aktivierte Essigsäure (**Acetyl-CoA**) nimmt eine zentrale Stellung im Stoffwechsel ein, da sie nicht nur beim Fettsäureabbau, sondern auch beim Kohlenstoffhydratabbau entsteht und selbst wiederum zum Aufbau zahlreicher körpereigener Stoffe dient.

5.10 Farbstoffe

Organische Verbindungen, die eines der folgenden Strukturmerkmale aufweisen, stellen Farbstoffe dar:
- Ein ausgedehntes System von **konjugierten C=C-Doppelbindungen**, wie es in den Polyenen vorliegt.
  Mehrere *Carotinoide* enthalten elf konjugierte Doppelbindungen und erscheinen gelborange bis rotorange. Dazu zählen der Tomatenfarbstoff Lycopin, die Carotine als Karottenfarbstoffe und Xanthophyll (Blattgelb).

  Beispiel: β-Carotin

- Ein **aromatisches oder heteroaromatisches Bindungssystem**, das mit chromophoren Gruppen verbunden ist.
  Chromophore sind funktionelle Gruppen, die aromatischen Verbindungen Farbigkeit verleihen, indem sie eine Absorption sichtbaren Lichtes bewirken.
- Ein durchgehend **konjugiertes Ringsystem** unter Beteiligung von insgesamt neun **C=C**- und C=N-Doppelbindungen.
  Dies liegt in den *Porphyrinen* vor, von denen sich Häm und Chlorophyll ableiten.

Beispiel: Häm

(Strukturformel des Häm-Moleküls mit zentralem Fe-Ion, koordiniert von vier Pyrrol-Stickstoffatomen; Substituenten: H_3C-, $H_2C=CH$-, CH_3-, $CH=CH_2$-, H_3C-, $-CH_2-CH_2-COO^-$, $-CH_2-CH_2-COO^-$, CH_3-)

Beispiele: Organische Farbstoffe

Farbstoffklasse	Farbstoffe
Carotinoide	Carotin, Xanthophyll
Porphyrinfarbstoffe	Porphyrine, Häm, Chlorophyll
Gallenfarbstoffe	Biliverdin, Bilirubin
einzelne Naturfarbstoffe	Indigo, Alizarin

5.11 Biologische Themenbezüge

Alkene:
Das Reifungshormon Ethen (Ethylen)

Alkanole:
Ethanol (alkoholische Gärung); Glycerin (Esterbildung, Fette)

Aldehyde:
Glykolyse; Dunkelreaktion der Fotosynthese

Carbonsäuren:
- Brenztraubensäure (Glykolyse; Reduktion zu Milchsäure; Abbau zu Ethanol; oxidative Decarboxylierung zu aktivierter Essigsäure)
- Essigsäure (Abbau der aktivierten Essigsäure (Acetyl-CoA) im Citratzyklus)
- Citronensäure (Citratzyklus: Krebs-Martius-Zyklus)
- Abbau der Fettsäuren (β-Oxidation)

Stickstoffhaltige organische Verbindungen:
Stickstoffassimilation; Ammonifikation (Ammoniummineralisation); Nitrifikation

Organische Pigmente:
- Chlorophyll; Carotinoide; Hämoglobin
- morphologischer Farbwechsel; physiologischer Farbwechsel; Hautfarben; Steuerung des Farbwechsels
- Fallanalyse der Evolution eines Gens (z. B. Cytochrom c, Hämoglobin)
- Chemie der Sehfarbstoffe

5.12 Kontrollfragen

66. Wie viele kovalente Bindungen gehen von den Atomen C, H, N, O, P und S in organischen Verbindungen aus?
67. Welche Verbindungen sind zueinander isomer?
68. Welche Verknüpfungen von C-Atomen liegen in organischen Verbindungen vor?
69. Welche Formeln geben die Verknüpfung der Atome in organischen Molekülen wieder?
70. Was bedeutet der Begriff Konfiguration?

71. Wie bezeichnet man ein C-Atom, das mit vier verschiedenen Atomen oder Atomgruppen verknüpft ist?
72. Wie nennt man Verbindungen, die die Ebene des polarisierten Lichtes (unter denselben Bedingungen) um denselben Winkel, jedoch in entgegengesetzte Richtungen drehen?
73. Verdeutlichen Sie sich mithilfe von Formeln, welche der folgenden Verbindungen optisch aktiv sind: Glycin, Glycerin, Glycerinaldehyd, Alanin, Bernsteinsäure, Äpfelsäure, Glucose.
74. Welche Trivialnamen haben folgende Salze:
$H_3C-CH(OH)-COO^-Na^+$ und $H-COO^-NH_4^+$?
75. Die Beifügungen „primär", „sekundär" und „tertiär" dienen zur Einteilung von Phosphaten, Alkoholen und Aminen und haben dabei unterschiedliche Bedeutungen. Geben Sie je ein Beispiel für primäre, sekundäre und tertiäre Phosphate, Alkohole und Amine.
76. Fassen Sie die folgenden Aminosäuren nach gemeinsamen Strukturmerkmalen und Eigenschaften zusammen: Glutaminsäure, Cystein, Glycin, Asparaginsäure, Alanin, Lysin, Methionin.
77. Die folgenden Dicarbonsäuren mit insgesamt vier C-Atomen treten als Stoffwechselprodukte auf: Bernsteinsäure, Fumarsäure, Äpfelsäure, Oxalessigsäure, Asparaginsäure. Wie heißen ihre Anionen?
78. Welche Formeln besitzen folgende Carbonsäuren: Essigsäure, Palmitinsäure, Milchsäure, Äpfelsäure, Brenztraubensäure, Fumarsäure? Wie heißen die entsprechenden Salze?
79. Geben Sie die Formeln folgender Verbindungen an: Wasserstoff, Wasser, Methan, Ammoniak, Cyanwasserstoff, Methanal, Kohlenstoffmonooxid, Stickstoff, Harnstoff, Methansäure, Ethansäure, α-Hydroxypropansäure, α-Aminosäuren.

6 Moleküle des Lebens

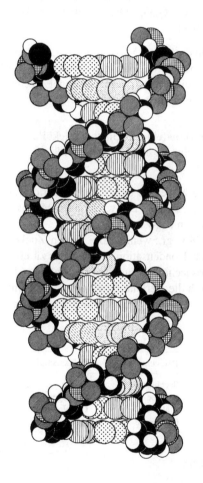

Das zentrale Molekül des Lebens ist die DNA, die die gesamte genetische Information eines Organismus enthält und die damit der Ausgangspunkt allen Lebens ist.

Moleküle des Lebens

6.1 Kohlenstoffhydrate

Zur Stoffklasse der Kohlenstoffhydrate gehören die in der Natur vorkommenden Zucker bzw. zuckerartigen Verbindungen. Diese Verbindungen haben die allgemeine Summenformel $C_nH_{2n}O_n$. Die einzelnen Zucker werden durch die Endung -ose gekennzeichnet.

Manche Kohlenstoffhydrate sind Makromoleküle, die aus einer Vielzahl gleicher Einzelmoleküle aufgebaut sind. Man nennt solche Stoffe Polymere *(polys*, gr.: viel; *meros*, gr.: der Teil), die sie aufbauenden Einzelbausteine heißen Monomere *(monos*, gr.: einzig, allein).

Nach der **Zahl der Bausteine** in einem Molekül unterscheidet man Monosaccharide, Oligosaccharide und Polysaccharide.

Monosaccharide: Die Moleküle der Monosaccharide („Einfachzucker") bestehen nur aus wenigen C-Atomen. Die wichtigsten Monosaccharide sind Pentosen (C_5-Zucker) und Hexosen (C_6-Zucker).
Oligosaccharide *(oligos*, gr.: wenig): Bei diesen Zuckern sind zwei bis sechs Monosaccharide durch Kondensation miteinander zu einem Molekül verknüpft. Die wichtigsten Oligosaccharide sind die Disaccharide *(di*, gr.: zwei).
Polysaccharide: Durch die Verknüpfung von vielen Monosacchariden entstehen Polysaccharide. Sie bestehen aus Makromolekülen *(makros*, gr.: groß).

Beispiele:

Monosaccharide	Disaccharide	Polysaccharide
Glucose	Saccharose	Stärke
Galactose	Lactose	Glykogen
Fructose	Maltose	Cellulose
Ribose	Cellobiose	Heparin

6.1.1 Monosaccharide

Zucker sind optisch aktive Verbindungen. Optische Aktivität bezeichnet die Eigenschaft einer Lösung die Ebene des polarisierten Lichtes, das durch diese (Zucker-)Lösung geschickt wird, um einen bestimmten Betrag zu drehen. Ursache dafür ist ein asymmetrisches C-Atom.

Moleküle des Lebens

Bindet ein C-Atom vier verschiedene Atome oder Atomgruppen, dann spricht man von einem **asymmetrischen C-Atom**.
Bei einem solchen Molekül gibt es zwei Isomere, die sich wie Bild und Spiegelbild verhalten. Die zwei Isomere nennt man Spiegelbildisomere (**Enantiomere**). Optisch aktive Isomere nennt man auch chiral (*cheir*, gr.: Hand) und die Erscheinung Chiralität.

Anordnung der Substituenten am aktiven Kohlenstoffatom der Milchsäure

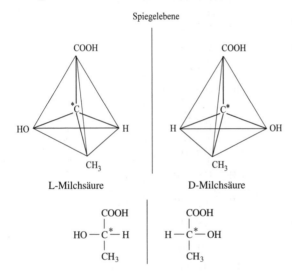

Als Bezugssubstanz zur Angabe der Konfiguration (räumliche Anordnung der Atome bzw. Atomgruppen im Molekül) gilt der **Glycerinaldehyd**. Die Formelschreibweise für diese Verbindung wurde von Emil FISCHER vorgeschlagen. Dabei wird die Kohlenstoffkette senkrecht angeordnet und das Molekül in die Ebene projiziert (FISCHER-Projektion).

Moleküle des Lebens

Die vorgesetzten Buchstaben **D** *(dexter*, lat.: rechts) und **L** *(laevus*, lat.: links) bezeichnen dabei die Stellung der OH-Gruppe an dem von der C=O-Gruppe am weitesten entfernten asymmetrischen C-Atom. + und − geben die Drehung der Ebene des polarisierten Lichtes an, wobei die rechtsdrehende Form mit (+), die linksdrehende mit (−) bezeichnet wird:

```
       H                          H
    1 /                        1 /
     C                          C
    2 ‖ O                      2 ‖ O
H — C — OH               HO — C — H
    3 |                        3 |
HO— C — H                 H — C — OH
    4 |                        4 |
H — C — OH               HO — C — H
    5 |                        5 |
H — C — OH               HO — C — H
    6 |                        6 |
    CH₂OH                      CH₂OH

  D(+)-Glucose              L(−)-Glucose


       H                          H
    1 /                        1 /
     C                          C
    2 ‖ O                      2 ‖ O
H — C — OH               HO — C — H
    3 |                        3 |
HO— C — H                 H — C — OH
    4 |                        4 |
HO— C — H                 H — C — OH
    5 |                        5 |
H — C — OH               HO — C — H
    6 |                        6 |
    CH₂OH                      CH₂OH

  D(+)-Galactose            L(−)-Galactose


    1                          1
    CH₂OH                      CH₂OH
    2 |                        2 |
     C = O                      C = O
    3 |                        3 |
HO— C — H                 H — C — OH
    4 |                        4 |
H — C — OH               HO — C — H
    5 |                        5 |
H — C — OH               HO — C — H
    6 |                        6 |
    CH₂OH                      CH₂OH

  D(−)-Fructose             L(+)-Fructose
```

Moleküle des Lebens

Zucker mit einer Aldehydgruppe, wie z. B. Glucose, bezeichnet man als Aldozucker (**Aldosen**), Zucker mit einer Ketogruppe, wie z. B. Fructose, sind Ketozucker (**Ketosen**).

Zuckermoleküle neigen zur Ringbildung (s. Beispiel Glucose). Der Ring entsteht durch Reaktion der Ketogruppe (C_1) mit der OH-Gruppe am Kohlenstoffatom C_5.

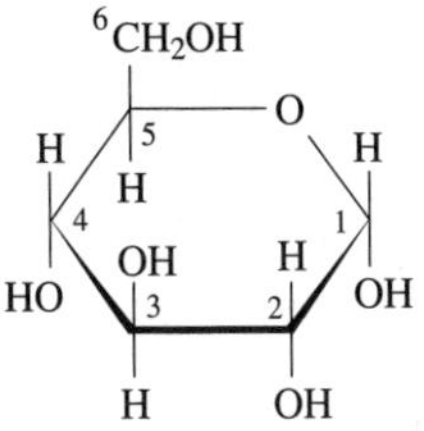

D-Glucose

Im Unterschied zur Kettenform ist in der Ringform auch das C-Atom 1 asymmetrisch. Von der D-Glucose gibt es daher zwei Isomere, die sich in der Stellung der Substituenten am C-Atom 1 unterscheiden (**Anomere**). Man bezeichnet sie als α-D-Glucose bzw. β-D-Glucose.

Sowohl α- als auch β-D-Glucose liegen im Kristallzustand in Ringform vor. Nach Auflösen in Wasser stellt sich allmählich ein Gleichgewicht zwischen den beiden anomeren Formen und einem geringen Anteil der offenkettigen Aldehydform ein. Die Einstellung dieses Gleichgewichts lässt sich daran erkennen, dass sich der Drehwinkel der Lösung (s. **optische Aktivität**) kontinuierlich bis zum Erreichen eines konstanten Endwerts verändert. Man bezeichnet diese Erscheinung als **Mutarotation**.

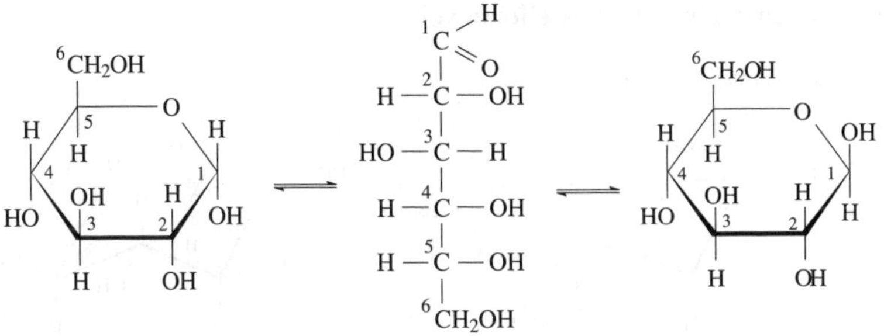

α-D-Glucose   Kettenform   β-D-Glucose

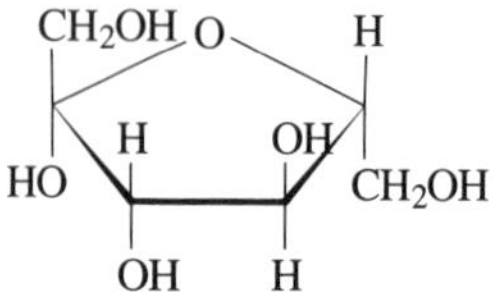

Moleküle des Lebens

β-D-Fructose

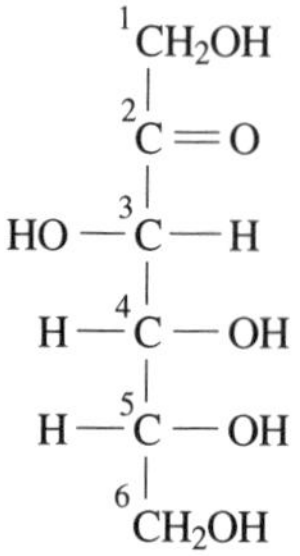

D-Fructose

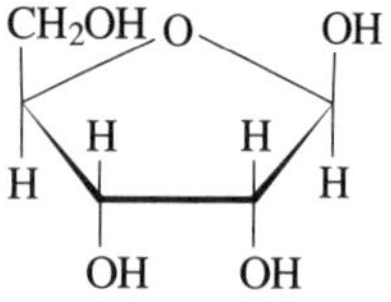

β-D-Ribose

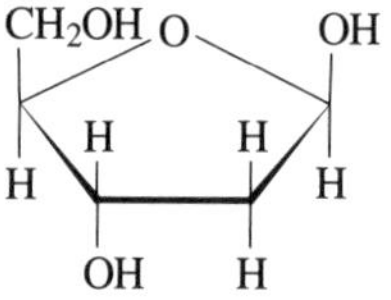

β-D-Desoxyribose

Bei den von W. HAWORTH für die Ringform der Zucker vorgeschlagenen Projektionsformeln ist die dem Betrachter zugewandte Seite gelegentlich durch Fettdruck hervorgehoben. Die OH-Gruppen, die in der FISCHER-Projektion rechts stehen, liegen unter der Ringebene, die links stehenden OH-Gruppen liegen über der Ringebene.

Als Folge der für das C-Atom charakteristischen Tetraederwinkel liegen die fünf C-Atome und das C-Atom nicht in einer Ebene. Die üblicherweise verwendeten Ringformeln für Glucose und anderen Kohlenstoffhydraten entsprechen also nicht der tatsächlichen Raumstruktur des Moleküls. Das Glucosemolekül liegt gewöhnlich in einer Art **Sesselform** vor.

Konformationsformeln

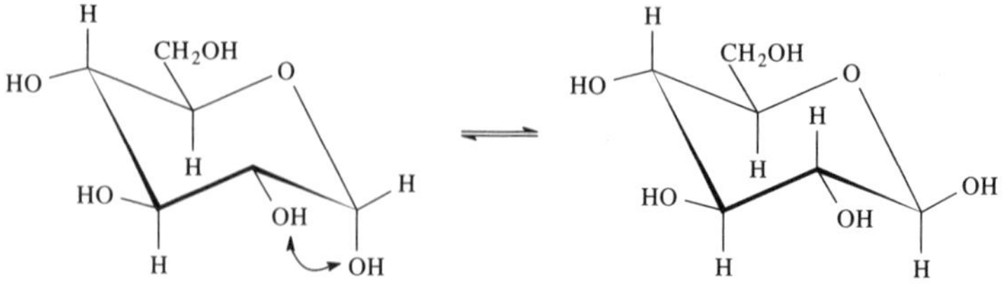

α-D-Glucose ⇌ β-D-Glucose

Moleküle des Lebens

6.1.2 Disaccharide

Die Monosaccharide sind in einem Disaccharidmolekül über eine **Sauerstoffbrücke** verbunden (**glykosidische Bindung**):

$$-\overset{|}{\underset{|}{C}}-OH + -HO-\overset{|}{\underset{|}{C}}- \longrightarrow -\overset{|}{\underset{|}{C}}-O-\overset{|}{\underset{|}{C}}- + H_2O$$

Durch **Hydrolyse** können Disaccharide wieder in die Monosaccharide gespalten werden:

$$2\,C_6H_{12}O_6 \underset{\text{Hydrolyse}}{\overset{\text{Kondensation}}{\rightleftarrows}} C_{12}H_{22}O_{11} + H_2O$$

Die wichtigsten Disaccharide sind aus Hexosen aufgebaut.

Aufbau der Maltose

D-Glucose + D-Glucose ⟶ **Maltose** + Wasser
Malzzucker

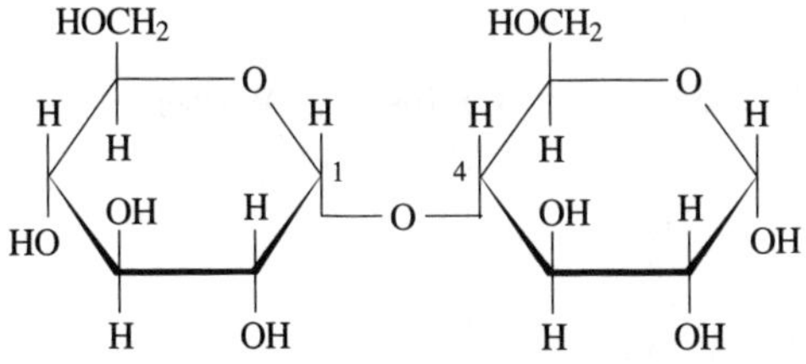

Maltose

Da die OH-Gruppe am C-Atom 1, die an der Ausbildung der Bindung zwischen den Monomeren beteiligt ist, zu einer α-Glucose gehört, spricht man von einer **α-glykosidischen Bindung**.

Moleküle des Lebens

Aufbau der Saccharose

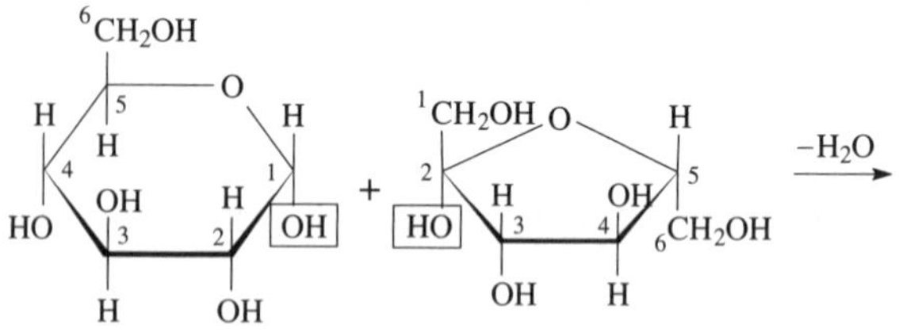

D-Glucose + D-Fructose ⟶ **Saccharose** + Wasser
Rohrzucker

α-D-Glucose + β-D-Fructose —H$_2$O⟶

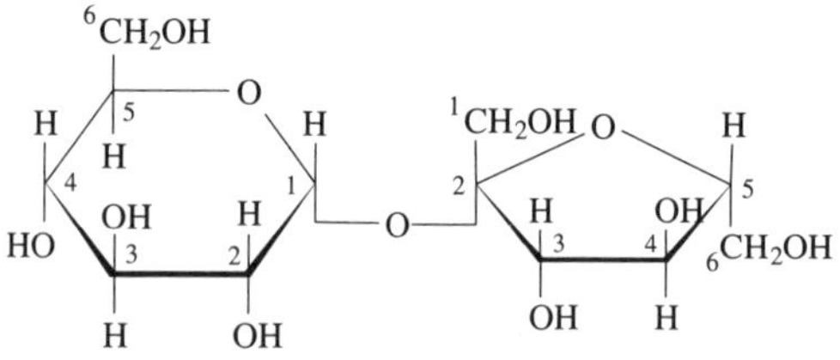

Saccharose

Aufbau der Lactose

D-Galactose + D-Glucose ⟶ **Lactose** + Wasser
Milchzucker

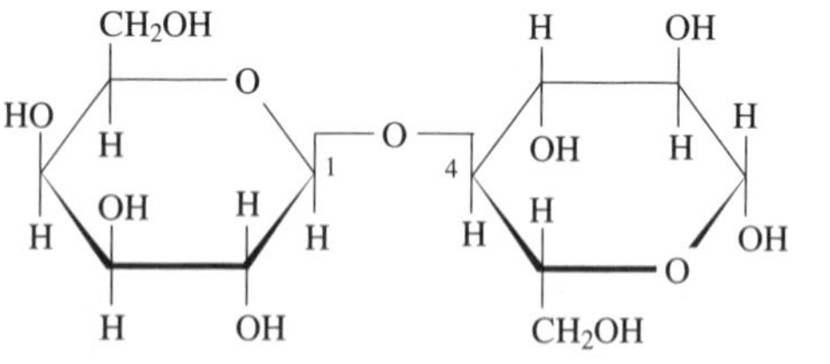

β-D-Galactose   β-D-Glucose
Lactose

Die Verbindung **Cellobiose**, ein Abbauprodukt des Polysaccharids Cellulose, ist wie Maltose ebenfalls aus zwei Glucosemolekülen aufgebaut, doch in anderer Verknüpfung: Da Cellobiose aus zwei Molekülen β-D-Glucose besteht, handelt es sich um eine **β-glykosidische** Bindung.

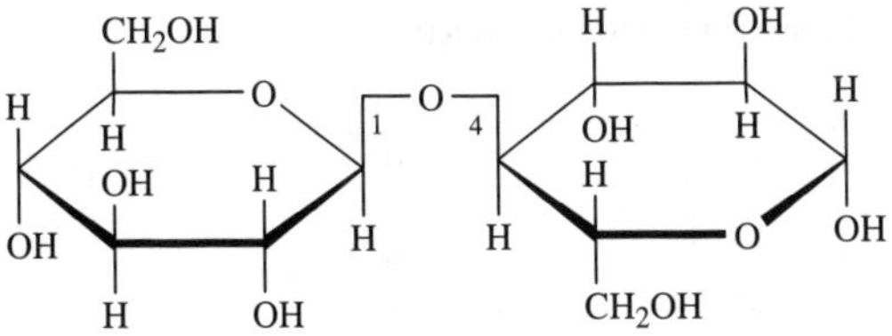

Moleküle des Lebens

Cellobiose

Wird an ein Disaccharid unter Wasserabspaltung ein weiteres Monosaccharid angehängt, so erhält man ein Trisaccharid. Durch Anhängen eines weiteren Monosaccharids entsteht ein Tetrasaccharid, aus vielen Monosacchariden schließlich ein Polysaccharid.

6.1.3 Polysaccharide

Viele α-D-Glucosemoleküle verbinden sich zum Polysaccharid **Stärke**. Dabei sind zwei Bestandteile zu unterscheiden: das strauchförmig verzweigte **Amylopektin** mit α-1,4- und α-1,6-glykosidischen Bindungen und die spiralförmig gebaute **Amylose** mit ausschließlich α-1,4-glykosidischen Bindungen. Hauptbestandteil der Stärke ist das Amylopektin (zu etwa 80 %).

Ausschnitt aus der Formel eines Amylopektinmoleküls

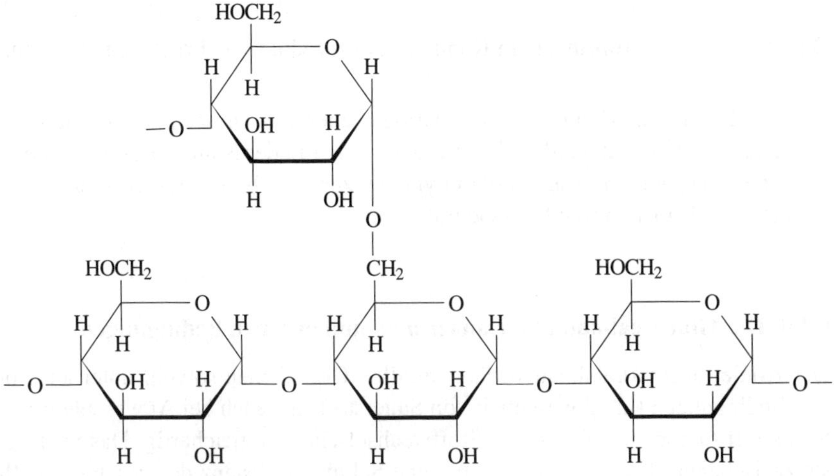

Moleküle des Lebens

Ausschnitt aus der Formel eines Amylosemoleküls

Die Speicherform von Kohlenstoffhydraten im tierischen Organismus ist **Glykogen**. Es ähnelt im Bau dem Amylopektin, doch ist es stärker verzweigt und höher molekular.

Cellulose ist der Hauptbestandteil der pflanzlichen Zellwände und der Bestandteil von Pflanzenfasern. Cellulose ist aus Cellobiosebausteinen aufgebaut, die wiederum aus Glucoseeinheiten bestehen.

Ausschnitt aus der Formel eines Cellulosemoleküls

Das Polysaccharid **Inulin** ist ein Kondensationsprodukt von Fructosemolekülen.

> Durch **Hydrolyse** können Polysaccharide wieder über Disaccharide in Monosaccharide abgebaut werden. Der Vorgang spielt in der Natur dort eine Rolle, wo der Speicherstoff Stärke oder Glykogen zur Abgabe von Glucose mobilisiert wird. Dabei wirken Enzyme mit.

6.1.4 Der Glucoseabbau unter anaeroben und aeroben Bedingungen

Der Kohlenstoffhydratabbau verläuft in allen Organismen sowohl unter anaeroben Bedingungen (in Abwesenheit von Sauerstoff) als auch bei Anwesenheit von Sauerstoff (aerob) in zahlreichen Stoffwechselschritten gleichartig. Das wichtigste Zwischenprodukt und gleichzeitig eine Schlüsselsubstanz des gesamten Zellstoffwechsels ist die Brenztraubensäure bzw. ihr Anion Pyruvat.

Moleküle des Lebens

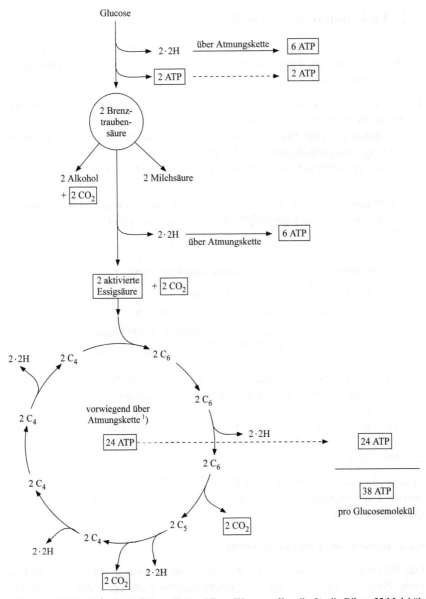

1 Der aus $NADH + H^+$ und $FADH_2$ zu H_2O oxidierte Wasserstoff ergibt für die Bilanz 22 Moleküle ATP. 2 Moleküle ATP entstehen indirekt bei einer energieliefernden Reaktion des Citratzyklus (C_4-Stufe).

6.2 Fette und fettähnliche Stoffe (Lipoide)

Die Fette gehören in die Verbindungsklasse der **Ester**. Sie entstehen aus dem dreiwertigen Alkohol **Glycerin** und bestimmten, als **Fettsäuren** bezeichneten Monocarbonsäuren.

Die wichtigsten Fettsäuren sind durch folgende Strukturmerkmale gekennzeichnet:
- eine nicht verzweigte Kohlenstoffkette,
- eine durch zwei teilbare Gesamtzahl der C-Atome (einschließlich des in der Carboxy-Gruppe enthaltenen C-Atoms).

Am weitesten verbreitet sind Fettsäuren mit 16 und 18 C-Atomen.

Je nachdem, ob das C-Gerüst der Fettsäuren Doppelbindungen enthält, unterscheidet man zwischen **gesättigten** und **ungesättigten** Fettsäuren.

Fettsäuren	Bindungen im Kohlenstoffgerüst
gesättigt	nur Einfachbindungen
einfach ungesättigt	eine Doppelbindung; cis-Konfiguration
mehrfach ungesättigt	2, 3 oder 4 Doppelbindungen, nicht konjugiert; cis-Konfiguration

Fette mit einem besonders hohen Anteil ungesättigter Fettsäuren sind bei Zimmertemperatur flüssig und werden als **fette Öle** bezeichnet (z. B. Olivenöl, Leinöl) im Gegensatz zu etherischen Ölen der Pflanzen, die Exkrete darstellen. Bei Letzteren handelt es sich um flüchtige, oft sehr wohlriechende, lipoidlösliche Flüssigkeiten, die aus komplizierten Gemischen von Alkoholen, Aldehyden, Ketonen, Carbonsäuren und Estern bestehen.

Fette sind Gemenge verschiedener Ester. Deshalb schmelzen sie nicht bei einer bestimmten Temperatur, sondern erweichen in einem weiten Temperaturbereich (Schmelzbereich).

6.2.1 Bildung von Fett (Veresterung)

Die Bildung eines Fettes stellt eine Veresterungsreaktion dar; die Hydrolyse eines Fettes zu Glycerin und den entsprechenden Fettsäuren, der erste Schritt beim Abbau der Fette im Organismus, wird als **Verseifung** bezeichnet.

Moleküle des Lebens

$$\begin{array}{c}H\\|\\H-C-OH\\|\\H-C-OH\\|\\H-C-OH\\|\\H\end{array} + \begin{array}{c}O\\\|\\HO-C-C_{17}H_{35}\\O\\\|\\HO-C-C_{17}H_{33}\\O\\\|\\HO-C-C_{15}H_{31}\end{array} \rightleftharpoons \begin{array}{c}H\quad O\\|\quad\|\\H-C-O-C-C_{17}H_{35}\\|\quad O\\|\quad\|\\H-C-O-C-C_{17}H_{33}\\|\quad O\\|\quad\|\\H-C-O-C-C_{15}H_{31}\\|\\H\end{array} + 3\,H_2O$$

Glycerin + Fettsäuren ⇌ Fett

6.2.2 Biologische Bedeutung der Fette

Den Fetten kommen folgende Funktionen zu:
- **Betriebsstoffe** bei der Deckung des Energiebedarfs,
- **Reservestoffe**, die nach Speicherung im Fettgewebe im Bedarfsfall als Energiespeicher zur Verfügung stehen (Fette ölartiger Konsistenz, Neutralfette, z. B. Tributyrat, Tristearin, Tripalmitin).

Die in den Organismus aufgenommenen Fettsäuren dienen:
- zum Aufbau der Triglyceride in den Fettdepots,
- als Bausteine zum Aufbau von Phospholipiden und Glycolipiden (Bestandteile biologischer Membranen),
- dem Gewinn von Stoffwechselenergie durch Abbau zu „aktivierter Essigsäure" auf dem Wege der β-Oxidation.

6.2.3 Lipide

Man fasst Naturstoffe, die die gleichen Löslichkeitseigenschaften wie Fette besitzen (hydrophobes Verhalten, Löslichkeit nur in unpolaren, lipophilen Lösungsmitteln), mit den Fetten unter dem Begriff Lipide zusammen.

Die Lipide können eingeteilt werden in

Nicht verseifbare Lipide
- Langkettige gesättigte und ungesättigte Fettsäuren,
- Carotinoide (z. B. β-Carotin und Vitamin A),
- Vitamin E (Tocopherol),
- Verbindungen mit dem Steroidringsystem wie Cholesterin und Gallensäuren.

Verseifbare Lipide
- Fette (Ester aus Glycerin und Fettsäuren),
- Cholesterinester,

Moleküle des Lebens

- Wachse (Ester aus einwertigen langkettigen Alkoholen und Fettsäuren, z. B. Bienenwachs),
- Phospholipide: Glycerophospholipide und Sphingomyeline,
- Glycolipide: Cerebroside und Ganglioside.

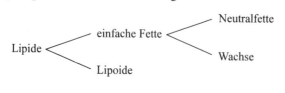

Neutralfette: Durch Kondensation von Glycerin und drei Carbonsäuren entstandene Reaktionsprodukte

Wachse: Durch Kondensation von einem einwertigen Alkohol mit einer Carbonsäure entstandene Reaktionsprodukte

Lipoide: Fettähnliche Stoffe; sind als Strukturelemente am Aufbau biologischer Membranen beteiligt. Beispiele: Sterine, Phosphatide, Carotinoide

6.2.4 Fettabbau in der Zelle

Endprodukte der Fettverdauung sind Glycerin und Fettsäuren (vgl. Kap. 6.2.1). Glycerin kann über Glycerinaldehyd-3-phosphat in den Abbauweg der Kohlenstoffhydrate eingeschleust werden. Die Fettsäuren werden in einer komplexen Reaktionsfolge (β-Oxidation) in C_2-Körper (Acetyl-CoA) zerlegt, die dann im Citronensäurezyklus zum vollständigen Abbau kommen.

Abbau des Glycerins

$$\begin{array}{c} H_2C-OH \\ | \\ H-C-OH \\ | \\ H_2C-OH \end{array} \xrightarrow{ATP \quad ADP} \begin{array}{c} H_2C-OH \\ | \\ H-C-OH \\ | \\ H_2C-O-\text{\textcircled{P}} \end{array} + NAD^+ \longrightarrow$$

Glycerin-3-phosphat

$$\begin{array}{c} H\diagdown \;\; O \\ \;\;\;C⸺\!\!/\!/ \\ | \\ H-C-OH \\ | \\ H_2C-O-\text{\textcircled{P}} \end{array} + NADH + H^+$$

Glycerinaldehyd-3-phosphat

Moleküle des Lebens

Abbau der Fettsäuren durch β-Oxidation unter Bildung von „aktivierter Essigsäure" (Acetyl-CoA)

Nach Aktivierung der abzubauenden Fettsäure durch Verknüpfung mit Coenzym A wird das zweite C-Atom (β-C-Atom) von der Carboxylgruppe aus schrittweise oxidiert. An diesem C-Atom findet dann schließlich die Spaltung der aktivierten Fettsäure in einen C_2-Körper, Acetyl-CoA, und den Fettsäurerest statt. Letzterer durchläuft die Reaktionssequenz erneut, und zwar solange, bis er vollständig zu C_2-Körpern abgebaut ist.

$$CH_3-CH_2-CH_2-COOH + CoA-SH \xrightarrow[\text{Thiokinase}]{\text{(ATP)}}$$
Buttersäure Coenzym A

$$CH_3-CH_2-CH_2-C\underset{SCoA}{\overset{O}{\diagup}} + H_2O$$
Buttersäure-CoA

$$CH_3-CH_2-CH_2-C\underset{SCoA}{\overset{O}{\diagup}} \xrightarrow[\text{Dehydrogenase}]{FAD \quad FADH_2} CH_3-CH=CH-C\underset{SCoA}{\overset{O}{\diagup}}$$
2-Butensäure-CoA

$$CH_3-CH=CH-C\underset{SCoA}{\overset{O}{\diagup}} + H_2O \xrightarrow{\text{Hydratase}} CH_3-\underset{}{\overset{OH}{\underset{|}{CH}}}-\underset{}{\overset{H}{\underset{|}{CH}}}-C\underset{SCoA}{\overset{O}{\diagup}}$$
β-Hydroxybuttersäure-CoA

$$CH_3-\underset{}{\overset{OH}{\underset{|}{CH}}}-\underset{}{\overset{H}{\underset{|}{CH}}}-C\underset{SCoA}{\overset{O}{\diagup}} \xrightarrow[\text{Dehydrogenase}]{NAD^+ \quad NADH+H^+} CH_3-\overset{O}{\underset{\|}{C}}-CH_2-C\underset{SCoA}{\overset{O}{\diagup}}$$
β-Ketobuttersäure-CoA

$$CH_3-\overset{O}{\underset{\|}{C}}\!\!\mid\!\!CH_2-C\underset{SCoA}{\overset{O}{\diagup}} + CoA-SH \xrightarrow{\text{Thiokinase}} CH_3-C\underset{SCoA}{\overset{O}{\diagup}} + CH_3-C\underset{SCoA}{\overset{O}{\diagup}}$$
Acetyl-CoA   Acetyl-CoA

Moleküle des Lebens

6.3 Aminosäuren, Peptide und Proteine

Zur Verbindungsklasse der Aminosäuren (Aminocarbonsäuren) gehören die Carbonsäuren, deren Kohlenstoffgerüst durch eine Aminogruppe substituiert ist. Die Aminosäuren enthalten somit zwei funktionelle Gruppen, die **Aminogruppe** $-NH_2$ und die **Carboxylgruppe** $-COOH$.

Zur eindeutigen Bezeichnung der Stellung dieser beiden funktionellen Gruppen zueinander gibt es zwei Möglichkeiten:
- Die Bezifferung der C-Atome, beginnend mit dem C-Atom der Carboxylgruppe und
- die Bezeichnung der auf die Carboxylgruppe folgenden C-Atome mit kleinen griechischen Buchstaben.

Konstitution	Name
$\overset{\beta}{H_3C} - \overset{\alpha}{CH} - COOH$ $\quad\quad\quad\;\; \vert$ $\quad\quad\quad NH_2$	Alanin (α-Aminopropionsäure) (2-Aminopropansäure)
$\overset{\beta}{H_2C} - \overset{\alpha}{CH_2} - COOH$ $\;\; \vert$ $\;\; NH_2$	β-Alanin (β-Aminopropionsäure) (3-Aminopropansäure)
$\overset{\gamma}{H_2C} - \overset{\beta}{CH_2} - \overset{\alpha}{CH_2} - COOH$ $\;\; \vert$ $\;\; NH_2$	γ-Aminobuttersäure (4-Aminobutansäure)

20 Aminosäuren (proteinogene Aminosäuren) sind die Grundbausteine der Eiweißstoffe **(Proteine)**. Ihre Aufeinanderfolge (Sequenz) bei der Verknüpfung zu bestimmten Proteinen ist durch den genetischen Code festgelegt.

Alle proteinogenen Aminosäuren sind **α-Aminosäuren**. Ihre in die Papierebene projizierte Formel zeigt, dass die beiden für Aminosäuren typischen funktionellen Gruppen mit demselben C-Atom (dem α-Atom) verknüpft sind.

$$\begin{array}{cc} \text{COOH} & \text{COOH} \\ | & | \\ H_2N \nearrow \overset{C}{\underset{R}{\vert}} \nwarrow H & H_2N - \overset{|\alpha}{\underset{R}{C}} - H \end{array}$$

Moleküle des Lebens

Das α-C-Atom ist weiterhin mit einem H-Atom und mit dem übrigen Teil des Kohlenstoffgerüsts verknüpft, der als Seitenkette R bezeichnet wird. Mit Ausnahme von Glycin ist das α-C-Atom der natürlich vorkommenden Aminosäuren jeweils mit vier verschiedenen Substituenten verknüpft und damit asymmetrisch. Aminosäuren sind demnach optisch aktive Substanzen.
Die proteinogenen Aminosäuren unterscheiden sich nur in der Zusammensetzung der Seitenkette R, die auch eine weitere COOH-Gruppe oder eine weitere NH_2-Gruppe enthalten kann. Nach der Anzahl der funktionellen Gruppen unterteilt man:

Anzahl der Gruppen		Stoffklasse
–COOH	H_2N–	
1	1	Monoaminomonocarbonsäuren
2	1	Monoaminodicarbonsäuren
1	2	Diaminomonocarbonsäuren

Aminosäuren sind nicht aus Molekülen aufgebaut, sondern stellen **Zwitterionen** mit negativer und positiver Ladung dar und liegen somit als innere Salze vor.
Zwitterionen enthalten an ein und demselben Kohlenstoffgerüst die gleiche Anzahl an negativen Ladungen (hier an der Carboxylatgruppe) und positiven Ladungen (hier an der Ammoniumgruppe).
Zur Ausbildung dieser Zwitterionen kommt es durch einen Protonenübergang innerhalb des Moleküls, wie das Beispiel Glycin verdeutlicht:

> Bei den Aminosäuren sind Protonenakzeptorgruppe und Protonendonatorgruppe mit demselben Kohlenstoffgerüst verknüpft. Die Protonenübertragung führt zu **Zwitterionen**.

Zwitterionen sind **Ampholyte**, in wässriger Lösung können sie sowohl Protonen abgeben wie auch Protonen aufnehmen. In saurer Lösung trägt das Ion eine positive, in alkalischer Lösung eine negative Ladung:

133

Moleküle des Lebens

$$H_2O + \begin{array}{c} H \\ | \\ H-C-C \\ | \\ H-N| \\ | \\ H \end{array} \begin{array}{c} \overline{O}| \\ \diagup \\ \diagdown \\ \overline{O}| \end{array}^{-} \xleftarrow{+OH^-} \begin{array}{c} H \\ | \\ H-C-C \\ | \\ H-\overset{+}{N}-H \\ | \\ H \end{array} \begin{array}{c} \overline{O}| \\ \diagup \\ \diagdown \\ \overline{O}| \end{array}^{-} \xrightarrow{+H_3O^+} \begin{array}{c} H \\ | \\ H-C-C \\ | \\ H-\overset{+}{N}-H \\ | \\ H \end{array} \begin{array}{c} \overline{O}| \\ \diagup \\ \diagdown \\ \underline{O}-H \end{array} + H_2O$$

in alkalischer Lösung · in etwa neutraler Lösung · in saurer Lösung

6.3.1 Peptide

Aminosäuren sind die Grundbausteine (Monomere) von Peptiden und Proteinen. Der Aufbau höhermolekularer Verbindungen aus Aminosäuren erfolgt schrittweise:

Verbindungen aus Aminosäurebausteinen	Anzahl der Aminosäurereste
Dipeptide	2
Tripeptide	3
Tetrapeptide ...	4 ...
... Decapeptide	... 10
Oligopeptide	3–10
Polypeptide	11–100
Proteine	mehr als 100

Beim Aufbau von Peptiden und Proteinen besteht das Verknüpfungsprinzip in der Wasserabspaltung (Kondensationsreaktion) zwischen den jeweiligen Aminosäurebausteinen: eine **Peptidbindung** wird gebildet.

$$CH_3-\underset{\underset{NH_2}{|}}{CH}-C\overset{\diagup\!\!\!\!O}{\boxed{-OH + H}}-\underset{\underset{H}{|}}{N}-CH_2-C\overset{\diagup\!\!\!\!O}{-OH} \rightleftharpoons$$

Alanin · Glycin

$$CH_3-\underset{\underset{NH_2}{|}}{CH}-\boxed{C\overset{\diagup\!\!\!\!O}{-}\underset{\underset{H}{|}}{N}}-CH_2-C\overset{\diagup\!\!\!\!O}{-OH} + \boxed{H_2O}$$

Peptidbindung Dipeptid (Alanylglycin)

Moleküle des Lebens

Zu den **Oligopeptiden** gehören Verbindungen, die die Freisetzung von Hormonen auslösen (Releasing-Hormone, z. B. Somatotropin-releasing factor, Corticotropin-releasing factor) sowie zahlreiche Peptide mit spezifischer physiologischer Wirkung (z. B. Vasopressin, Insulin).
Polypeptide und bestimmte Proteine (z. B. das aus 190 Aminosäureresten aufgebaute Wachstumshormon Somatotropin) bilden neben den Steroidhormonen die wichtigste Hormongruppe (Peptid- und Proteohormone).

6.3.2 Proteine

Polypeptide, die aus mehr als 100 Aminosäuren aufgebaut sind, bezeichnet man als Eiweißstoffe (Proteine). Jedes Eiweißmolekül hat eine ganz bestimmte Struktur, von der seine Funktion abhängt.
Man unterscheidet vier Strukturprinzipien:
- Die **Primärstruktur** bezeichnet die Aufeinanderfolge (Sequenz) der Aminosäuren im Eiweißmolekül. Sie ist genetisch festgelegt.
- Die **Sekundärstruktur** beschreibt die räumliche Struktur des Makromoleküls Eiweiß.
  Beispiele: Spiralstruktur (α-Helix) und die Faltblattstruktur (β-Faltblatt).
- Unter **Tertiärstruktur** versteht man die räumliche Anordnung der in der Sekundärstruktur angeordneten Molekülkette.
- Die **Quartärstruktur** liegt dann vor, wenn ein Protein aus mehreren Polypeptidketten besteht. Durch die Quartärstruktur wird beschrieben, wie diese zueinander angeordnet sind.

Polypeptid- und Proteinstrukturen

Peptid-/Proteinstrukturen	Strukturmerkmale
Primärstruktur (durch Synthese festgelegt)	Peptidbindungen, Aufeinanderfolge und Anzahl der Aminosäurebausteine (Aminosäuresequenz)
Sekundärstruktur (Konformation)	Wasserstoffbrückenbindungen am Peptidrückgrat, intramolekular oder zwischenmolekular
Tertiärstruktur (Konformation)	Wechselwirkungen zwischen den Seitenketten der Aminosäurereste: – Disulfidbindungen ($-S-S-$) – elektrostatische Kräfte (Ionenbeziehungen, z. B. zwischen $-COO^-$ und $-NH_3$ – Wasserstoffbrückenbindungen – hydrophobe Wechselwirkung zwischen wasserabweisenden Seitenketten
Quartärstruktur (bei mehrkettigen Proteinen)	Struktur der „Untereinheiten"

Diese vier Strukturprinzipien ermöglichen die große Vielfalt der Proteine. Bereits geringfügige Veränderungen innerhalb der Proteinstruktur können entscheidende Funktionsänderungen oder -verluste zur Folge haben.

Proteine zeichnen sich durch die Vielfalt ihrer biologischen Funktionen aus:
- Fibrilläre Proteine (**Skleroproteine**) sind unlöslich in Wasser und üben die Funktionen von Gerüst- und Strukturproteinen aus. Zu diesen Proteinen gehören:
  - Keratine der Hornhaut, Haare, Nägel und Wolle
  - Kollagene im Bindegewebe und in der Knochensubstanz
  - Elastin im elastischen Bindegewebe (Sehnen)
- Kontraktile Proteine: Myosin und Actin im Muskel
- Globuläre Proteine (**Sphäroproteine**)
  Beispiel: Plasmaproteine
  - Proteine des Gerinnungssystems (z. B. Prothrombin)
  - Proteine des Komplementsystems
  - Immunglobuline (Gammaglobuline: IgG, IgM etc.)
  - Transportproteine (z. B. Albumin, Transferrin)
- Biokatalysatoren (**Enzyme**)

Weiterhin sind Proteine Bestandteile von kompliziert gebauten Biopolymeren, die sich aus einem Proteinanteil und einem Nicht-Protein-Anteil zusammensetzen und früher als Proteide bezeichnet wurden.

Biopolymere aus Proteinen und Nicht-Protein-Verbindungen

Bezeichnung	Nicht-Protein-Anteil
Lipoproteine (z. B. β-Lipoprotein)	Lipide
Glycoproteine (Mucoproteine)	Kohlenstoffhydrate
Chromoproteine (z. B. Hämoglobin)	Farbstoffe, z. B. Häm
Nucleoproteine	Nukleinsäuren
Phosphoproteine (z. B. Casein)	Phosphorsäure mit OH-Gruppen von Seryl-, Threonyl- oder Tyrosyl-Resten verestert
Metalloproteine	Proteine (Enzyme) mit komplex gebundenen Metallionen
Holoenzyme	eine fest gebundene prosthetische Gruppe oder ein Coenzym

Moleküle des Lebens

> Die unter physiologischen Bedingungen vorliegende räumliche Anordnung eines Proteins bezeichnet man als **native Konformation**. Proteine können unter Konformationsänderung denaturiert werden.

Eine Denaturierung lässt sich durch Einwirkung von Säuren, Basen, organischen Lösungsmitteln, Hitze oder Bestrahlung bewirken.

6.3.3 Glycoproteine

Viele Proteine sind durch kovalente Bindungen mit Oligo- oder Polysacchariden verknüpft. Diese Proteinkonjugate bezeichnet man als Glycoproteine. Die meisten Proteine an den Oberflächen der Zellmembranen und nahezu alle extrazellulären Proteine stellen Glycoproteine dar (z. B. fast alle Blutserumproteine, Blutgruppensubstanzen, Mucoide der Körperschleime).

6.3.4 Der Abbau von Aminosäuren in der Zelle

Decarboxylierung von Aminosäuren zu primären Aminen:

$$\underset{\text{Cystein}}{\underset{\text{SH} \quad \text{NH}_2}{H_2C - CH - COOH}} \xrightarrow{\text{Decarboxylase}} \underset{\text{Cysteamin}}{\underset{\text{SH} \quad \text{NH}_2}{H_2C - CH_2}} + CO_2$$

Umwandlung von Aminosäuren in Ketosäuren:

– **Oxidative Desaminierung von Aminosäuren**

$$\underset{R}{\underset{|}{H - C - NH_2}}\overset{COOH}{|} \xrightarrow[\text{NAD}^+ \quad \text{NADH} + H^+]{\text{Dehydrogenase}} \underset{R}{\underset{|}{C = NH_2}}\overset{COOH}{|} \xrightarrow{+H_2O} \underset{R}{\underset{|}{C = O}}\overset{COOH}{|} + NH_3$$

– **Transaminierung**

$$\underset{\text{Alanin}}{\underset{CH_3}{\underset{|}{H_2N - C - H}}\overset{COOH}{|}} \xrightarrow[\underset{\text{Transaminase}}{\alpha\text{-Ketoglutar-} \quad \text{Glutamin-}\atop \text{säure} \quad \text{säure}}]{\text{Pyridoxalphosphat}} \underset{\text{Brenztraubensäure}}{\underset{CH_3}{\underset{|}{C = O}}\overset{COOH}{|}}$$

137

Moleküle des Lebens

$$H_2N-\underset{\underset{\underset{COOH}{|}}{\underset{CH_2}{|}}}{\overset{COOH}{\overset{|}{C}}}-H \quad \xrightarrow[\text{Transaminase}]{-NH_3 + \tfrac{1}{2}O_2} \quad \underset{\underset{\underset{COOH}{|}}{\underset{CH_2}{|}}}{\overset{COOH}{\overset{|}{C}}}=O$$

Asparaginsäure   Oxalacetat

6.4 Intermediärer Kohlenstoff-Stoffwechsel

Die folgende Darstellung veranschaulicht einige der zahlreichen Querverbindungen des zentralen Kohlenstoff-Stoffwechsels (eine Ausnahme bildet die Transaminierung, d. h. die Übertragung von Aminogruppen). Die zwischen Ausgangs- und Endprodukten ablaufenden chemischen Vorgänge werden als Intermediär- oder Zwischenstoffwechsel bezeichnet.

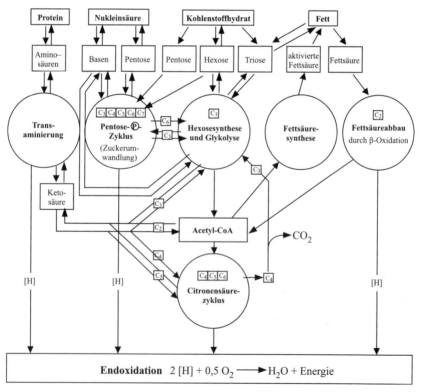

6.5 Nukleinsäuren

Nukleinsäuren (Polynucleotide) sind Biopolymere. Man unterscheidet:
- **Desoxyribonukleinsäuren (DNA):** Sie sind die Träger der gesamten Erbinformation, des genetischen Codes.
- **Ribonukleinsäuren (RNA):** Sie erfüllen wichtige biologische Funktionen bei der Proteinbiosynthese.

DNA und RNA sind nach dem gleichen Bauprinzip aufgebaut, unterscheiden sich jedoch in der Art zweier Bausteine und in der Molekülgröße.

Bausteine	DNA	RNA
Phosphorsäure	Phosphorsäure	Phosphorsäure
Pentose	**2-Desoxy**-D-ribose	D-Ribose
Purinbasen	Adenin, Guanin	Adenin, Guanin
Pyrimidinbasen	Cytosin, **Thymin**	Cytosin, **Uracil**

Strukturformeln der Bausteine

Phosphorsäure

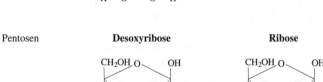

Pentosen — Desoxyribose — Ribose

Pyrimidin (Grundkörper) → **Pyrimidinbasen** — Cytosin — Thymin (5-Methyluracil) — Uracil

Moleküle des Lebens

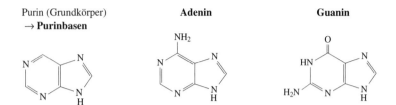

Purin (Grundkörper)
→ **Purinbasen**

Adenin

Guanin

Durch Reaktion der glykosidischen OH-Gruppe der Pentose mit einer NH-Gruppe des Basen-Ringsystems entstehen unter Wasserabspaltung die entsprechenden N-Glycoside, die als **Nucleoside** bezeichnet werden.

Beispiel:

Adenin + Ribose ⟶ Adenosin

Die Verknüpfung eines Nucleosids mit Phosphorsäure geschieht durch Veresterung. Dabei reagiert die alkoholische OH-Gruppe am C-Atom 3' oder am C-Atom 5' der Pentose mit Phosphorsäure.

> Die so entstehenden **Phosphorsäuremonoester**, die **Nucleotide**, sind die eigentlichen Bausteine der Nukleinsäuren.

Nucleotide, die im Energiestoffwechsel eine zentrale Rolle spielen, sind ADP (Adenosindiphosphat) und ATP (Adenosintriphosphat). Als ADP/ATP-System erfüllen sie im Organismus zwei wichtige Funktionen: zum einen transportiert das ADP/ATP-System Phosphatgruppen und baut dabei die „energiereichen" organischen Phosphorsäureester auf **(Energieüberträger)**. Andererseits kann freie Energie aus exergonischen Reaktionen durch den Aufbau von ATP aus ADP gebunden werden **(Energiespeicher)**.

Beispiel eines Mononucleotids: Adenosinmonophosphat (AMP):

(Die Formel gibt das bei physiologischem pH-Wert vorliegende Anion wieder.)

Das Verknüpfungsprinzip zwischen den Bausteinen der Nucleotide ist:
- Die **N-glykosidische Bindung** zwischen Pentose und Purin- oder Pyrimidinbase und
- die **Esterbindung** zwischen Pentose und Phosphorsäure.

Von großer Bedeutung für den Aufbau der Polynucleotide (DNA, RNA) aus den Mononucleotiden über Di-, Tri- und Oligonucleotide ist die Eigenschaft der Phosphorsäure, auch Diester zu bilden. Über diese Phosphorsäure-3',5'-diesterbindungen werden die Nukleinsäuren aufgebaut.

Nukleinsäuren bestehen aus langen fadenförmigen Makromolekülen (Einzelsträngen). Das „Rückgrat" dieser Moleküle bilden die Diester der Struktur
... Pentose-Phosphorsäure-Pentose-Phosphorsäure ...

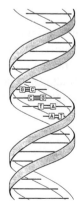

Je zwei Einzelstränge der DNA orientieren sich so zueinander, dass die hydrophoben Strukturen der Purin- und Pyrimidinbasen innen und die hydrophilen, über Phosphorsäurediesterbindungen miteinander verknüpften Pentose-Gruppen außen angeordnet sind. So entsteht eine **DNA-Doppelhelix** (Doppelspirale), in der zwei spiralförmige Einzelstränge durch Wasserstoffbrückenbindungen miteinander verknüpft sind.

Moleküle des Lebens

> Diese Wasserstoffbrückenbindungen werden stets nur von je zwei ganz bestimmten Basen (Basenpaaren) gebildet. Man bezeichnet sie als **komplementäre Basen**. Komplementäre Basen sind:
> **Adenin – Thymin (A – T)** und **Guanin – Cytosin (G – C)**

Zwischen Adenin und Thymin werden zwei, zwischen Guanin und Cytosin drei Wasserstoffbrückenbindungen ausgebildet.

Thymin   Adenin

Guanin   Cytosin

Das oben angesprochene Strukturmodell der DNA macht deutlich, warum dieses Makromolekül Träger von vielfältiger genetischer Information sein kann: die Aufeinanderfolge der Basensequenzen in den Polynucleotidsträngen erlaubt unzählige Variationsmöglichkeiten und damit genetische Vielfalt. Die ebenfalls enthaltenen Zucker- und Phosphatgruppen erfüllen dabei lediglich strukturelle Aufgaben.

6.6 Enzyme

Enzyme sind Biokatalysatoren der Zellen. Den Stoff, an dem ein Enzym angreift, bezeichnet man als **Substrat**. Jedes Enzym ist auf ein bestimmtes Substrat oder eine bestimmte Substratgruppe spezialisiert. Man spricht deshalb von der **Substratspezifität** der Enzyme.

6.6.1 Substratspezifität eines Enzyms (Schlüssel-Schloss-Prinzip)

Die Substratspezifität eines Enzyms lässt sich folgendermaßen veranschaulichen: Die spezifische Struktur eines kleinen Substratmoleküls passt in eine ganz bestimmte komplementäre Hohlstruktur des größeren Enzymmoleküls, so „wie ein bestimmter Schlüsselbart zu einem bestimmten Schloss passt".

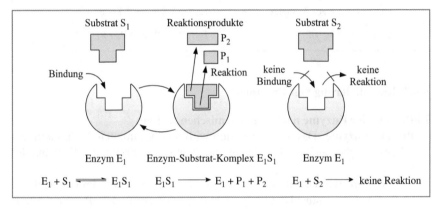

Enzyme haben weder Einfluss auf die Lage des chemischen Gleichgewichts noch auf die Energieverhältnisse der Reaktion. Sie beschleunigen lediglich die Einstellung des Gleichgewichts.

6.6.2 Wirkungsspezifität von Enzymen

Die Wirkungsspezifität der Enzyme lässt sich folgendermaßen erklären:
Jedes Enzym besitzt ein aus bestimmten Atomgruppen gebildetes sog. **aktives Zentrum**, das an dem Substratmolekül nur eine bestimmte Reaktion katalysiert.

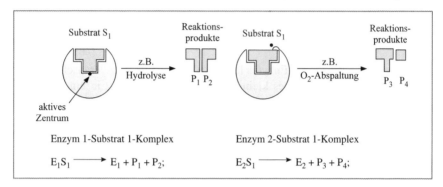

6.6.3 Klassifizierung von Enzymen

Einteilung der Enzyme nach dem chemischen Aufbau
- **Protein-Enzyme:** Das aktive Zentrum wird von bestimmten Aminosäureresten gebildet, die an einer bestimmten Stelle in die Hohlform des Enzymmoleküls ragen.
- **Proteid-Enzyme:** Das aktive Zentrum wird von einem Nicht-Protein-Molekül (z. B. einem Vitaminabkömmling) gebildet, das fest mit dem Protein verbunden ist. Die aktive Atomgruppe nennt man **prosthetische Gruppe**.
- Proteid-Enzyme, deren prosthetische Gruppe sich vom Proteinanteil des Enzyms ablösen kann: Den reinen Proteinanteil bezeichnet man als **Apoenzym**, die abspaltbare prosthetische Gruppe als **Coenzym** und den Komplex aus beiden Gruppen als **Holoenzym**.

Moleküle des Lebens

Einteilung der Enzyme nach dem Typ der katalysierten Reaktion

Nach der Art der katalysierten Reaktion kann man sechs Hauptklassen von Enzymen unterscheiden:

Enzymtyp	Reaktionstyp (Wirkung)	wicht. Coenzyme	Beispiele
Oxido-reduktasen	Redoxreaktionen, biol. Oxidation, Dehydrierung <H>-Übertragung	NAD, NADP, FAD (Vit. B_2), Ascorbinsäure (Vitamin C)	GOD, Lactatdehydrogenase
Transferasen	Übertragung funktioneller Gruppen ($-NH_2$, $-CH_3$, $-COOH$ etc.)	Pyridoxalphosphat (Vit. B_6), Folsäure (B_2), CoA (Pantothensäure, B_2)	Aminotransferasen
Hydrolasen	hydrolytische Spaltung von Substraten (Polysaccharide, Peptide, Ester, Glycoside)	meist reine Proteine (zweiwertige Metallionen als Cofaktoren)	Amylasen, Proteasen, Peptidasen, Glycosidasen
Lyasen	Bildung von Doppelbindungen oder Addition an Doppelbindungen (C=C, C=O, C=N)	FAD (Vit. B_2) Thiaminphosphat (B_1)	Fumarase, Pyruvatdecarboxylase, Aldolase
Isomerasen	Umlagerungen (Isomerisierungen) innerhalb eines Moleküls	Cobalamin (B_{12})	Glucose-6-phosphat-Isomerase
Ligasen	knüpfen C–O, C–C und C–N-Bindungen unter Verbrauch von ATP	ATP	Aminosäuren-aktivierende Enzyme (Translation), Carboxylasen des Fettstoffwechsels

Die Wirkung von **Hydrolasen** besteht in der Katalyse der hydrolytischen Spaltung (Reaktion mit Wasser) von C–O- und C–N-Bindungen.

Hydrolasen	Spaltung von
Lipasen	Fetten
Esterasen	Estern
Phosphatasen	Phosphorsäureestern
α-Amylase	Stärke
Prote(in)asen	Proteinen
Endopeptidasen	Peptiden (im Inneren)
Carboxypeptidasen	Peptiden (C-terminal)
Aminopeptidasen	Peptiden (N-terminanl)

Moleküle des Lebens

6.6.4 Abhängigkeit der Enzymaktivität von verschiedenen Faktoren

Die Enzymaktivität gibt die von einem Enzym pro Minute umgesetzte Stoffmenge an Substrat an. Da der Stoffumsatz pro Zeit als Reaktionsgeschwindigkeit definiert ist, entspricht die Enzymaktivität auch der Geschwindigkeit der katalysierten Reaktion.
Die Enzymaktivität ist sowohl von der Substratkonzentration als auch von verschiedenen Außenfaktoren abhängig.

Abhängigkeit der Enzymaktivität von Milieubedingungen

Temperaturabhängigkeit

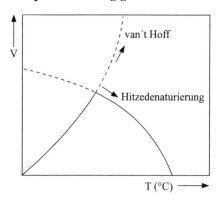

Mit steigender Temperatur erhöht sich die Geschwindigkeit der katalysierten Reaktion (entsprechend der van't Hoffschen Regel (RGT-Regel) um das 2–3-fache pro 10 °C). Durch Hitzedenaturierung des Enzyms geht jedoch dessen katalytische Wirksamkeit verloren und die Reaktionsgeschwindigkeit nimmt ab.

pH-Abhängigkeit

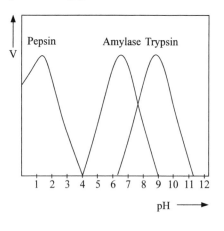

Jedes Enzym beansprucht einen bestimmten pH-Wert für seine optimale Aktivität. Die Hydroniumionenkonzentration (H_3O^+) beeinflusst die Ladungsverhältnisse der Aminosäuren, die das Enzym aufbauen, und damit Tertiärstruktur und Wirksamkeit des Enzyms.

Moleküle des Lebens

Ionenabhängigkeit

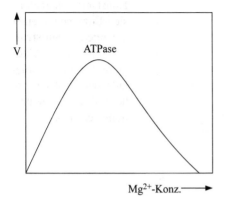

Manche Enzyme benötigen für ihre optimale Wirksamkeit anorganische Ionen in bestimmter Konzentration. Die ATPase beispielsweise, die ATP in ADP + P_i spaltet, kann nur in Verbindung mit Mg^{2+}-Ionen wirksam werden.

Abhängigkeit der Reaktionsgeschwindigkeit von der Substratkonzentration

Zur Kennzeichnung der Wirksamkeit von Enzymen hat man jene aus den Kurven exakt ablesbare Substratkonzentration gewählt, bei der die enzymatisch katalysierte Reaktion mit halbmaximaler Geschwindigkeit abläuft, d. h. die Hälfte aller Enzymmoleküle mit Substrat abgesättigt ist und als ES-Komplex vorliegt. Man bezeichnet sie als **Michaelis-Konstante K_M**.
Sie ist folglich ein Maß für die Affinität des Enzyms zu seinem Substrat.

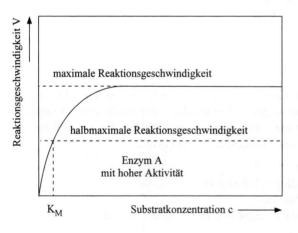

Bei kleiner Michaelis-Konstante reichen schon geringe Substratmengen aus, um eine Halbsättigung des Enzyms herbeizuführen. Das Enzym muss also eine **hohe Affinität** zu seinem Substrat haben.

Moleküle des Lebens

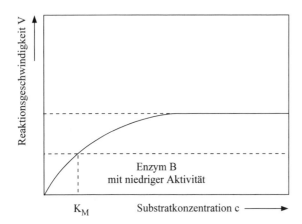

Eine hohe Michaelis-Konstante charakterisiert Enzyme mit einer **geringen Substrataffinität**. Die Sättigung der Enzymmoleküle wird erst bei hoher Substratkonzentrationen erreicht.

6.7 Steroide

Zu den Steroiden zählen Naturstoffe, die als gemeinsames Strukturmerkmal ein aus vier kondensierten Ringen bestehendes Ringsystem (Cyclopentanoperhydrophenanthren) enthalten. Dieser Grundkörper der Steroide ist der durchgehend hydrierte, als **Steran** bezeichnete Kohlenstoffwasserstoff $C_{17}H_{28}$ mit folgender Konstitutionsformel:

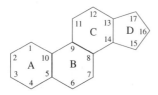

Von diesem alicyclischen Grundkörper lassen sich sämtliche Steroide ableiten, deren Moleküle Doppelbindungen und unterschiedliche funktionelle Gruppen in verschiedenen Positionen am Steran-Ringsystem enthalten können und in vielfältiger Weise durch Seitenketten substituiert sein können.

Zu den Steroiden gehören:
- **Sterine** (Sterole), vor allem Cholesterol;
- **Gallensäuren**, z. B. Cholsäure;
- **Steroidhormone** (Sexualhormone und Hormone der Nebennierenrinde).

Moleküle des Lebens

Cholesterol

[Strukturformel Cholesterol mit Ringen A, B, C, D; OH-Gruppe an C3; Seitenkette: $H_3C-CH-CH_2-CH_2-CH(CH_3)-CH_3$]

Cholsäure

[Strukturformel Cholsäure mit OH-Gruppen an C3, C7, C12; Seitenkette: $H_3C-CH-CH_2-CH_2-COOH$]

Cholesterol kommt als freies Cholesterol oder in Form seiner Ester mit Fettsäuren in allen Zellen und Körperflüssigkeiten des menschlichen und tierlichen Organismus vor (Anmerkung: Cholesterol ist ein einwertiger sekundärer Alkohol. Die alkoholische OH-Gruppe ist mit dem C-Atom 3 verknüpft.).
Cholesterol ist nicht nur ein unentbehrlicher Bestandteil der Zellmembran, sondern es besitzt auch große Bedeutung als Ausgangsstoff für Stoffwechselreaktionen, die zu Gallensäuren, Sexualhormonen, Hormonen der Nebennierenrinde und D-Vitaminen führen.

6.7.1 Hormone

Hormone *(hormao*, gr.: treibe an) sind vom Organismus selbst gebildete Wirkstoffe, die zu den Inkreten gehören und die Regulation und Koordination physiologischer Prozesse bewirken.

Ihrer chemischen Natur nach lassen sich die Hormone der innersekretorischen Drüsen der Wirbeltiere in drei Gruppen einteilen:
– **Steroidhormone**,
– von **Aminosäuren abgeleitete Hormone**,
– **Peptid-** und **Proteohormone**.

Zu den Steroidhormonen gehören die Sexualhormone und die Hormone der Nebennierenrinde (Corticosteroide). Bei den Sexualhormonen erfolgt eine Unterteilung in Androgene, Oestrogene und Gestagene.

Moleküle des Lebens

6.7.2 Beispiele von Sexualhormonen

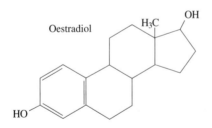

Progesteron
(weibliches Keimdrüsenhormon, Corpus luteum-Hormon)

Testosteron
(männliches Sexualhormon, Bildung in den Zwischenzellen des Hodengewebes)

Oestradiol
(weibliches Sexualhormon, Follikelhormon)

6.7.3 Wirkungsweise von Hormonen

Viele Hormone wirken nicht direkt auf Gene oder Stoffwechselprozesse ein, sondern indirekt durch Vermittlung eines „zweiten Boten" (**second messenger**). In den meisten Fällen wirken entweder **cAMP** (cyclisches Adenosin-3',5'-monophosphat) oder Ca^{2+}/**Calmodulin** als Überträger der hormonellen Informationen. Auf diesem Weg können auch Hormone, die die Zellmembran selbst nicht durchdringen können, im Zellinneren wirksam werden.

Moleküle des Lebens

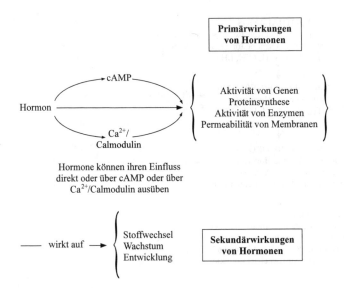

Prinzip hormoneller Regelkreise

Die Hormonfreisetzung unterliegt entweder der direkten Kontrolle eines auslösenden Reizes oder einem übergeordneten Kontrollzentrum des Stammhirns (Hypothalamus-Hypophyse-System).

Das Kontrollzentrum sendet aufgrund eines Reizes sog. Releasing-Faktoren (Releasing-Hormone; *to release*, engl.: freilassen) in die Gehirnblutbahn aus. Diese Verbindungen regen im Hypophysenvorderlappen die Freisetzung drüsenspezifischer (glandotroper; *glandula*, lat.: Drüse; *trepein*, gr.: wenden) Hormone an, welche über den Blutkreislauf in die endokrinen *(endon*, gr.: innen; *krinein*, gr.: sondern) Drüsen gelangen. Dort bewirken sie die Freisetzung der entsprechenden glandulären Hormone, die schließlich mit den spezifischen Rezeptoren der Erfolgsorgane reagieren.

Moleküle des Lebens

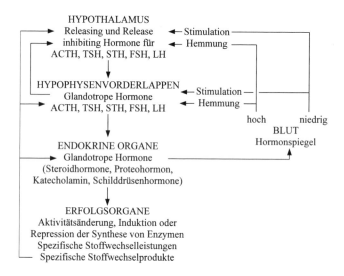

6.7.4 Klassifizierung von Hormonen

Man kann Hormone nach verschiedenen Gesichtspunkten einteilen: nach ihrem Wirkungsmechanismus, ihrer Funktion oder ihrer Bildungsweise.

Einteilung nach dem Wirkungsmechanismus

- **Hormone, die über cAMP als *second messenger* wirken:**
  Adrenalin/Noradrenalin, Glukagon, Parathormon (PTH), Calcitonin, Antidiuretisches Hormon (ADH), Luteinisierendes Hormon (LH), Adrenocorticotropes Hormon (ACTH), Somatostatin.

- **Hormone, die über IP_3 (Inositoltriphosphat) und/oder Ca^{2+}-Calmodulin als *second messenger* wirken:**
  z. B. Thyreotropin-Releasing-Hormon, α-adrenerge Katecholamine, Acetylcholin, Gonadotropin-Releasing-Hormone, Angiotensin II

- **Hormone, die über Bindung an intrazelluläre Rezeptoren wirken:**
  z. B. Steroidhormone, Schilddrüsenhormone (T_3, T_4), Calcitriol (1,25-Dihydroxycalciferol)

- **Hormone, die über unbekannte *second messenger* wirken:**
  z. B. Insulin, Ocytocin, Wachstumshormon (STH), Somatomedine (IGF I, II)

Moleküle des Lebens

Einteilung nach der Funktion

- **Kontrolle energieliefernder Stoffwechselprozesse**
  Insulin, Glukagon, Katecholamine, Glucocorticoide und übergeordnete hypothalamische und hypophysäre Hormone, Schilddrüsenhormone und übergeordnete hypothalamische und hypophysäre Hormone

- **Regulation des Wasser- und Elektrolythaushalts**
  Mineralocorticoide, Renin-Angiotensin-System, Adiuretin, Atriopeptin, Parathormon, Calcitonin, Calciterole

- **Regulation des Wachstums**
  STH und übergeordnete hypophysäre Hormone, Somatomedine, Androgene

- **Regulation der Fortpflanzung**
  Androgene, Estrogene, Gestagene und übergeordnete hypophysäre und hypothalamische Hormone, Ocytocin

- **Bildung und Sekretion von Verdauungssekreten**
  Gastrin, Sekretin, Cholezystokinin, Histamin

- **Tonusänderung des Gefäß- und Respirationssystems**
  Histamin, Serotonin, Kinine, Prostaglandine, Leukotriene

- **Kontrolle der Zelldifferenzierung und der Zellteilung**
  Lymphokine, Cytokine

6.7.5 Pflanzenhormone (Phytohormone)

Auch bei Pflanzen werden Entwicklung und Wachstum durch Hormone gesteuert und beeinflusst. Diese sog. Phytohormone finden sich in allen Teilen der Pflanze, wobei verschiedene Hormongruppen auch verschiedene Bildungs- und Wirkorte aufweisen: Ihre Bildung findet zum Teil in jungen, wachsenden Geweben, zum Teil aber auch in der Wurzel statt.

Man unterscheidet folgende Gruppen der Pflanzenhormone:
Auxine: fördern das Streckungswachstums
Gibberelline: fördern Keimung, Wachstum und Blütenbildung
Cytokinine: regen die Teilung junger Zellen an, hemmen die Alterung
Dormine: wirken hemmend auf Stoffwechsel und Entwicklung
(Beispiele von Hemmstoffen: Abscisinsäure, Jasmonsäure)
Ethen (Ethylen): fördern Fruchtreifung, Gewebsalterung und Blattfall

Moleküle des Lebens

6.8 Vitamine

Als Vitamine werden alle Nährstoffe bezeichnet, die für eine normale Zellfunktion in kleinen Mengen nötig sind, dabei aber vom jeweiligen Organismus nicht oder in nicht ausreichender Menge selbst synthetisiert werden können. Vitamine werden von dem tierischen und menschlichen Organismus für die Synthese von Coenzymen benötigt oder sind direkt als solche für den geordneten Ablauf von Stoffwechselvorgängen unentbehrlich.

Einteilung: Bei den Vitaminen unterscheidet man im Allgemeinen die Gruppe der **fettlöslichen** und **wasserlöslichen** Vitamine.

Wasserlösliche Vitamine

Vitamin	Name	aktive Verbindungen	Funktion
B_1	Thiamin	→ Thiamindiphosphat	Coenzym bei Decarboxylierung
B_2	Riboflavin	→ Riboflavin-5'-phosphat (FMN) → Flavinadenindinucleotid (FAD)	Coenzyme bei Wasserstofftransfer
	Pantothensäure	→ Coenzym A	Transfer von Acyl-Gruppen
	Folsäure	→ Tetrahydrofolsäure	Transfer von Gruppen mit 1 C
	Niacin (Nicotinsäure)	→ Nicotinsäureamid → NAD, NADP	Coenzyme bei Wasserstofftransfer
B_6	Pyridoxin	→ Pyridoxal → Pyridoxal-5'-phosphat	Coenzym bei Transaminierung und Decarboxylierung von Aminosäuren
B_{12}	Cyanocobalamin	→ 5'-Desoxyadenosylcobalamin	Coenzym B_{12}: Wanderung von Methyl-Gruppen
	Biotin	→ N-Carboxybiotin	prosthetische Gruppe bei Carboxylierung
C	L-Ascorbinsäure		Hydroxylierung von Kollagen

Beispiel: Vitamin C (Ascorbinsäure)

Fettlösliche Vitamine

Vitamin	Name	Funktion
A	Retinol → Retinal	Sehvorgang; Erhaltung der Funktion epithelialer Gewebe
D_3	Cholecalciferol	Calcium- und Phosphatstoffwechsel
E	Tocopherole (z. B. α-Tocopherol)	Schutz biolog. Membranen vor Oxidation
K	Phyllochinon (K_1) Menachinone (K_2)	Blutgerinnungssystem

Beispiel: Vitamin A

6.9 Biologische Themenbezüge

Makromolekül:
Größenvergleich von biologischen Strukturen und Makromolekülen (Stärke, Cellulose, Proteine, Nukleinsäuren)

Fotosynthese:
Ablauf der Fotosynthese (lichtabhängige Reaktionen, lichtunabhängige Reaktionen); vertiefende Betrachtung der Lichtreaktionen (zyklische und nicht zyklische Phosphorylierung); Calvin-Benson-Zyklus; Fotosynthesespezialisten (C_4-Pflanzen, Sukkulenten)

Dissimilation:
Anaerober Abbau und aerober Abbau der Glucose; Reaktionsfolge der Glykolyse (Embden-Meyerhof-Abbau); Betrachtung des Citratzyklus (Tricarbonsäurezyklus, TCC) als Kreisprozess für C- und H-Transport und der Atmungskette als Tangentialprozess für H- bzw. Elektronentransport; Biochemie des Abbaus von Cellulose oder Eiweiß durch Reduzenten; Bakterienfotosynthese und Chemosynthese

Moleküle des Lebens

Cellulose:
Struktur der Zellwand

Lipide:
Aufbau der Biomembran; Fettabbau in der Zelle; Verseifung von Neutralfetten

Aminosäuren:
Abbau von Aminosäuren in der Zelle; Unterschiede der Aminosäuresequenzen des Cytochrom c; biologische Bedeutung der Restgruppen (z. B. Oberflächenstruktur der Enzyme); Bildung von eiweißähnlichen Stoffen („Proteinoide"; Experiment von S. W. FOX 1965)

Proteine:
Modell der Proteine als funktionsspezifisches Bauelement der Biomembran (Tunnelproteine, integrale Proteine, Carrier); Stofftransport durch Biomembranen (katalysierter oder passiver Transport, aktiver Transport); Ein-Gen-Ein-Polypeptid-Hypothese; Proteinbiosynthese; Proteine als Bestandteile des Immunsystems; Serumpräzipitintest; Biochemische Aspekte von Lernprozessen; Sichelzellhämoglobin; Selbstorganisation evolutionsfähiger Gebilde („Autokatalytischer Proteinsynthesezyklus"); Molekularbiologische Stammbäume (Evolution der Proteine, z. B. Cytochrom c)

Nukleinsäuren:
Experimente zum Nachweis der DNA als genetisches Material (GRIFFITH, AVERY, HERSHEY and CHASE, MESELSON und STAHL); genetischer Code; Proteinbiosynthese; Ein-Gen-Ein-Polypeptid-Hypothese; Regulation der Genaktivität bei Bakterien (Jacob-Monod-Modell); Gentechnologie; DNA-Hybridisierung zum Nachweis genetischer Verwandtschaft; Entstehung des Lebens auf der Erde; kombinierter Protein-Polynucleotid-Synthesezyklus (Hyperzyklus nach EIGEN)

Enzyme:
Steuerung der Enzymaktivität (Endprodukthemmung, kompetitive und allosterische Hemmung); Abhängigkeit der Enzymaktivität von pH-Wert, Temperatur, Schwermetallionen; Enzymdefekte unter den Aspekten der Molekular- und Rekombinationsgenetik

Hormone:
Hormonale Steuerung von Sexualität und Schwangerschaft; Blutzuckerregulation; Phänomen Stress; Hormonrezeptor am Beispiel des Adenylatcyclase-Systems; Aktivierung von Genen durch Steroidhormone

Vitamine:
Avitaminosen; Vitamine als Bausteine von Coenzymen

6.10 Kontrollfragen

80. Beschreiben Sie die chemische Zusammensetzung von fetten Ölen (flüssigen Fetten).
81. Welche Zwischenprodukte und welche Bausteine entstehen beim Abbau der Nahrungsfette?
82. Welche Enzyme katalysieren die Fettspaltung?
83. Auf welches Strukturmerkmal ist die optische Aktivität der proteinogenen Aminosäuren zurückzuführen?
84. Welches Strukturmerkmal eines Enzyms ist für dessen Substratspezifität maßgebend?
85. In welche Stoffklassen kann man die Kohlenstoffhydrate auf der Grundlage zunehmender molarer Masse einteilen?
86. Nennen Sie aus Glucosebausteinen aufgebaute Polysaccharide sowie das jeweilige Verknüpfungsprinzip.
87. Stellen Sie Strukturmerkmale und Eigenschaften zusammen, in denen natürlich vorkommende Glucose und Fructose übereinstimmen bzw. sich unterscheiden: (a) Konfiguration, (b) Drehrichtung, (c) Summenformel, (d) Aldose-Struktur, (e) Ketose-Struktur, (f) Anzahl der asymmetrischen C-Atome, (g) reduzierende Eigenschaften.
88. Was bedeuten die Begriffe Glykogenolyse und Glykolyse?
89. Geben Sie die Namen der Verbindungen an, die durch vollständigen Abbau (hydrolytische Spaltung) von DNA entstehen.
90. Was bedeuten die Abkürzungen AMP, ADP und ATP? Worin besteht der Konstitutionsunterschied?
91. Was bezeichnet man als Basenpaarung?
92. Welches sind die wichtigsten Verbindungsklassen der Biopolymere?
93. Zu welchem Reaktionstyp gehören die Fettspaltung, die Spaltung von Peptidbindungen und die Spaltung von Glycosidbindungen?
94. Zu welcher Verbindungsklasse gehören Glycerin und Cholesterin?
95. Nennen Sie zwei Beispiele für zweibindige Atomgruppen.

Moleküle des Lebens

96. Welche Reaktion katalysiert eine Aminopeptidase?
97. Wie werden Aminotransferasen noch bezeichnet?
98. Wie heißen die sechs Enzymklassen?
99. Die Enzyme zeigen neben der katalytischen Wirkung bei ihren Umsetzungsaktivitäten zwei wichtige Eigenschaften, die zu einem differenzierten Ablauf der Reaktionen beitragen. Wie nennt man diese Eigenschaften?
100. Nennen Sie drei Bautypen, nach denen Enzyme konstruiert sein könnten. An welcher Stelle der Enzyme lagert sich das Substrat an?
101. Welche vier Arten von Bindungen sind in Proteinen wirksam?
102. Was versteht man unter chemoautotrophen Lebewesen? Formulieren Sie Reaktionsgleichungen für verschiedene Beispiele von Energiegewinnung bei chemoautotrophen Lebewesen.
103. Stellen Sie einen Vergleich an zwischen der Peptidbildung und der Esterbildung.
104. Aus Glycerin lassen sich durch Oxidation drei verschiedene Zucker mit der Summenformel $C_3H_6O_3$ erhalten, von denen sich zwei nur im räumlichen Bau unterscheiden. Wie heißen die drei Zucker und wie kann man sie durch eine einfache physikalische Messmethode eindeutig voneinander unterscheiden? Begründen Sie.
105. Das Monosaccharid Glucose kann im Stoffwechsel zu Brenztraubensäure (Pyruvat) abgebaut werden. Nennen Sie drei der wichtigsten Reaktionsschritte. Erläutern Sie, worin die grundsätzliche Aufgabe des Citratzyklus im Stoffwechsel der Glucose besteht.
Der Citratzyklus kann nur in Verbindung mit der sich anschließenden Atmungskette ablaufen. Wie lässt sich das begründen?
106. Begründen Sie, warum im Citratzyklus Wasser aufgenommen werden muss.
107. Auf welche Weise wird die Aminosäure Alanin im Organismus bis zu den entsprechenden Ausscheidungsprodukten abgebaut?
108. An welchen Stellen können die Fettbestandteile in die Glucoseoxidation einfließen?

109. a) Aminocarbonsäuren sind im Gegensatz zu den Monoaminen NH_2R und Monocarbonsäuren mit vergleichbarer niedriger Molekülmasse nicht flüchtige kristalline Stoffe mit relativ hohem Schmelzpunkt. Geben Sie dafür eine Erklärung.
b) Gibt man Säure bzw. Lauge zu einer Aminosäurelösung, so ändert sich deren pH-Wert nur geringfügig. Wie lässt sich dies erklären?

110. Welche methodischen Schritte sind erforderlich, um die in Eiweiß enthaltenen Aminosäuren trennen, isolieren und identifizieren zu können?

111. Veranschaulichen Sie die Sachverhalte, die sich bei Anwendung der Säure-Base-Theorie auf Aminosäuren ergeben würden.

112. Nach welchen Gesichtspunkten lassen sich Proteine einteilen?

113. Welchen Einfluss hat ein Katalysator auf eine umkehrbare Reaktion?

114. Begründen Sie, warum in Organismen eine Temperaturerhöhung zur Steigerung der Reaktionsgeschwindigkeit nur bedingt möglich ist.

115. In einer Harnstofflösung, die zunächst den elektrischen Strom nicht leitet, kann nach Zusatz eines bestimmten Enzyms (Urease) elektrische Leitfähigkeit beobachtet werden. Eine andere Probe der Harnstofflösung, der ein Indikator zugesetzt wurde, zeigt nach Zugabe desselben Enzyms einen Farbumschlag, der eine alkalische Lösung anzeigt. Deuten Sie diese Beobachtungen.

116. Nennen Sie Beispiele für akzessorische Blattfarbstoffe. Welche Bedeutung haben sie?

117. Welche Rolle spielen die Blattfarbstoffe bei der Fotosynthese?

118. Welche Bedeutung haben Simulationsexperimente für die Erforschung der chemischen Evolution?

7 Untersuchungsmethoden

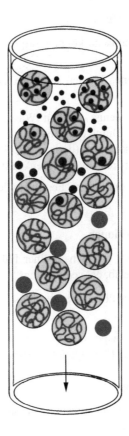

Bei der Gelfiltrationschromatographie werden Moleküle aufgrund ihrer unterschiedlichen Größe getrennt. Große Moleküle eluieren schneller, da sie beim Passieren der aus hochpolymeren porösen Kügelchen aufgebauten Säule im Gegensatz zu kleineren Molekülen nicht in die Kügelchen eindringen.

Die in der Biochemie angewandten Methoden entstammen überwiegend der Chemie und Physik.

7.1 Trennung von Gemengen

7.1.1 Trennung von Feststoffgemischen

Sieben: Lockere Feststoffgemische können aufgrund der Korngröße mit einem Sieb getrennt werden.

Sublimation: Durch Erwärmen können sublimierbare Stoffe von anderen Feststoffen abgetrennt werden.

Flotation: Feinkörniges Gemenge wird in Wasser mit Schaumbildnern vermischt und Luft eingeblasen. Durch die aufsteigenden Schaumblasen werden die schwer benetzbaren Feststoffteilchen (hydrophobe Teilchen) nach oben gerissen und so von den leicht benetzbaren (hydrophilen) Feststoffteilchen getrennt.

Schlämmen: Ein Wasserstrom trennt Feststoffteilchen aufgrund ihrer unterschiedlichen Dichte.

7.1.2 Trennung von Suspensionen

Sedimentation: Ein Feststoff, der sich in einer Flüssigkeit befindet, setzt sich aufgrund der größeren Dichte ab, er „sedimentiert".

Dekantieren: Abgießen einer überstehenden Flüssigkeit vom abgesetzten Stoff (Sediment).

Filtrieren: Trennung einer Suspension mit einem Filter. Im Filter bleibt der Rückstand, die durchgelaufene Flüssigkeit bezeichnet man als Filtrat.

7.1.3 Trennung von Lösungen

Abdampfen: Durch Erhitzen der Lösung verdampft das Lösungsmittel, der gelöste Feststoff kristallisiert aus.

Destillieren: Trennung von Flüssigkeitsgemischen mit unterschiedlicher Siedetemperatur. Trennung von Lösungen fester Stoffe.

Extrahieren: Durch Behandeln eines Gemenges mit einem Lösungsmittel werden die löslichen Bestandteile von den unlöslichen getrennt.

7.1.4 Abtrennung von Gasen und Dämpfen

Adsorption: Bindung von Gasen und Dämpfen an der Oberfläche von Feststoffen mit großer „innerer" Oberfläche.

7.2 Isolierung und Reinigung von Stoffen

7.2.1 Gewebe- und Zellaufschluss

Dazu wird die Gewebeprobe in einer Pufferlösung zerkleinert (homogenisiert). Dies erfolgt entweder mechanisch, durch Aufsprengen der Zellen beim wiederholten Einfrieren oder durch einen osmotischen Schock (Übertragung der Zellen in chemisch reines Wasser, die Zellmembranen werden aufgrund des osmotischen Drucks zerstört).

Zielsetzung: Zerstörung der Zellmembranen und Zellwände, Zellorganellen sollen unbeschädigt bleiben, um weiter untersucht werden zu können.

7.2.2 Zentrifugation

Bei diesem Verfahren wird die Trennung aufgrund der natürlichen Schwerkraft durch eine Trennung aufgrund einer künstlich erzeugten Fliehkraft ersetzt.

7.2.3 Dialyse

Hochmolekulare Stoffe können durch Dialyse von niedermolekularen Verunreinigungen befreit werden: Die niedermolekularen Stoffe passieren eine Membran bestimmter Porengröße (z. B. Cellophan), die für die hochmolekularen Stoffe undurchlässig ist.

7.2.4 Gelchromatografie (Gelfiltration)

Hierbei werden Stoffe unterschiedlicher molarer Masse durch Dextran-Gele (Dextran = verzweigtes Polysaccharid aus Glucose) aufgetrennt, in deren Hohlräume Stoffe bestimmter Molekülgröße hineinpassen, andere dagegen nicht. Diese werden sofort eluiert (*eluere*, lat.: auswaschen, entfernen).

7.2.5 Extraktion

Beim Extrahieren („Herauslösen") bestimmter Stoffe aus Stoffgemischen werden hydrophile (wasserlösliche) Inhaltsstoffe mit Wasser oder wasserähnlichen (hydrophiloiden) Lösungsmitteln, hydrophobe (wasserabweisende) Stoffe mit lipophilen (fettlösenden) Lösungsmitteln extrahiert.

Bei der Extraktion von Stoffen aus Lösungen kann ein Stoff in wässriger Lösung durch **Ausschütteln** mit einem geeigneten, nicht mit Wasser mischbaren Lösungsmittel in der organischen Phase angereichert werden. Als organisches Lösungsmittel würden sich beispielsweise Ether oder Chloroform eignen. Die organische Phase wird dann in einem Separator (z. B. Scheidetrichter) von der wässrigen Phase abgetrennt.

7.2.6 Chromatografische Verfahren

Bei diesen Untersuchungsmethoden werden Lösungen auf bestimmte Materialien (Silicagel, Aluminiumoxid, Cellulosepulver, Aktivkohle, Polyamidpulver) aufgetragen, die in Rohre gefüllt (Säulenchromatografie) oder auf Trägerschichten (Dünnschichtchromatografie) aufgebracht sein können.

Die zu untersuchenden Stoffe werden an das jeweilge Adsorptionsmittel, die sog. stationäre oder feste Phase (Materialien s. o.), verschieden stark gebunden, weniger fest gebundene Stoffe verlassen die Säule mit dem Lösungsmittel (die sog. mobile Phase) zuerst oder wandern beim Entwickeln der Dünnschichtchromatogramme voraus.

Ein Spezialverfahren der Chromatografie ist die Ionenaustauschchromatografie: Die Ionenverbindungen werden hierbei durch bestimmte Kunststoffe (Kat-ionen- bzw. Anionenaustauscher) getrennt.

Weitere Beispiele chromatografischer Verfahren:
- Papierchromatografie
- Gaschromatografie
- Hochleistungsflüssigkeitschromatografie
  (High Performance Liquid Chromatography, HPLC)

7.2.7 Elektrophorese

Aminosäuren oder Proteine können durch Polyacrylamidgel- oder Papierelektrophorese getrennt werden. Dazu bringt man die Substanzen in einer Pufferlösung auf das jeweilige Trägermaterial. Im elektrischen Feld trennen sich sodann die geladenen Verbindungen je nach Wanderungsrichtung (zur Kathode oder Anode) und Wanderungsgeschwindigkeit auf.

7.3 Methoden zum Stoffnachweis

7.3.1 Physikalische Methoden

Verfahren der Emissions- *(emittere*, lat.: aussenden) und Absorptions- *(absorbere*, lat.: aufsaugen) Spektroskopie

Farblose Verbindungen absorbieren nur im ultravioletten und infraroten Bereich des Spektrums. Die absorbierte Energie bewirkt dabei eine Anregung der Elektronen (ultraviolette und sichtbare Strahlung) oder die Auslösung von Atomschwingungen im Molekül (infrarote Strahlung).

Polarimetrie: Untersuchung der optischen Aktivität und damit der Konfiguration („Anordnung") eines Stoffes

Chromatografie: Nachweis eines bestimmten Stoffes aufgrund des bekannten R_f-Wertes (R_f = Retention factor bzw. Relate to front).

7.3.2 Chemische Methoden

Qualitative Nachweismethoden mit Hilfe von Indikatoren: Durch eine charakteristische Reaktion wird angezeigt, welcher Stoff vorhanden ist.

Quantitative Methoden
Bei der quantitativen Analyse wird bestimmt, in welcher Menge und Konzentration der jeweilige Stoff vorliegt.

Beispiele:
- **Gravimetrie:** Reaktionsprodukte sind schwer löslich und können daher leicht in ihrer Masse bestimmt werden.
- **Fotometrie:** Die Reaktionsprodukte können farbig sein und zudem löslich, wobei die Farbintensität eine Aussage über die Stoffkonzentration erlaubt. Bei der Fotometrie schickt man einen Lichtstrahl der Intensität I_0 durch eine farbige Lösung. Hinter der Probe misst man nur noch die Intensität I. Der Quotient I/I_0 ist die Transmission oder Durchlässigkeit. Die Transmission wird mit steigender Konzentration immer kleiner.
- **Maßanalytische Verfahren:** Säure-Base- bzw. Redoxtitration

7.3.3 Biologische Methoden

Viele Stoffe sind biologisch wirksam und üben beispielsweise auf Mikroorganismen leicht erkennbare und spezifische Wirkungen aus.

7.4 Ermittlung der Stoffstruktur

Infrarotspektroskopie (IR-Spektroskopie): Die zu untersuchende Stoffart wird mit Infrarot bestrahlt (elektromagnetische Strahlung). Trifft die Infrarotstrahlung auf die Moleküle des Stoffes auf, so werden die Atome in bestimmte Schwingungen versetzt. Die dazu erforderliche Anregungsenergie wird der Energie der elektromagnetischen Strahlung entnommen. In denjenigen Wellenbereichen, die dieser Anregungsenergie entsprechen, schwächt sich die Strahlung ab. Im Spektrum des Infrarots treten Absorptionsbereiche („Banden") auf. Jede dieser Absorptionsbanden entspricht einer Schwingung der Atome im Molekül.

Röntgenstrukturanalyse: Röntgenstrahlen werden an einem Kristall in charakteristischer Weise gestreut. Aus diesen Interferenzmustern (lat.: „Überlagerung") lassen sich Karten der Elektronendichte erstellen. Die Bereiche der größten Elektronendichte markieren die Lage der Atome.

7.5 Untersuchung von Reaktionsabläufen

Markierungsexperimente: Isotopenmarkierung oder Tracertechnik; (*trace*, engl.: nachspüren, verfolgen)

Massenspektroskopie: Bei dieser Methode wird die gasförmige Materialprobe durch Elektronenbeschuss ionisiert, in einem elektrischen Feld beschleunigt und in einem Magnetfeld entsprechend dem Masse/Ladungsverhältnis unterschiedlich stark abgelenkt und gegebenenfalls aufgetrennt.

Dichtegradientenzentrifugation: Das zu untersuchende Material wird in einer Lösung (bevorzugt von Cäsiumchlorid) zentrifugiert, deren Dichte nicht einheitlich ist, sondern nach unten zunimmt. Das Material sammelt sich während des Zentrifugierens je nach eigener Dichte und damit auch nach Molekülmasse in jener Lösungsschicht an, deren Dichte der eigenen Schwebedichte entspricht.

In-vivo-Methoden: Untersuchungen werden am ganzen Organismus, an isolierten Organen oder an lebenden Zellen durchgeführt.

In-vitro-Methoden *(vitrum,* lat.: Glas): Hierbei arbeitet man mit bestimmten Zellfraktionen (z. B. mit isolierten Chloroplasten oder Mitochondrien) oder mit isolierten und gereinigten Enzymen, um die Funktion der verschiedenen Zellbestandteile oder die Wirkungsweise der Enzyme zu ermitteln.

Untersuchung des Stoffabbaus

Annahme: Der Kohlenstoffhydratabbau in der Zelle läuft als eine Kette von aufeinanderfolgenden Reaktionen ab.
Jede dieser Reaktionen muss demzufolge von einem bestimmten Enzym katalysiert werden.

Schema der Reaktionsabfolge:

$$A \xrightarrow{\text{Enzym 1}} B \xrightarrow{\text{Enzym 2}} C \xrightarrow{\text{Enzym 3}} D \xrightarrow{\text{Enzym 4}} E$$

Problemstellung: Welche Stoffe entsprechen den Zwischenstufen B, C, D?
Methodische Vorgehensweisen zur Lösung des Problems:

1. Der Zelle wird radioaktiv markiertes A angeboten.
   Alle in der Zelle gefundenen radioaktiven Stoffe müssen dann aus A entstanden sein.

2. Durch Zusatz eines bestimmten Stoffes versucht man ein vermutetes Zwischenprodukt mit diesem Stoff reagieren zu lassen.
   Wenn sich eine neue Verbindung bildet, so häuft sie sich an. Das Zwischenprodukt lässt sich dann identifizieren.
   Kommt es nicht zur Bildung des Endprodukts (hier E), dann ist der gebundene Stoff tatsächlich ein Zwischenprodukt des untersuchten Stoffwechselweges.

3. Ein bestimmtes Enzym (z. B. Enzym 2) wird vergiftet und damit inaktiv. Dadurch häuft sich das Substrat dieses Enzyms (hier Zwischenprodukt B) an.

4. Man isoliert die einzelnen Enzyme oder Enzymkomplexe aus der Zelle, danach erfolgt eine gezielte Untersuchung im Hinblick auf deren Wirksamkeit.
   Im Rahmen von in-vitro-Experimenten lässt man nach Zusammenfügen der erforderlichen Enzyme ganze Reaktionsketten ablaufen.

7.6 Biologische Themenbezüge

Zentrifugation:
Dichtegradientenzentrtifugation (Ultrazentrifugation); Isolierung von Zellorganellen; Trennung von Makromolekülen

Chromatografische Methoden:
Chromatografie von Blattfarbstoffen; Elektrophorese von Serum; Qualitativer Nachweis von Inhaltsstoffen der Zelle

Isotopenmarkierung:
Nachweis der Fotosyntheseprodukte; Röntgenologische Untersuchungen zur Struktur der DNA

7.7 Kontrollfragen

119. Welche Trennverfahren lassen sich aufgrund unterschiedlicher Teilchengröße bzw. aufgrund unterschiedlicher Löslichkeit der Bestandteile von Stoffgemischen anwenden?

120. In einem Experiment wird Blutserum in einen Dialyseschlauch gefüllt und dieser in destilliertes Wasser gehängt. Nach einiger Zeit überprüft man die Außenlösung auf die Anwesenheit von Chloridionen bzw. von Eiweiß. Welche Befunde sind zu erwarten? Wie lässt sich dieses Versuchsergebnis erklären?

121. a) Auf welchen beiden Erscheinungen beruhen die chromatografischen Trennungen?
   b) Worin besteht der Vorteil der Dünnschichtchromatografie gegenüber der Papierchromatografie?
   c) Was versteht man unter dem R_f-Wert und welche Bedeutung hat er?

122. Begründen Sie, warum die Wanderung der Aminosäure Alanin in der Elektrophoresekammer unterschiedlich erfolgen kann.

Lösungen

					E						
E	N	T	H	A	L	P	I	E			
					Ö	L	E				
				I	S	O	T	O	P		
	R	E	D	U	K	T	I	O	N		
			I	O	N						
	E	X	E	R	G	O	N	I	S	C	H
	B	A	S	E							
				E	N	Z	Y	M	E		

169

Lösungen

1. Für die Zuordnung spricht, dass Wasserstoff bei chemischen Reaktionen genauso wie die Alkalimetalle einfach positiv geladene Ionen bildet.

2. Sie unterscheiden sich durch Masse und Ladung:

	Elektron	Proton	Neutron
Masse	1/1 840 u	ungefähr 1 u	ungefähr 1 u
Ladung	negativ	positiv	keine Ladung

   Protonen und Neutronen sind im Atomkern angeordnet, Elektronen in der Hülle.

3. Die Masse des Atoms beträgt 14 u. Es handelt sich um Kohlenstoff (^{14}C).

4. **Hypothese:** Eine in wesentlichen Teilen noch unbewiesene Annahme zur Erklärung experimenteller Befunde.
   Theorie: Eine gedankliche Konstruktion zur Deutung einer möglichst großen Zahl von Tatsachen.
   Modell: Darunter versteht man eine anschauliche theoretische Vorstellung zur Erklärung beobachtbarer Sachverhalte.

5. Die Zahl der Neutronen beträgt 8.

6.

Zahl der Elektronen	$_8$O	$_{14}$Si	$_{12}$Mg	$_{19}$K
1. Schale	2	2	2	2
2. Schale	6	8	8	8
3. Schale	0	4	2	8
4. Schale	0	0	0	1
Summe	8	14	12	19

7. Physikalische Vorgänge sind: Destillation, Sublimation, Filtration, Dialyse. Chemische Vorgänge sind: Oxidation, Neutralisation, Reduktion, Verbrennung, Verdauung.

8. Element: Magnesium (Mg). Verbindungen: Harnsäure, Harnstoff, Vitamin C. Stoffgemische: Messing, Olivenöl, physiologische Kochsalzlösung, Serumproteine.

9. Dies ist nicht der Fall. Wenn die Lösung an Natriumchlorid gesättigt ist, wird kein NaCl mehr gelöst (Ausbildung eines Bodenkörpers).

Lösungen

10. Sie bilden in beliebigen Anteilen homogene Systeme, da sie unbegrenzt ineinander löslich sind.

11. Eine Emulsion liegt dann vor, wenn eine Flüssigkeit in feinen Tropfen in einer anderen Flüssigkeit verteilt wird.
Eine Suspension stellt eine Aufschlämmung fester Stoffe in einer Flüssigkeit dar.

12. Durch die von einer bestimmten Elektronenschale maximal aufgenommene Elektronenzahl.

13. Darunter versteht man die besonders stabile Elektronenanordnung auf der äußeren Schale der Edelgasatome (volle Valenzschale mit acht Elektronen).

14. Atomradius, Ionisierungsenergie, Ionenradius, Elektronegativität

15. „Künstliche" Isotope werden hergestellt durch Beschuss von Atomkernen mit Neutronen oder α-Teilchen.

16. Eine kovalente Bindung ist dann polarisiert, wenn ein Atom die Bindungselektronen stärker zu sich heranzieht, d. h. wenn die an der Bindung beteiligten Atome unterschiedliche EN-Werte aufweisen und dadurch eine ungleiche Ladungsverteilung im Molekül entsteht.

17. EN-Werte drücken aus, in welchem Ausmaß die Atome eines Elements Bindungselektronen zu sich hinziehen.

18. Als zweiatomige Moleküle liegen vor: H_2, N_2, O_2, F_2, Cl_2

19. Der Unterschied ist in der Bindungsart begründet:
NaCl = heteropolar, HCl = homöopolar

20. (a) Na_2S: Na^+, S^{2-}; (b) NH_4Cl: NH_4^+, Cl^-; (c) K_2SO_4: K^+, SO_4^{2-}; (d) $KHSO_4$: K^+, HSO_4^-; (e) Na_2CO_3: Na^+, CO_3^{2-}; (f) $Mg(HCO_3)_2$: Mg^{2+}, HCO_3^-; (g) $CaHPO_4$: Ca^{2+}, HPO_4^{2-}

21. (a) Lithiumbromid, (b) Kaliumsulfat, (c) Quecksilbersulfid, (d) Kupfer(I)-oxid, (e) Kupfer(II)-oxid, (f) Schwefeldioxid, (g) Distickstofftrioxid, (h) Eisen(III)-oxid

22. Große E_A bedeutet große Temperaturabhängigkeit.

Lösungen

23. Als System bezeichnet man jede beliebig ausgewählte Funktionseinheit des Universums.

24. Energie ist die Fähigkeit eines Kraftträgers Arbeit zu verrichten.

25. Drei Grundformen der Energie: Elektrische Energie, Strahlungsenergie und Bewegungsenergie.

26. Die freie Energie eines Systems ist der Energieanteil, mit dem im System Arbeit verrichtet werden kann.

27. Folgende Aussagen charakterisieren die freie Energie näher:
(a) Freie Energie ist Teil der Gesamtenergie, mit dem Arbeit geleistet werden kann. (b) Eine exergonische Reaktion ist ein Zeichen für den Gehalt freier Energie in einem System. (c) Freie Energie und entwertete Energie ergeben zusammen die Gesamtenergie eines Systems. (d) Hohe Entropie ist mit niedrigem Gehalt an freier Energie korreliert.

28. **Summenformel:** Die elementare Zusammensetzung der Verbindung; prozentuale Anteile der Elemente; das Atomverhältnis; die Molekülmasse.
Verhältnisformel: Die elementare Zusammensetzung; die prozentualen Anteile der Elemente; das Atomverhältnis.
Strukturformel: Reaktionsfähige Stellen des Moleküls; die elementare Zusammensetzung; die prozentualen Anteile der Elemente; das Atomverhältnis; die Molekülmasse; die Verknüpfung der Atome und Atomgruppen; die funktionellen Gruppen; Ring- und Kettenbildungen im Molekül.

29. Viele exotherme Reaktionen laufen nicht freiwillig ab, da die Reaktionspartner zunächst durch Energiezufuhr (Aktivierungsenergie) aktiviert werden müssen.

30. Ein Katalysator bewirkt die Herabsetzung der Aktivierungsenergie und damit die beschleunigte Einstellung eines chemischen Gleichgewichtes.

31. Man spricht von einem dynamischen Gleichgewicht, weil auch im Gleichgewichtszustand eine Umsetzung der Reaktionsteilnehmer stattfindet (Hin- und Rückreaktion finden im gleichen Ausmaß statt, ein Netto-Umsatz ist nicht zu beobachten).

32. Es wird definiert als das Volumen, das ein Mol eines Gases im Normalzustand einnimmt.

33. Sie bestehen aus Ionen (primäre Elektrolyte) bzw. Molekülen (potenzielle Elektrolyte).

34. Elektrolyte unterteilt man in Salze, Säuren und Basen.

35. **Einprotonige Säuren:** Salzsäure, Salpetersäure, Perchlorsäure, Bromwasserstoffsäure
    Zweiprotonige Säuren: Schwefelsäure, schweflige Säure, Schwefelwasserstoffsäure, Kohlensäure
    Dreiprotonige Säuren: Phosphorsäure, phosphorige Säure, Borsäure, Citronensäure

36. Die Dissoziation erfolgt stufenweise in aufeinander folgenden Gleichgewichtsreaktionen: in jedem Reaktionsschritt wird ein Proton abgespalten.

37. Neutralisationsreaktion: $H_3O^+ + OH^- \rightleftharpoons 2\,H_2O$

38. Unter dem Äquivalenzpunkt versteht man den pH-Wert, der sich nach Titration einer bestimmten Säure-Menge mit der äquivalenten Menge Base (oder umgekehrt) einstellt.

39. Man verwendet Pufferlösungen zur Einstellung und Aufrechterhaltung enger pH-Bereiche.

40. Ein Puffersystem besteht meistens aus einer schwachen Säure und einem ihrer Salze mit einer starken Base.

41. Die Zwitterionen reagieren mit H^+ bzw. OH^-.

42. Es werden Elektronen übertragen.

43. $NaOH$, KOH, $Ca(OH)_2$, $Ba(OH)_2$

44. Die Säuren heißen: Kohlensäure, Salpetersäure, schweflige Säure.

45. Die Namen der Anionen lauten: Sulfid, Hydrogensulfid, Hydrogensulfit, Sulfit, Hydrogensulfat, Sulfat.

46. $2\,H_2 + O_2 \longrightarrow 2\,H_2O$

47. Durch Elektrolyse kann man den Zerfall von Wasser in die Elemente erzwingen.

Lösungen

48. Die daraus resultierende Eigenschaft der Wassermoleküle ist die Dipolorientierung.

49. Wasserstoffbrückenbindungen ergeben Molekülassoziate.

50. Wasser ist ein Beispiel für polare Lösungsmittel.

51. In der Regel sind in Wasser löslich: Salze, Dipole, potenzielle Elektrolyte (Säuren, Basen), allg. hydrophile Stoffe wie Alkohole und Zucker.

52. Unter Hydraten versteht man Verbindungen mit in stöchiometrischem Verhältnis gebundenem Wasser.

53. Hygroskopisch = wasseranziehend, hydrophil = wasser„freundlich", hydrophob = wasserabweisend

54. Autoprotolyse von Wasser: $H_2O + H_2O \rightleftharpoons H_3O^+ + OH^-$. Die dabei entstehenden Ionen heißen Oxonium- und Hydroxidionen.

55. Amphoter bedeutet: Saure und basische Eigenschaften aufweisend. Wasser gehört zu den Ampholyten, weil Wassermoleküle Säure- und Base-Eigenschaften haben, d. h. sowohl Protonen aufnehmen als auch abgeben können.

56. Es gilt folgende Aussage: Die Konzentration an Oxoniumionen ist gleich der Konzentration an Hydroxidionen: $c(H_3O^+) = c(OH^-)$.

57. Das Ionenprodukt wird mit steigender Temperatur größer.

58. pH-Definition: Der pH-Wert ist der negative dekadische Logarithmus der Wasserstoffionen- (Hydroniumionen-)Konzentration.
$pH = -\lg c(H^+)$ bzw. $pH = -\lg c(H_3O^+)$

59. Maßgebend ist die Größe der gelösten Teilchen (bei kolloidalen Dispersionen 10^{-5} bis 10^{-7} cm).

60. Die Löslichkeit ist darauf zurückzuführen, dass Ionen hydratisiert werden bzw. Protolysereaktionen stattfinden. Die hydrophilen Eigenschaften von Alkoholen und Zuckern sind auf die OH-Gruppen in ihren Molekülen zurückzuführen.

61. Man beobachtet das Auftreten eines NaCl-Niederschlags. Durch hinzukommende Cl^--Ionen wird die NaCl-Löslichkeit überschritten.

62. Die wichtigsten Angaben sind: Stoffmengenkonzentration, Massenkonzentration, Massenanteil.

63. Alle Konzentrationangaben sind auf ein bestimmtes Volumen bezogen. Die wichtigste Konzentrationsangabe ist die Stoffmengenkonzentration. Folgende Einheiten sind hierfür gebräuchlich: mol/l (mmol/l, µmol/l).

64. Dampfdruck, Siedetemperatur, Gefriertemperatur, osmotischer Druck.

65. Sie orientieren die Wasserdipole ihrer Umgebung so, dass Kationen den elektronegativen Pol (Bereich des O-Atoms), Anionen den elektropositiven Pol (Bereich der H-Atome) anziehen.

66. $C = 4$, $H = 1$, $N = 3$ oder 5, $O = 2$, $P = 5$, $S = 2$ oder 6

67. Alle Verbindungen mit derselben Summenformel sind zueinander isomer.

68. Es liegen folgende Verknüpfungen vor: kettenförmig, ringförmig; Einfach-, Doppel- oder Dreifachbindungen, aromatischer Bindungszustand

69. Die Konstitutionsformeln (Strukturformeln) geben die Verknüpfung der Atome in organischen Molekülen wieder.

70. Unter Konfiguration versteht man den räumlichen Aufbau der Moleküle.

71. Man bezeichnet es als asymmetrisches C-Atom.

72. Man nennt solche Verbindungen Enantiomere (optische Antipoden).

73. Optisch aktiv sind: Glycerinaldehyd, Alanin, Äpfelsäure und Glucose.

74. Die Trivialnamen lauten: Natriumlacetat; Ammoniumformiat

75. Phosphate: NaH_2PO_4, Na_2HPO_4, Na_3PO_4. Alkohole: Ethanol, Isopropanol, tertiäres Butanol; Amine: Mono-, Di- und Triethylamin.

76. Monoaminomonocarbonsäuren: Glycin, Alanin, Cystein, Methionin; saure Aminosäuren: Asparaginsäure, Glutaminsäure; basische Aminosäure: Lysin; schwefelhaltige Aminosäuren: Cystein, Methionin.

77. Bezeichnung der Anionen: Succinat, Fumarat, Malat, Oxalacetat, Aspartat.

78.
Essigsäure:	$H_3C-COOH$	Salze: Acetate
Palmitinsäure:	$H_3C-(CH_2)_{14}-COOH$	Salze: Palmitate
Milchsäure:	$H_3C-CH(OH)-COOH$	Salze: Lactate
Äpfelsäure:	$HOOC-CH_2-CH(OH)-COOH$	Salze: Malate
Brenztraubensäure:	$H_3C-CO-COOH$	Salze: Pyruvate
Fumarsäure:	$HOOC-CH=CH-COOH$	Salze: Fumarate

79.

H_2 — Wasserstoff

H_2O — Wasser(-dampf)

CH_4 — Methan

NH_3 — Ammoniak

$H-C\equiv N$ — Cyanwasserstoff (Blausäure)

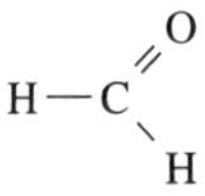

$H-CHO$ — Methanal (Formaldehyd)

CO — Kohlenstoffmonooxid

N_2 — Stickstoff

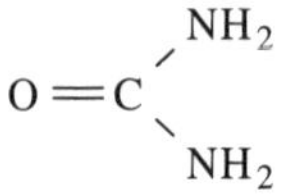

$O=C(NH_2)_2$ — Harnstoff

$H-COOH$ — Methansäure (Ameisensäure)

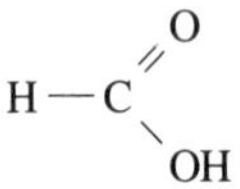

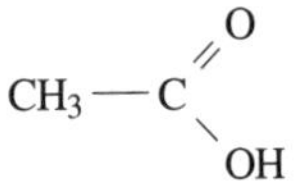

CH_3-COOH — Ethansäure (Essigsäure)

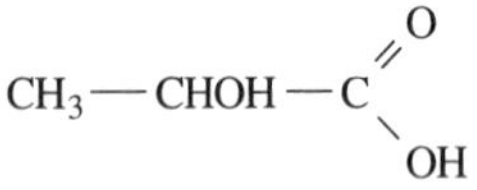

$CH_3-CHOH-COOH$ — α-Hydroxypropansäure (Milchsäure)

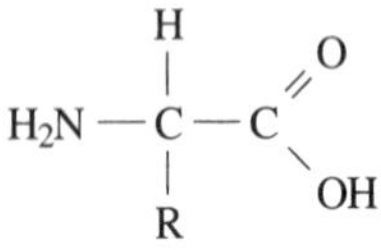

$H_2N-CHR-COOH$ — α-Aminosäuren

80. Fette Öle (flüssige Fette) stellen Gemische aus Triglyceriden dar, wobei ein hoher Anteil ungesättigter Fettsäuren festzustellen ist.

Lösungen

81. Beim Abbau der Nahrungsfette entstehen als Zwischenprodukte Diglyceride und Monoglyceride und als Bausteine fallen an: Glycerin (ein dreiwertiger Alkohol) und Fettsäuren.

82. Die Fettspaltung katalysieren Lipasen und Esterasen.

83. Die optische Aktivität der proteinogenen Aminosäuren ist auf das asymmetrische α-C-Atom zurückzuführen.

84. Maßgebend für die Substratspezifität eines Enzyms ist die Konformation seines aktiven Zentrums.

85. Mono-, Di-, Oligo-, Polysaccharide

86. Amylose: $\alpha(1 \to 4)$; Amylopektin: $\alpha(1 \to 4)$ und $\alpha(1 \to 6)$; Cellulose $\beta(1 \to 4)$.

87. Übereinstimmung im Hinblick auf die Merkmale a und c; Unterschied im Hinblick auf die Merkmale b, d, e, f und g.

88. Glykogenolyse: Abbau von Glykogen; Glykolyse: Abbau von Glucose.

89. Folgende Verbindungen fallen beim vollständigen Abbau von DNA an: 2-Desoxy-D-ribose; Adenin; Guanin; Cytosin, Thymin; Phosphorsäure.

90. AMP: Adenosinmonophosphat; ADP: Adenosindiphosphat; ATP: Adenosintriphosphat. Der Konstitutionsunterschied besteht in der Bindung der Phosphatreste.

91. Als Basenpaarung bezeichnet man die Ausbildung von Wasserstoffbrückenbindungen zwischen den organischen Basen Adenin und Thymin sowie Guanin und Cytosin unter Entstehung eines Doppelstranges.

92. Biopolymere: Proteine, Nucleinsäuren, Polysaccharide.

93. In allen drei Fällen sind es Hydrolysereaktionen.

94. Glycerin und Cholesterin gehören zu der Verbindungsklasse der Alkohole.

95. Beispiele für zweibindige Atomgruppen: $-CH_2-$ (Methylengruppe), $-CO-$ (Carbonylgruppe)

Lösungen

96. Die Aminopeptidase katalysiert die hydrolytische Spaltung an der N-terminalen Peptidbindung.

97. Man bezeichnet sie auch als Transaminasen.

98. Die sechs Enzymklassen sind: Oxidoreduktasen, Transferasen, Hydrolasen, Lyasen, Isomerasen, Ligasen.

99. Diese Eigenschaften nennt man Wirkungsspezifität und Substratspezifität.

100. Man unterscheidet: (a) Enzyme mit nicht reversibel abspaltbaren prosthetischen Gruppen. Anlagerung der Substrate an die prosthetischen Gruppen. (b) Enzyme mit reversibel abspaltbaren prosthetischen Gruppen (Coenzym). Anlagerung der Substrate an die Coenzyme. (c) Nur-Protein-Enzyme. Anlagerung der Substrate an Seitenketten der Aminosäuren.

101. In Proteinen sind folgende vier Bindungen wirksam: H-Brücken, S-S-Brücken, Ionenbindungen, hydrophobe Wechselwirkungen.

102. Es sind farblose Bakterien, die energiereiche organische Substanzen (z. B. Schwefel- und Stickstoffverbindungen) als Energiequelle für die Glucosesynthese nutzen. Die aus der Umgebung in die Zelle aufgenommenen Substanzen werden oxidiert und die dabei frei werdende Energie in Form von ATP und NADH + H$^+$ gespeichert. Die weiteren Prozesse der Glucosesynthese laufen wie bei grünen Pflanzen im Calvinzyklus ab.
Beispiele verschiedener Energiegewinnungen:

Nitritbakterien: $2\,NH_4^+ + 3\,O_2 \longrightarrow 2\,NO_2^- + 2\,H_2O + 4\,H^+$
freigesetzte Energie: 544 kJ

Nitratbakterien: $2\,NO_2^- + O_2 \longrightarrow 2\,NO_3^-$
freigesetzte Energie: 151 kJ

Schwefelbakterien: $2\,H_2S + O_2 \longrightarrow 2\,H_2O + 2\,S$
freigesetzte Energie: 420 kJ

$2\,S + 3\,O_2 + 2\,H_2O \longrightarrow 2\,SO_4^{2-} + 4\,H^+$
freigesetzte Energie: 988 kJ

Eisenbakterien: $4\,Fe^{2+} + O_2 + 6\,H_2O \longrightarrow 4\,FeO(OH) + 8\,H^+$
freigesetzte Energie: 268 kJ

103. Peptidbildung

$$\underset{R}{\overset{H}{\underset{|}{H-N-C-C}}}\boxed{OH} + \boxed{H}\underset{H}{\overset{R}{\underset{|}{N-C-C}}}-OH \;\xrightleftharpoons{[H_3O^+]}\; \underset{R}{\overset{H}{\underset{|}{H-N-C-C}}}\underset{H}{\overset{}{\underset{|}{N-C}}}\underset{O}{\overset{R}{\underset{||}{-C}}}-OH + \boxed{H_2O}$$

Esterbildung

$$R^1-C\overset{O}{\underset{\boxed{O-H + H}-O-R^2}{\diagdown}} \;\xrightleftharpoons{[H_3O^+]}\; R-C\overset{O}{\underset{O-R^2}{\diagdown}} + H_2O$$

Bei beiden Reaktionen handelt es sich um Gleichgewichtsreaktionen. Bei der Peptidbildung ist das Gleichgewicht wesentlich stärker nach der linken Seite verschoben als bei der Veresterung.
Die Carboxylgruppe ist bei beiden Reaktionen Bestandteil des einen Reaktionspartners, der zweite Reaktionspartner kann völlig verschieden sein. Bei beiden Reaktionen wird Wasser gebildet und in beiden Fällen wirken H_3O^+-Ionen katalytisch. Dies spielt für die Peptidbildung jedoch keine Rolle, da das Gleichgewicht zu weit links liegt.

104. Die Namen der drei Zucker lauten: D-Glycerinaldehyd, L-Glycerinaldehyd und Dihydroxyaceton (1,3-Dihydroxypropanon). Unterscheiden lassen sich die drei Moleküle mithilfe einer Untersuchung im Polarimeter. Die beiden Glycerinaldehyde besitzen ein Chiralitätszentrum, drehen also die Schwingungsebene linear polarisierten Lichtes bei gleichen Konzentrationen um den gleichen Betrag, jedoch im entgegengesetzten Drehsinn. Dihydroxyaceton hingegen ist achiral und optisch inaktiv.

105. Die wichtigsten Reaktionsschritte sind:
Glucose → Glycerinaldehyd → Glycerinsäure → Brenztraubensäure.
Die grundsätzliche Aufgabe der Citratzyklus besteht in der Abspaltung des Wasserstoffs (Dehydrierung; Bildung von wasserstoffhaltigen Reduktionsmitteln wie NADH + H^+) und der Abspaltung von CO_2 (Decarboxylierung). Eine Kopplung des Citratzyklus mit der Atmungskette ist erforderlich, da nur so eine Oxidation der Reduktionsmittel (zu H_2O und NAD^+) gewährleistet ist, so dass sie wieder für den Citratzyklus zur Verfügung stehen.

Lösungen

106. Pro Molekül Essigsäure ($C_2O_2H_4$), das in Form von aktivierter Essigsäure in den Citratzyklus eingeschleust wird, werden zwei Moleküle CO_2 und acht an Coenzyme gebundene Wasserstoffatome (8 H) frei. Dadurch fehlen in der atomaren Bilanz vier Wasserstoffatome und zwei Sauerstoffatome. Durch die Aufnahme von zwei Wassermolekülen wird dies ausgeglichen.

107. Es finden folgende Stoffwechselschritte statt: Oxidative Desaminierung von Alanin zu Brenztraubensäure und Ammoniak. Umwandlung der Brenztraubensäure durch oxidative Decarboxylierung und Veresterung mit Coenzym A zu aktivierter Essigsäure und CO_2. Einschleusen der aktivierten Essigsäure in den Citratzyklus und Zerlegung in CO_2 und Wasserstoff, der in der Atmungskette zu Wasser oxidiert wird. Umsetzung von Ammoniak und Kohlenstoffdioxid im Harnstoffzyklus zu Harnstoff. Die Ausscheidungsprodukte des Organismus sind somit Kohlenstoffdioxid, Wasser und Harnstoff.

108. Der dreiwertige Alkohol Glycerin wird unter ATP- und NAD^+-Verbrauch in Glycerinaldehyd-3-phosphat überführt:

$$\text{Glycerin} \qquad\qquad \text{Glycerin-3-phosphat}$$

$$\begin{array}{c} H_2C-OH \\ | \\ H-C-OH \\ | \\ H_2C-OH \end{array} \xrightarrow{ATP \quad ADP} \begin{array}{c} H_2C-OH \\ | \\ H-C-OH \\ | \\ H_2C-O-\text{\textcircled{P}} \end{array} + NAD^+ \longrightarrow$$

$$\begin{array}{c} H\diagdown \quad \diagup O \\ C \\ | \\ H-C-OH \\ | \\ H_2C-O-\text{\textcircled{P}} \end{array} + NADH + H^+ \qquad \text{Glycerinaldehyd-3-phosphat}$$

Diese Verbindung ist ein Zwischenprodukt der Glykolyse. Dies ist die einzige Stelle, an der Fettbestandteile in die Glucoseoxidation einfließen können.

Die Fettsäuren werden unter Verbrauch von jeweils einem ATP und unter Bildung von reduzierten Coenzymen ($NADH + H^+$, $FADH_2$) zu aktivierter Essigsäure abgebaut. Aktivierte Essigsäure ist das Substrat des Krebs-Zyklus. Fettsäuren und Essigsäure können daher nicht in die Glucoseoxidation einfließen.

Lösungen

109. a) Es herrschen starke zwischenmolekulare Kräfte zwischen den Aminosäuremolekülen, die als Zwitterionen vorliegen. Dies erklärt den salzartigen Charakter. Zum Aufschmelzen des Kristallgitters muss viel Energie aufgewendet werden. Bei den Anionen und bei den Carbonsäuren hingegen liegen schwächere zwischenmolekulare Kräfte (Wasserstoffbrücken) vor.
b) Ursache für dieses Phänomen ist die Pufferwirkung der Aminosäurelösung (Protonenaufnahme bzw. -abgabe durch das Zwitterion).

110. Hydrolysieren des Eiweißes mit Säure. Isolierung der Aminosäuren durch Chromatografie oder Elektrophorese, wobei eine Identifizierung der Aminosäuren z. B. durch ihre R_f-Werte in Übereinstimmung mit einem Vergleichschromatogramm mit bekannten Aminosäuren erfolgen kann.

111. Nach BRÖNSTED sind Säuren Protonendonatoren und Basen Protonenakzeptoren.
Fall 1: Aminosäure als Brönsted-Base

$$R-\underset{COO^-}{\overset{NH_3^+}{\underset{|}{C}}}-H + H_3O^+ + Cl^- \longrightarrow R-\underset{COOH}{\overset{NH_3^+}{\underset{|}{C}}}-H + H_2O + Cl^-$$

Fall 2: Aminosäure als Brönsted-Säure

$$R-\underset{COO^-}{\overset{NH_3^+}{\underset{|}{C}}}-H + Na^+ + OH^- \longrightarrow R-\underset{COO^-}{\overset{NH_2}{\underset{|}{C}}}-H + Na^+ + H_2O$$

112. Einteilung der Proteine nach dem Vorkommen (tierisches und pflanzliches Protein); nach der biologischen Funktion (Enzymprotein, Strukturprotein, Antikörper, Hormonprotein, Transportprotein); nach Molekülgestalt und Löslichkeit (globuläre Proteine und Faser- oder Skleroproteine)

113. Bei einer umkehrbaren Reaktion findet eine Gleichgewichtseinstellung statt. Mit Katalysator stellt sich das Gleichgewicht schneller ein. Durch den Katalysator werden beide Reaktionen (Hin- und Rückreaktion) beschleunigt. Auf die Lage des Gleichgewichts hat der Katalysator jedoch keinen Einfluss.

Lösungen

114. In den Organismen sind die Mehrzahl der chemischen Reaktionen enzymkatalysierte Reaktionen. Bei den meisten chemischen Reaktionen nimmt mit steigender Temperatur die Reaktionsgeschwindigkeit zu (RGT-Regel). Da die Enzyme aber Proteine sind und somit ihre Funktion von einer bestimmten Konformation abhängt, kann durch Wärmezufuhr ihre Raumstruktur verändert werden (thermische Denaturierung). Dadurch wird das Protein inaktiv.

115. Eine Harnstofflösung enthält nur Moleküle (Harnstoff und Wasser). Daher ist sie elektrisch nicht leitend. Nach Zusatz von Urease müssen Ionen aufgetreten sein, was einerseits die elektrische Leitfähigkeit erklärt. Zum anderen müssen die Ionen für die alkalische Reaktion verantwortlich sein. Da als Reaktionspartner nur Wasser zur Verfügung steht, muss es sich um eine Hydrolyse handeln. Aus Harnstoff entstehen CO_2 und NH_3, die zu Ammoniumcarbonat reagieren. Dieses Salz zerfällt in wässrigem Medium in die Ionen NH_4^+ und CO_3^{2-}

$$(NH_4)_2CO_{3(aq)} \longrightarrow 2\ NH_{4(aq)}^+ + CO_{3(aq)}^{2-}$$

116. Beispiele für akzessorische Blattfarbstoffe sind Carotine und Xanthophylle. Sie übertragen Lichtenergie aus Spektralbereichen, die von den grünen Blattfarbstoffen, den Chlorophyllen, nicht absorbiert werden können, auf das Chlorophyll.

117. Unter Mitwirkung der akzessorischen Blattfarbstoffe erfolgt Energieabsorption durch die Chlorophylle. Dadurch wird die Fotolyse von Wasser (Bildung von Wasserstoff und Sauerstoff) und der Aufbau von ATP und NADPH + H^+ für die Dunkelreaktionen (Calvinzyklus) ermöglicht.

118. Sie ermöglichen den Nachweis, dass einfache und auch kompliziertere organische Verbindungen unter den Bedingungen der Uratmosphäre hätten entstehen können.

119. Im Hinblick auf die Teilchengröße lassen sich neben der normalen Filtration die Dialyse und die Gelfiltration (Gelchromatografie) einsetzen.
Im Hinblick auf die Löslichkeit lassen sich Extraktion, Ausschütteln (Scheidetrichter) und die Mehrzahl der chromatografischen Verfahren anwenden.

120. Es lassen sich lediglich Chloridionen in der Außenlösung nachweisen. Das Blutserum enthält neben gelöstem Eiweiß u. a. auch Natriumchlorid (NaCl). Dessen Ionen (Na^+ und Cl^-) diffundieren durch den für sie permeablen Dialyseschlauch. Dieser ist jedoch für makromolekulare Proteine undurchlässig (impermeabel).

121. a) Chromatografische Trennungen ergeben sich aufgrund unterschiedlicher Verteilung der Komponenten des Stoffgemisches zwischen mobiler **und** stationärer Phase (Löslichkeitsunterschiede) und aufgrund unterschiedlicher Adsorption der Komponenten auf einem Träger oder Trägergemisch.

    b) Bei der Dünnschichtchromatografie können unterschiedliche Trägermaterialien eingesetzt und somit optimal auf die aufzutrennenden Substanzen abgestimmt werden, bei der Papierchromatografie nur Cellulose.

    c) Der R_f-Wert gibt das Verhältnis zwischen Steighöhe einer Komponente des aufzutrennenden Gemisches und der Steighöhe des Fließmittels wieder. Unter ansonsten identischen Bedingungen ist dieser Quotient für einen bestimmten Stoff spezifisch.

122. Je nach pH-Wert ist die chemische Konstitution der Aminosäure Alanin unterschiedlich, was sich auf das Wanderungsverhalten im elektrischen Feld auswirkt. Am isoelektrischen Punkt (IEP) findet keine Wanderung statt. In einem stärker sauren Milieu wandert die Aminosäure Alanin als Kation zur Kathode, in stärker alkalischem Milieu als Anion zur Anode.

Anhang

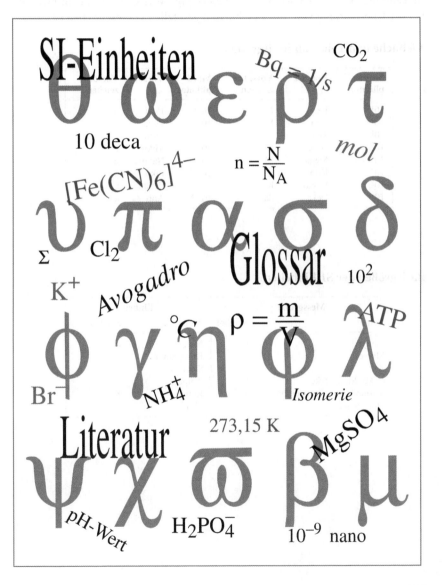

SI-Einheiten

Das internationale System der Maßeinheiten (Système International d'Unités, **SI-Einheiten**) benutzt voneinander unabhängige **Basisgrößen**, deren Gebrauch bei der Übermittlung von Messergebnissen gesetzlich vorgeschrieben ist.

Vielfache und Teile von Basisgrößen

Multi-plikator	Vorsatz	Vorsatz-zeichen	Multi-plikator	Vorsatz	Vorsatz-zeichen
10^{18}	Exa	E	10^{-1}	Dezi	d
10^{15}	Peta	P	10^{-2}	Zenti	c
10^{12}	Tera	T	10^{-3}	Milli	m
10^{9}	Giga	G	10^{-6}	Mikro	µ
10^{6}	Mega	M	10^{-9}	Nano	n
10^{3}	Kilo	k	10^{-12}	Piko	p
10^{2}	Hekto	h	10^{-15}	Femto	f
10^{1}	Deka	da	10^{-18}	Atto	a

Basisgrößen der SI-Einheiten

Messgröße		Einheit	
Name	Symbol	Name	Symbol
Länge	l	Meter	m
Masse	m	Kilogramm	kg
Zeit	t	Sekunde	s
elektr. Stomstärke	I	Ampere	A
thermodynam. Temperatur	T	Kelvin	K
Stoffmenge	n	Mol	mol

SI-Einheiten

Von den Basisgrößen der SI-Einheiten abgeleitete Einheiten

Messgröße		Einheit	
Name	Symbol	Name	Symbol
Volumen	V	Kubikmeter	m^3
		Liter	ℓ
Konzentrationen			
Stoffmengenkonzentration	c	Mol/Liter	mol/ℓ
Massenkonzentration	ρ	Kilogramm/Liter	kg/ℓ
Anzahlkonzentration	C	Reziprokes Liter	$1/\ell$
Kraft	F	Newton	$N = m \cdot kg/s^2$
Druck	p	Pascal	$Pa = N/m^2$
Energie	E	Joule	$J = N \cdot m$
Leistung	P	Watt	$W = J/s$
Radioaktivität	A	Bequerel	$Bq = 1/s$

Im Zusammenhang mit den SI-Einheiten dürfen folgende Einheiten benutzt werden: Minute (min), Stunde (h), Tag (d), Liter (l), Grad Celsius (°C)

Definitionen

Mol Stoffmenge, die aus ebensovielen Elementarteilchen (Atomen, Molekülen, Ionen, Radikalen, Elektronen) besteht wie Atome in 12 g des Nuklids ^{12}C enthalten sind: (1 Mol = $6,022 \cdot 10^{23}$ Elementarteilchen). Die SI-Einheit mol gilt auch für die alten Einheiten **Val** (Stoffmenge, die $6,022 \cdot 10^{23}$ gelöste Äquivalente enthält) und **Osmol** (Stoffmenge, die $6,022 \cdot 10^{23}$ gelöste osmotisch wirksame Teilchen enthält).

mg/100 g mg des gelösten Stoffes in 100 g Gesamtlösung. Bei Angabe für Organe oder Gewebe wird das Frischgewicht oder Trockengewicht des Organs mit dem Gewicht der Gesamtlösung gleichgesetzt.

g/ℓ g des gelösten Stoffes in einem Liter Gesamtlösung (z. B. Blut, Plasma, Serum, Harn). Als SI-Einheit zu verwenden, wenn das Mol-Gewicht des gelösten Stoffes nicht bekannt ist.

Energie Alte Einheit der Energie: 1 cal ist die Energiemenge, die zur Erwärmung von 1 g Wasser um 1 °C erforderlich ist. Nach SI ist die Einheit der Energie ein **Joule**. 1 cal = 4,1868 Joule.

SI-Einheiten

Umrechnungsfaktoren für physikalische Messgrößen

Physikalische Messgröße	Umrechnung
Länge	1 cm = 10^{-2} m = 10 mm = 10^4 µm = 10^7 nm
Masse	1 g = 10^{-3} kg = 10^3 mg = 10^6 µg
Volumen	1 cm^3 = 10^{-6} m^3 = 10^3 mm^3
	1 mℓ = 1 cm^3 = 10^{-3} ℓ = 10^3 µℓ
Temperatur	k = °C + 273,15
Kraft	1 kp = 9,807 N
Druck	1 N/m^2 = 1 Pa
	1 Torr = 133,3 Pa = 1,316 · 10^{-3} atm
	1 Torr = 1 mm Hg (0 °C)
	1 kp/cm^2 = 98,07 · 10^3 Pa
	1 bar = 10^3 mbar = 10^5 Pa
Energie	1 Nm = 1 J = 0,2388 cal
	1 cal = 4,187 J
	1 mkp = 9,807 J
	1 kWh = 3,6 · 10^6 J
	1 MeV = 10^6 eV – 1,60 · 10^{-13} J
Leistung	1 PS = 735,5 W

Abkürzungen:
cal = Kalorie; eV = Elektronvolt; J = Joule; K = Grad Kelvin; N = Newton; p = Pond; Pa = Pascal; V = Volt; W = Watt

SI-Einheiten

Größen und Einheiten

Größe				Einheit(en)	
Name	**Zeichen**	**Beziehung**	**Erläuterungen**	**Name**	**Zeichen**
Masse	m			Gramm Kilogramm	g kg
Volumen	V		Produkt aus drei Längen	Kubik-(zenti)meter Liter Milliliter	$(c)m^3$ $1\,\ell = 1\,dm^3$ $1\,m\ell = 1\,cm^3$
Anzahl	N			Eins	1
Stoffmenge	n	$n = \dfrac{N}{N_A}$	$N_A = 6{,}022 \cdot 10^{23}$/mol (AVOGADRO-Konstante)	Mol	mol
Dichte	ρ	$\rho = \dfrac{m}{V}$	m: Masse der Stoffportion V: Volumen der Stoffportion		g/cm^3 $1\,g/\ell = 0{,}001\,g/cm^3$
molare Masse	M	$M = \dfrac{m}{n}$	m: Masse der Reinstoffportion n: Stoffmenge der Reinstoffportion		g/mol
molares Volumen	V_m	$V_m = \dfrac{V}{n}$	V: Volumen der Reinstoffportion n: Stoffmenge der Reinstoffportion		ℓ/mol
Stoffmengenkonzentration	c	$c = \dfrac{n}{V}$	n: Stoffmenge einer Teilchenart V: Volumen der Mischung		mol/ℓ
Massenanteil	w	$w_1 = \dfrac{m_1}{m_s}$	m_1: Masse des Bestandteils 1 m_s: Summe aller Massen	Prozent	1 $1\% = \dfrac{1}{100}$
Volumenanteil	φ	$\varphi_1 = \dfrac{V_1}{V_s}$	V_1: Volumen des Bestandteils 1 V_s: Summe aller Volumina vor dem Mischen	Prozent	1 $1\% = \dfrac{1}{100}$
Kraft	F	$F = m \cdot a$	a: Beschleunigung	Newton	$1N = 1\dfrac{kg \cdot m}{s^2}$

SI-Einheiten

Größe				Einheit(en)	
Name	Zeichen	Beziehung	Erläuterungen	Name	Zeichen
Druck	p	$p = \dfrac{F}{A}$	A: Flächeninhalt	Pascal	$1\,P = 1\,\dfrac{N}{m^2}$
				Bar Millibar	$1\,bar = 10^5\,Pa$ mbar
Energie	E	$W = F \cdot s$	Energie ist Fähigkeit zur Arbeit W s: Weglänge	Joule Kilojoule	$1\,J = 1\,N \cdot m$ kJ
Celsius-temperatur	t, δ			Grad Celsius	°C
thermodynamische Temperatur	T	$T = t + 273{,}15\,K$		Kelvin	K
elektrische Ladung	Q	$1\,C = 1\,A \cdot s$	A: Ampere	Coulomb	C
elektrische Stromstärke	I	$I = \dfrac{Q}{t}$	Q: Ladung t: Zeit	Ampere	$1\,A = 1\,\dfrac{C}{s}$

Griechische Zahlwörter (nach chemischer Nomenklatur)	
½ hemi	10 deca
1 mono	11 undeca
2 di	12 dodeca
3 tri	13 trideca
4 tetra	14 tetradeca
5 penta	15 pentadeca
6 hexa	16 hexadeca
7 hepta	17 heptadeca
8 octa	18 octadeca
9 nona	19 enneadeca
10 deca	20 eicosa

Griechisches Alphabet			
A α	Alpha	N ν	Ny
B β	Beta	Ξ ξ	Xi
Γ γ	Gamma	O o	Omikron
Δ δ	Delta	Π π	Pi
E ε	Epsilon	P ρ	Rho
Z ζ	Zeta	Σ σ (ς)	Sigma
H η	Eta	T τ	Tau
Θ ϑ (θ)	Theta	Υ υ	Ypsilon
I ι	Jota	Φ φ	Phi
K κ	Kappa	X χ	Chi
Λ λ	Lambda	Ψ ψ	Psi
M μ	My	Ω ω	Omega

Glossar

α-Strahlung: $^{4}_{2}He$ -Kerne, die beim Zerfall der Atomkerne instabiler schwerer Nuclide abgestrahlt werden

Acylierung: Einführung eines Acylrestes in eine Verbindung

Acylreste: Atomgruppen der allgemeinen Formel R—CO—, die sich aus Carbonsäuren R—COOH durch Abspaltung der OH-Gruppe bilden

Additionsreaktionen: Übergang von Doppelbindungen in Einfachbindungen durch Anlagerung von z. B. H_2, Wasser, Kalogenen oder Halogenwasserstoffen

Aggregatzustand: gibt an, ob ein Stoff fest, flüssig oder gasförmig vorliegt. Symbole: s (fest), l (flüssig), g (gasförmig)

Aktivierungsenergie: aufzuwendender Energiebetrag, um eine bestimmte chemische Reaktion in Gang zu setzen

Aldehyde (R—CHO): durch Dehydrierung primärer Alkohole erhältliche Verbindungen

aliphatische Verbindungen: gesättigte und ungesättigte kettenförmige Verbindungen, z. B. sind Fettsäuren aliphatische Carbonsäuren

Alkalimetalle: Elemente der ersten Hauptgruppe des Periodensystems, z. B. Li, Na, K

Alkane (C_nH_{2n+2}): kettenförmige gesättigte Kohlenwasserstoffe (Paraffine)

Alkanole ($C_nH_{2n+1}OH$): kettenförmige gesättigte Alkohole

Alkene (C_nH_{2n}): ungesättigte kettenförmige Kohlenwasserstoffe

Alkylreste: Atomgruppen der allgemeinen Formel C_nH_{2n+1}, die sich von Alkanen ableiten

Amine: als Substitutionsprodukte von Ammoniak aufzufassende organische Basen

Aminogruppe (—NH_2): funktionelle Gruppe in primären Aminen und Aminocarbonsäuren

Ampholyte: amphotere Stoffe, z. B. Wasser und Monoaminomonocarbonsäuren, die als Säure und als Base reagieren können

Analyse: Zerlegung einer Verbindung in die Elemente

Anionen: negativ geladene Ionen

Anode: positive Elektrode, zu der Anionen nach Anlegen einer Gleichspannung hinwandern

Anomere: jeweils ein Paar bestimmter Mono- oder Disaccharide, die sich nur in der Konfiguration der glykosidischen OH-Gruppe unterscheiden

Anziehungskräfte: Kräfte, die zwischen entgegengesetzt elektrisch geladenen Teilchen (z. B. Protonen und Elektronen, Kationen und Anionen) wirksam sind

Äquivalentteilchen (eq): Teilchen, die bei Protolysen ein Proton abgeben oder aufnehmen oder die bei Redoxreaktionen ein Elektron abgeben oder aufnehmen

aromatischer Bindungszustand: liegt in sechsgliedrigen, ebenen Ringsystemen mit sechs delokalisierten Bindungselektronen vor

aromatische Verbindungen: alle organischen Verbindungen mit aromatischem Bindungszustand, z. B. Benzol und dessen Substitutionsprodukte

asymmetrische Kohlenstoffatome: C-Atome, die mit vier verschiedenen Atomen oder Atomgruppen verknüpft sind

Glossar

atomare Masseneinheit (u): 1 u ist der 12. Teil der Masse eines Atoms des Kohlenstoffisotops ^{12}C; es gilt: 1 u = $1{,}660 \cdot 10^{-24}$ g

Atome: kleinste Teilchen der chemischen Elemente, nach außen hin elektrisch neutral

Atomhülle: Bereich außerhalb des Atomkerns; Aufenthaltsbereich der Elektronen, die sich auf bestimmten Energieniveaus oder Schalen bewegen

Atomkern: Massezentrum des Atoms. besteht aus positiv geladenen Protonen und elektrisch neutralen Neutronen

Atommasse: Masse eines Atoms; sie wird in der atomaren Masseneinheit 1 u angegeben; die Masse von Molekülen erhält man durch Addition der jeweiligen Atommassen.

Atomradius: Angabe (in pm) zur Kennzeichnung der unterschiedlichen Größe von Atomen

ATP: Adenosintriphosphat, wichtigste energiereiche Verbindung des Zellstoffwechsels. Die in ATP gespeicherte Energie wird in der Zelle zur Aktivierung von Fettsäuren, Aminosäuren und anderen Substanzen sowie zur Übertragung der endständigen Phosphatgruppe auf verschiedene Substrate eingesetzt

Außenelektronen: Elektronen auf der äußersten Schale eines Atoms; sie bestimmen die chemischen Eigenschaften des jeweiligen Stoffes

Autoprotolyse: Protonenübertragung zwischen Molekülen desselben Stoffes, z. B. Wasser

AVOGADRO-Konstante (N_A): die in 1 mol eines Stoffes enthaltene Teilchenanzahl, $N_A = 6{,}022 \cdot 10^{23}$ Teilchen/mol

Avogadrosches Gesetz: Gleiche Gasvolumina enthalten bei gleichem Druck und gleicher Temperatur die gleiche Anzahl kleinster Teilchen

β-Strahlung: Bei der Umwandlung $n \longrightarrow p + e^-$ vom Atomkern ausgehende Elektronenstrahlung

Basen: Teilchen, die Protonen aufnehmen können (Protonenakzeptoren)

Bindungsenergie: die Energie, die man aufwenden muss, um eine Elektronenpaarbindung zu spalten

Biopolymere: z. B. Proteine, Nucleinsäuren, Polysaccharide

γ-Strahlung: energiereiche elektromagnetische Strahlung, der Röntgenstrahlung vergleichbar

carbocyclische Verbindungen: ringförmige Verbindungen, die ausschließlich C-Atome im Ring enthalten

Carbonsäuren (R—COOH): organische Säuren von meist geringer Säurestärke

Carboxygruppe (—COOH): funktionelle Gruppe in Carbonsäuren, auch in Verbindungen wie Hydroxy-, Keto- und Aminocarbonsäuren

Chelatkomplexe (Chelate): Komplexe mit ringförmiger Struktur, in denen das Zentralteilchen „krebsscherenartig" von Liganden umgeben ist, wie z. B. die Eisen(II)-Ionen im roten Blutfarbstoff

chemische Reaktion: eine Umwandlung von Stoffen, bei der aus den Ausgangsstoffen neue Stoffe gebildet werden; chemische Reaktionen sind stets auch von einer Energieumwandlung begleitet.

chemische Verbindungen: reine Stoffe, bestehend aus Molekülen oder Ionen

chemisches Gleichgewicht: der Zustand, der sich bei einer Reaktion eingestellt hat, wenn sich die Konzentrationen der Ausgangsstoffe und der Reaktionsprodukte nicht mehr ändern

Glossar

cis-trans-Isomerie: bei bestimmten Verbindungen mit C—C-Doppelbindung auftretende Stereoisomerie

Cyclisierung: unter Ringschluss verlaufende Reaktion

Cycloalkane: (C_nH_{2n}): ringförmige, gesättigte Kohlenwasserstoffe

Dampf: gasförmiger Zustand eines Stoffes, der bei Raumtemperatur flüssig ist

Decarboxylierung: Abspaltung von CO_2

Dehydratisierung: intramolekulare Abspaltung von Wasser

Dehydrierung: Abspaltung von Wasserstoff

Derivate: von einer bestimmten Verbindung (z. B. dem Grundkörper Benzol) abgeleitete Verbindungen

Desaminierung: Abspaltung von NH_2-Gruppen (in Form von Ammoniak)

Destillation: Trennverfahren für Flüssigkeitsgemische; die Trennung erfolgt auf Grund der unterschiedlichen Siedetemperaturen

Dialyse: Trennung niedermolekularer Stoffe von hochmolekularen Stoffen mit Hilfe einer für letztere undurchlässigen Membran (z. B. Cellophan)

Diastereomere: Stereoisomere, deren kleinste Teilchen zwei oder mehr asymmetrische C-Atome enthalten

Dipolmoleküle: Moleküle mit polarisierten Bindungen und gewinkelter Struktur, in denen negative und positive Teilladungen auftreten, deren Schwerpunkt nicht zusammenfällt, z. B. Wasser und Ammoniak

Disaccharide: aus zwei Monosaccharidbausteinen aufgebaute Kohlenhydrate, z. B. Saccharose, Lactose, Maltose

Dispersion: heterogenes System, bestehend aus Dispersionsmittel (Hauptbestandteil) und darin dispergierten (verteilten) Stoffen

Disulfidbindung (—S—S—) : wesentliches Merkmal der Tertiärstruktur von Proteinen, entsteht aus zwei Thiolgruppen durch Oxidation

DNA (DNS): Desoxyribonucleinsäure

Doppelbindung: zwei Elektronenpaare zwischen zwei Atomen, z. B. $H_2C=CH_2$

Dreifachbindung: drei Elektronenpaare zwischen zwei Atomen, z. B. $N\equiv N$, $H-C\equiv C-H$

Edelgase: die Elemente der 8. Hauptgruppe des Periodensystems, z. B. Ne, Ar, Kr

Edelgaskonfiguration: energetisch besonders stabile Elektronenverteilung: Die äußerste Schale ist wie bei den Edelgasen mit acht Elektronen besetzt (beim Helium zwei Elektronen)

Einfachbindung: ein Elektronenpaar zwischen zwei Atomen, z. B. Cl—Cl, H_3C-CH_3

elektrische Leitfähigkeit: Eigenschaft von Stoffen, elektrischen Strom zu leiten, (z. B. wässrige Ionen enthaltende Lösungen, Salzschmelzen, Metalle)

Elektrolyse: Zerlegung einer chemischen Verbindung mit Hilfe elektrischer Energie

Elektrolyte: Salze (primäre E.) sowie Säuren und Basen (potenzielle E.), die in wässriger Lösung in Ionen dissoziieren; im engeren Sinn Ionen im Mineralhaushalt des Organismus

elektrolytische Dissoziation: Zerfall unter Entstehung beweglicher Ionen, z. B. beim Auflösen von Salzen (Ionengittern) in Wasser oder bei der Protolyse von Säuren und Basen

Glossar

Elektronegativität: in Zahlenwerten ausgedrücktes Bestreben von Atomen der Elemente A und B, in einer Verbindung AB Bindungselektronen anzuziehen

Elektronen (e^-): negativ geladene Elementarteilchen mit äußerst geringer Masse (ca. $\frac{1}{1840}$ der Protonen- bzw. Neutronenmasse)

Elektronenabgabe: findet bei allen Oxidationsvorgängen statt, z. B. bei der Entstehung von Kationen aus Atomen

Elektronenakzeptor: Stoff, der bei einer chemischen Reaktion Elektronen aufnimmt und dabei reduziert wird

Elektronenaufnahme: findet bei allen Reduktionsvorgängen statt, z. B. der Entstehung von Anionen aus Atomen

Elektronendonor, Elektronendonator: Stoff, der bei einer chem. Reaktion Elektronen abgibt und dabei oxidiert wird

Elektronenhülle (Atomhülle): die Gesamtheit der um den Atomkern herum angeordneten Elektronen

Elektronenkonfiguration: Anordnung der Elektronen in der Atomhülle

Elektronenlücke: eine bei Atomen oder Ionen nicht vollständig mit Elektronen besetzte Schale

Elektronenoktett: die besonders stabile Konfiguration mit acht Elektronen auf der äußersten Schale

Elektronenpaarbindung (Atombindung): Art der chemischen Bindung; der Zusammenhalt wird durch gemeinsame Elektronenpaare bewirkt

Elektronenschalen: zur Beschreibung der Elektronenkonfiguration von Atomen dienende Unterscheidung von Hauptschalen (1. bis 7. Schale, auch als K- bis Q-Schale bezeichnet) und Unterschalen jeweils mit s, p, d oder f bezeichnet

Elektronenübertragungsreaktionen: stets miteinander gekoppelt ablaufende Vorgänge (Redoxreaktionen), bei denen das Reduktionsmittel Elektronen an das Oxidationsmittel abgibt; ferner Entstehung von Kationen und Anionen aus Atomen

Elektrophorese: Verfahren zur Trennung von elektrisch geladenen Teilchen (z. B. von Proteinen) an einem Trägermaterial (z. B. Polyacrylamidgel) nach dem Anlegen einer Gleichspannung

Element: chemischer Grundstoff, bestehend aus Atomen mit derselben Protonenzahl

Elementarladung: elektrische Ladung der Elementarteilchen Proton und Elektron

Elementarteilchen: kleinste Teilchen, aus denen Atome bestehen: Protonen, Neutronen und Elektronen

Elementgruppe (Elementfamilie): im Periodensystem senkrecht untereinander stehende Elemente mit übereinstimmender Elektronenkonfiguration auf der jeweils äußersten Schale

Emulsion: ein heterogenes Gemisch aus zwei nicht ineinander löslichen Flüssigkeiten

Enantiomere (optische Antipoden): Stereoisomere, deren kleinste Teilchen sich zueinander wie Bild und Spiegelbild verhalten (Spiegelbildisomere) und die die Ebene des polarisierten Lichtes unter gleichen Messbedingungen um denselben Winkelbetrag, jedoch in die entgegengesetzte Richtung drehen

endotherme Reaktionen: nur bei Zufuhr von Wärmeenergie verlaufende Reaktionen

Energieniveaus: Energiezustände der Elektronen in der Atomhülle, gekennzeichnet durch die Bezeichnung von Haupt- und Unterschalen

Glossar

Energieumsatz: chemische Reaktionen, bei denen Energie frei wird, bezeichnet man als **exotherm**; Reaktionen, die nur unter Energieaufwand ablaufen, heißen **endotherme** Reaktionen

Enthalpieänderung (ΔH): bei Reaktionen, die bei konstantem Druck verlaufen, die Differenz zwischen dem Wärmeinhalt (der Enthalpie) der Reaktionsprodukte und der Ausgangsstoffe

Enzym: biogener Katalysator, der neben Eiweiß meist Metallionen oder andere Bestandteile enthält, die für seine katalytische Aktivität notwendig sind. Die Substratbindungsstelle wird auch als *aktives Zentrum* bezeichnet, die katalytische Aktivität kann durch Bindung anderer Moleküle *(Effektoren)* an anderen Bindungsstellen *(regulatorisches Zentrum)* verändert werden

Epimere: solche Diastereomere, die sich in der Konfiguration an nur einem asymmetrischen C-Atom unterscheiden, z. B. D-Glucose und D-Galactose

Erdalkalimetalle: die Elemente der zweiten Hauptgruppe des Periodensystems, z. B. Mg, Ca, Ba

Ester: aus Säuren und Alkoholen unter Wasserabspaltung entstehende Verbindungen

Ether: aus Alkoholen unter Wasserabspaltung entstehende Verbindungen

exotherme Reaktionen: unter Abgabe von Wärmeenergie an die Umgebung verlaufende Reaktionen

Extrahieren: Trennverfahren. bei dem lösliche Stoffe aus einem Gemisch gelöst werden

Fette (Triglyceride): Triester aus Glycerin und Fettsäuren (Triacylglycerine)

Formeleinheit: die einfachste Formelschreibweise, durch die sich die Zusammensetzung von Ionenverbindungen wiedergeben lässt, z. B. NaCl

Formeln: Verhältnisformeln geben das Atomanzahlverhältnis einer Verbindung an; Molekülformeln (Summenformeln) geben die zahlenmäßige Zusammensetzung eines Moleküls an; Strukturformeln geben die Anordnung der Atome in einem Molekül an

freie Elektronenpaare: die Elektronenpaare an bestimmten Atomen (z. B. O, N, S) eines Moleküls, die nicht zu einer kovalenten Bindung gehören (im H_2O-Molekül hat O zwei freie Elektronenpaare)

funktionelle Derivate: solche Derivate, die durch Reaktionen an einer funktionellen Gruppe entstehen, z. B. Ester aus Carbonsäuren

funktionelle Gruppen: solche Atomgruppen in Molekülen, welche die chemischen Eigenschaften organischer Verbindungen bestimmen, z. B. —OH, —COOH, —NH$_2$

Gärung: Stoffwechselprozess, bei dem Kohlenhydrate zu kleineren Molekülen, etwa zu Alkohol oder Milchsäure, abgebaut werden

gasförmige Elemente: Edelgase, Wasserstoff, Stickstoff, Sauerstoff, Fluor, Chlor

Gefriertemperaturerniedrigung: In verdünnten Lösungen ist die (im Vergleich mit dem reinen Lösungsmittel) messbare Erniedrigung der Gefriertemperatur direkt proportional zur Gesamtzahl der gelösten Teilchen

Gehalt: Oberbegriff für Zusammensetzungsangaben, z. B. Anteil oder Konzentration

Gel: Dispersion eines flüssigen Stoffes in einem festen Stoff

Gerüstisomere: Verbindungen mit derselben Summenformel, aber unterschiedlich aufgebautem Kohlenstoffgerüst

Glucoside (Glucopyranoside): die speziell aus Glucose erhältlichen Glycoside

Glycoside: durch Reaktion der glycosidischen OH-Gruppe von Mono- und Disacchariden mit Alkoholen, Phenolen oder Stickstoffheterocyclen unter Wasserabspaltung entstehende Verbindungen

Gruppe des Periodensystems: siehe Elementgruppe

Halbwertszeit ($t_{1/2}$): die Zeit, nach der noch genau die Hälfte der ursprünglich (zur Zeit t_0) vorhandenen Teilchenanzahl, z. B. an radioaktiven Atomen, vorhanden ist

Halogene: die Elemente der 7. Hauptgruppe des Periodensystems F, Cl, Br und I

Hämoglobin: Blutfarbstoff; enthält Fe^{2+}-Ionen, die je eine freie Koordinationsstelle besitzen, an die Sauerstoff (O_2), aber auch andere Substanzen (z. B. CO, CN^-) binden können

Helix: schraubenförmig gewundene Raumstruktur bei Nucleinsäuren, Peptiden und Proteinen

heterocyclische Verbindungen (Heterocyclen): Ringsysteme, die außer C-Atomen mindestens ein Heteroatom, d. h. N-, O- oder S-Atom, enthalten

heterogene Stoffgemische: aus mehreren Phasen bestehende Systeme, z. B. Aerosol, Dispersion, Emulsion, Gel

heteropolare Bindung: Zusammenhalt von aus Atomen durch Elektronenübertragung hervorgehenden Ionen durch elektrostatische Anziehung (Ionenbindung)

Hexosen: Kohlenhydrate, die sechs C-Atome enthalten, z. B. D-Glucose, D-Galactose, D-Fructose

homogene Stoffgemische: aus nur einer Phase bestehende Mehrstoffsysteme, bei denen jeder Anteil (Bereich) gleiche Zusammensetzung und gleiche Eigenschaften aufweist

homologe Reihen: Verbindungsklassen, zu denen organische Verbindungen mit übereinstimmenden Strukturmerkmalen zusammengefasst werden, z. B. Alkane, Alkene und Alkanole. Unmittelbar aufeinanderfolgende Verbindungen in der jeweiligen homologen Reihe unterscheiden sich durch den Gehalt an einer —CH_2-Gruppe

homöopolare Bindung: siehe kovalente Bindung

Hydrate: Verbindungen mit als Liganden in Komplexionen gebundenen oder im Kristallgitter vorliegenden Wassermolekülen

Hydrathülle: entsteht durch das Herumgruppieren von Wassermolekülen um polare gelöste Stoffe (z. B. um Ionen oder polare Gruppen in Proteinen)

Hydratisieren: Bildung einer Hülle von Wassermolekülen (Hydrathülle) um ein Molekül oder Ion während des Lösungsvorgangs.

Hydrierung: Addition von Wasserstoff an C—C-, C—O-, und C—N-Mehrfachbindungen

Hydrolyse (hydrolytische Spaltung): Spaltung von C—O- und C—N-Bindungen durch Reaktion mit Wasser, z. B. bei dem durch Verdauungsenzyme (Hydrolasen, z. B. Lipase, Amylase und Proteinasen) katalysierten Abbau von Fetten, Stärke und Eiweißstoffen

Hydroniumionen: die über Wasserstoffbrückenbindungen an Wassermoleküle gebundenen Oxoniumionen (H_3O^+-Ionen), z. B $H_9O_4^+$

Glossar

hydrophiler Stoff: wasserlöslicher Stoff mit polarem Molekülbau

hydrophober Stoff: fettlöslicher Stoff (wasserabweisend) mit unpolarem Molekülbau

Hydroxidionen: OH^--Ionen

Hydroxygruppe (— OH): funktionelle Gruppe in Alkoholen, Phenolen, Hydroxycarbonsäuren, Kohlenhydraten

ideale Gase: genügen den Zustandsgleichungen (Druck, Temperatur), ihre kleinsten Teilchen üben keine Anziehungskräfte aufeinander aus

Indikatoren: farbige Verbindungen, deren Farbe vom pH-Wert wässriger Lösungen abhängt, so dass sie zur pH-Anzeige verwendet werden können

intermolekular: zwischen mehreren Molekülen

intramolekular: innerhalb eines Moleküls

Ionen: positiv (Kationen) oder negativ (Anionen) geladene kleinste Teilchen heteropolarer Verbindungen, z. B. von Salzen und Metalloxiden

Ionenbindung: elektrostatische Anziehung zwischen entgegengesetzt geladenen Ionen (heteropolare Bindung) in den Ionengittern

Ionenprodukt: das von der Temperatur abhängige Produkt der Konzentrationen von H^+- und OH^--Ionen in wässrigen Lösungen; es beträgt bei 22 °C 10^{-14} mol^2/l^2

Ionenradius: Angabe (in pm) zur Kennzeichnung der unterschiedlichen Größe von Ionen

Ionenverbindungen (heteropolare Verbindungen): salzartige Stoffe; besitzen eine relativ hohe Schmelz- und Siedetemperatur und leiten in Schmelze und Lösung den elektrischen Strom

irreversible Reaktionen: chemische Reaktionen, die unter vorgegebenen Reaktionsbedingungen nur in eine Richtung verlaufen, d. h. nicht umkehrbar sind

isoelektrischer Punkt: der pH-Wert, an dem praktisch der gesamte in einer Lösung vorhandene Anteil einer Aminocarbonsäure, eines Peptids oder eines Proteins als Zwitterionen vorliegt (bei diesem pH-Wert erfolgt keine Wanderung der betreffenden Verbindung im elektrischen Feld)

Isomere: Verbindungen mit derselben Summenformel, aber unterschiedlicher Konstitution oder Konfiguration (Stereoisomerie)

Isomerie: das Auftreten von Isomeren

Isomerisierung: Umwandlung eines Ausgangsstoffes in ein mit diesem isomeres Reaktionsprodukt, z. B. Glucose in Fructose

Isotop: Nuclid mit derselben Protonenzahl, jedoch unterschiedlicher Neutronenzahl

Katalysatoren: erhöhen die Geschwindigkeit chemischer Reaktionen durch Herabsetzung der Aktivierungsenergie; beschleunigen die Einstellung eines chemischen Gleichgewichts, ohne jedoch die Lage des Gleichgewichts zu verändern

Kathode: negative Elektrode, zu der Kationen nach dem Anlegen einer Gleichspannung hinwandern

Kationen: positiv geladene Ionen

Kern-Hülle-Modell: Atommodell, das auf RUTHERFORD zurückgeht; danach bestehen Atome aus einem kleinen, positiv geladenen Atomkern, der praktisch die gesamte Masse des Atoms enthält und der Atomhülle, in der sich die negativ geladenen Elektronen bewegen.

Glossar

Kernladungszahl: Ladung des Atomkerns, identisch mit Protonenzahl und Ordnungszahl

Ketogruppe (—CO—): funktionelle Gruppe in Ketonen und Ketocarbonsäuren (Oxocarbonsäuren)

Ketone (R^1—CO—R^2): durch Dehydrierung sekundärer Alkohole erhältliche Verbindungen

Kohlenstoffhydrate: Verbindungen mit der Verhältnisformel $C_n(H_2O)_m$; je nach Molekülgröße unterscheidet man Monosaccharide, Disaccharide und Polysaccharide

Kohlenwasserstoffe: Kohlenstoff-Wasserstoff-Verbindungen; man unterscheidet: gesättigte Kohlenwasserstoffe mit C—C-Einfachbindungen und ungesättigte Kohlenwasserstoffe mit einer oder mehreren C/C-Mehrfachbindungen.

kolloidale Dispersion: Dispersion mit Teilchengrößen des dispergierten Stoffes von 1 bis 100 nm

Komplexverbindungen: durch koordinative Bindungen aus Teilchen mit einem freien Elektronenpaar (Liganden) und Zentralionen (Metall-Kationen) oder Zentralatomen mit einer Elektronenlücke entstandene Verbindungen (höherer Ordnung)

Komplexbildner: Stoff, der mit Ionen einen Komplex bildet, diese also komplexiert; zum Beispiel ist Wasser ein Komplexbildner, wenn es die Koordinierungsstellen von Ionen besetzt, die in Wasser gelöst sind

Kondensation: Verknüpfung zweier Moleküle unter Abspaltung von Wassermolekülen; Beispiel: Bildung eines Disaccharids aus zwei Monosacchariden

Kondensationsreaktionen: unter Wasserabspaltung verlaufende Synthesen von z. B. Estern, Peptiden, Glycosiden und Di- und Polysacchariden

Konfiguration (D- oder L-/cis- oder trans-): Bezeichnung des räumlichen Aufbaus stereoisomerer organischer Verbindungen, z. B. D-Glucose, L-Alanin, trans-2-Buten

Konstitutionsformeln: die Formeln chemischer Verbindungen, die die Verknüpfung der Atome wiedergeben

Konzentration: auf ein bestimmtes Volumen bezogene Gehalts-Angaben, z. B. Massenkonzentration β (g/l) und Stoffmengenkonzentration c (mol/l)

Koordinationsverbindungen: durch das Eingehen koordinativer Bindungen entstandene Verbindungen (Verbindungen höherer Ordnung oder Komplexverbindungen)

Koordinationszahl: Zahl der Bindungen in einer Komplexverbindung zwischen einem Zentralteilchen und den Liganden

koordinative Bindung: eine kovalente Bindung, durch die ein Teilchen mit freiem Elektronenpaar einen Reaktionspartner mit Elektronenlücke bindet

korrespondierendes Säure-Base-Paar: jeder Protonendonator (z. B. HA) und der daraus durch Abgabe eines Protons entstehende Protonenakzeptor (z. B. A^-). In wässriger Lösung gilt für solche Säure-Base-Paare: $pK_S + pK_B = 14$

kovalente Bindung (Elektronenpaarbindung): Zusammenhalt von Atomen innerhalb der Moleküle oder der mehratomigen Ionen durch gemeinsame Elektronenpaare

Kristall: ein von ebenen Flächen regelmäßig begrenzter Körper

künstliche Elemente: in Kernreaktoren durch Elementumwandlung hergestellte Elemente

Ladungszahl: Anzahl der Ladungen eines Ions, z. B. +III für Fe^{3+}

Glossar

Laugen: Lösungen, die Hydroxidionen enthalten

Legierung: ein Gemisch aus zwei oder mehreren Metallen, das in der Schmelze hergestellt wird

LEWIS-Formel: Strukturformel, in der die bindenden und freien Elektronenpaare angegeben sind

Liganden: in Komplexverbindungen mit dem Zentralteilchen durch koordinative Bindungen verknüpfte (mehratomige) Ionen oder Moleküle

Lipide: Verbindungen mit ähnlichen Löslichkeitseigenschaften wie die Fette, aber verschiedenartiger chemischer Konstitution

Lösungen: homogene Stoffmischungen bestehend aus einem Lösungsmittel und darin gelösten Stoffen

Makromoleküle: Moleküle mit mehreren hundert kovalenten Bindungen, z. B. von (Bio)Polymeren

Massenanteil: Anteil einer oder mehrerer Komponenten an der Gesamtmasse; Zeichen w

Massenkonzentration: Masse pro Volumen; Zeichen β

Massenwirkungsgesetz: gesetzmäßiger Zusammenhang zwischen den Konzentrationen der Reaktionsteilnehmer, der sich bei definierten Temperatur- und Druckbedingungen in der Gleichgewichtskonstante K ausdrückt, z. B. für die Reaktion A + B $\rightleftharpoons$ C + D in der Gleichung (c in mol/l)

$$K = \frac{c(C) \cdot c(D)}{c(A) \cdot c(B)}$$

Massenzahl: Zahl der Nukleonen eines bestimmten Atoms (Nukleonenzahl A)

mehrprotonige Säuren: Säuren, die (nacheinander) mehrere Protonen abgeben können, z. B. H_2SO_4

Mesomerie: Delokalisierung von Elektronen, so dass nur Grenzstrukturen formelmäßig dargestellt werden können, z. B. bei aromatischen Ringen, bei der Peptidbindung und bei Carboxylationen

Messwert: Angabe, bestehend aus einem Zahlenwert und einer SI-Maßeinheit

Metabolismus: Stoffwechsel von Organismen, Biotransformation

Modifikationen: Erscheinungsformen eines Elements. Sie sind aus den gleichen Atomen aufgebaut, unterscheiden sich aber in der Anordnung der Atome.

Mol: 1 mol ist die Stoffmenge einer Portion, die $6 \cdot 10^{23}$ Teilchen enthält

Molalität (b): Quotient aus der Stoffmenge des gelösten Stoffes und der Masse des Lösungsmittels (mol/kg)

molare Masse (in g/mol): die auf die Stoffmenge bezogene Masse, z. B. M (Glucose) = 180,16 g/mol. Ihr Zahlenwert stimmt mit der relativen Masse der betreffenden Teilchen überein.

molares Volumen: das auf die Stoffmenge bezogene Volumen, es beträgt bei idealen Gasen unter Normbedingungen 22,4 l/mol

Moleküle: bestehen aus mehreren, durch kovalente Bindungen miteinander verknüpften Atomen

Molekülformel: gibt mit kleinen tiefgestellten Zahlen hinter der jeweiligen Atomsymbolen die Anzahl der einzelnen Atome in einem Molekül an.

Mutarotation: Änderung des Drehwertes einer optisch aktiven Verbindung beim Stehenlassen ihrer Lösungen infolge Einstellung eines Isomerisierungsgleichgewichts, z. B. bei α- und β-D-Glucose

Glossar

NAD, Nicotinamidadenindinucleotid: wichtiger biologischer Wasserstoffakzeptor, wird als Coenzym in stöchiometrischer Menge zusammen mit dem zu dehydrierenden Substrat an die jeweilige Dehydrogenase gebunden

Nebengruppen: die Elementgruppen der Metalle, in denen die zweit- oder drittäußerste Elektronenschale (mit d-Elektronen) aufgefüllt wird (Übergangsmetalle)

Neutralisation: Umsetzung einer Säure mit der äquivalenten Menge Base oder umgekehrt ($H^+ + OH^- \rightleftharpoons H_2O$) bis zum Äquivalenzpunkt

Neutralpunkt: pH-Wert wässriger Lösungen, an dem $c(H^+) = c(OH^-)$ ist

Neutronen (n): ungeladene Elementarteilchen mit annähernd derselben Masse wie Protonen

nicht-radioaktive Isotope: stabile Isotope, keine Aussendung radioaktiver Strahlung, z. B. ^{18}O

Nichtmetalle: die gasförmigen Elemente, ferner B, C, Si, P, As, Sb, S, Se, Br, I

Nitrogruppe ($— NO_2$) : funktionelle Gruppe in Nitroverbindungen, z. B. in p-Nitrophenol

Nomenklatur: Benennung chemischer Verbindungen nach international festgelegten Regeln (systematische Nomenklatur) oder seltener durch Trivialnamen (nach ihrem Vorkommen, ihrer Wirkung oder einer charakteristischen Eigenschaft)

Normzustand: Festlegung von Temperatur und Druck auf $273\ K \cong °C$ und 1,013 bar

Nucleoside: Glycoside aus (β-D-Ribofuranose oder 2-Desoxy-β-D-ribofuranose und einer Purin- oder Pyrimidinbase

Nucleotide: Phosphorsäureester der Nucleoside (Veresterung der OH-Gruppe an C-5' oder C-3')

Nuclid: Atomsorte mit definierter Protonen- und Neutronenzahl

Nukleonen: gemeinsame Bezeichnung für Protonen und Neutronen (Elementarteilchen des Atomkerns)

Nukleonenzahl: Summe von Protonen und Neutronen in einem Atom (früher: Massenzahl)

Oktettregel: Regel, nach der die Ausbildung von Elektronenpaarbindungen so erfolgt, dass die beteiligten Atome die Edelgaskonfiguration von acht Elektronen auf der äußersten Schale erreichen.

optische Aktivität: Eigenschaft organischer Verbindungen mit mindestens einem asymmetrischen C-Atom, die Ebene des polarisierten Lichtes um einen bestimmten Winkel nach rechts (+) oder links (–) zu drehen

optische Antipoden: siehe Enantiomere

Orbitale: Unterschalen zur Kennzeichnung der auf demselben Energieniveau befindlichen Elektronen, z. B. von 2s-Elektronen oder 3p-Elektronen

Ordnungszahl: entspricht der Kernladungszahl, gibt die Anzahl der Protonen im Atomkern an

organische Basen: Amine und N-Heterocyclen

organische Chemie: Chemie der Kohlenstoffverbindungen; Gegenteil: anorganische Chemie.

organische Säuren: z. B. Carbonsäuren, Phenole, Sulfonsäuren

osmotischer Druck: hydrostatischer Druck, der durch Einwandern von Wassermolekülen aus einer verdünnten Lösung (oder reinem Wasser) in eine konzentriertere Lösung entsteht

Oxidation: Abgabe von Elektronen, Aufnahme von Sauerstoff, Dehydrierung

Oxidationsmittel: ein Stoff, der einen anderen Stoff oxidiert, ihm Elektronen entzieht
Gegenteil: **Reduktionsmittel**

Oxidationszahl: Anzahl der Elektronen, die ein Atom in einer Verbindung im Vergleich zum elementaren Zustand formal aufgenommen oder abgegeben hat

Oxoniumionen: die durch Protonenübertragung auf Wassermoleküle entstehenden H_3O^+-Ionen

Partialdruck: Druck eines bestimmten Gases in einem Gasgemisch, z. B. von O_2 in Luft

Pentosen: Fünferzucker, z. B. D-Ribose und 2-Desoxy-D-ribose

Peptidbindung (—CO—NH—): bildet mit den α-C-Atomen das Rückgrat der Peptidketten, entsteht durch Kondensation von Carbonsäuregruppen mit Aminogruppen

Peptide: Verbindungen, in denen 2 bis 100 Aminosäurebausteine miteinander verknüpft sind

Perioden: die sieben waagrechten Elementreihen im Periodensystem

Periodennummer: die ganzen Zahlen 1 bis 7, entsprechend den Hauptschalen der Elektronenanordnung

Periodensystem: Anordnung der chemischen Elemente nach ihrer Protonenzahl (Ordnungszahl); untereinander stehende Elemente bilden ein Gruppe, nebeneinander stehende eine Periode

pH-Skala: umfasst die pH-Werte von 0 bis 14;

pH-Wert: der pH-Wert ist ein Maß für den Gehalt einer Lösung an H^+- oder OH^--Ionen: negativer dekadischer Logarithmus der Wasserstoffionenkonzentration in wässrigen Lösungen:
$pH = - \lg c(H^+)$

Phase: alle Anteile eines Stoffgemisches, die gleiche Zusammensetzung und gleiche Eigenschaften haben; einheitliche (homogene) Bereiche innerhalb eines heterogenen Systems

Phenole: Verbindungen, in denen die OH-Gruppe direkt mit einem C-Atom eines aromatischen Ringsystems verknüpft ist

Phosphorylierung: Übertragung von Phosphatgruppen

polare Elektronenpaarbindung: durch unterschiedliche Elektronegativität der Bindungspartner verursachte ungleichmäßige Ladungsverteilung entlang der Bindungsachse

polarisierte Bindung: jede kovalente Bindung, bei der ein Atom Bindungselektronen stärker zu sich hinzieht als das andere

Polymere: hochmolekulare Verbindungen, die aus niedermolekularen Bausteinen (Monomeren) durch viele aufeinander folgende Reaktionsschritte (Polymerisation, Polykondensation) entstehen

Polymerisation: Bildung von Makromolekülen, indem sich Zweifachbindungen von Monomeren aufspalten; dabei entsteht aus den Monomeren ein Polymer

Polynucleotide: gleichbedeutend mit Nucleinsäuren

Polysaccharide: makromolekulare Kohlenhydrate wie Glykogen, Stärke (Amylopektin und Amylose), Cellulose und Heparin

Primärstruktur: die nach Art und Anzahl festgelegte Aufeinanderfolge (Sequenz) der Aminosäurereste in Peptiden und Proteinen

Glossar

Projektionsformeln: Formeln, die sich bei der Übertragung von dreidimensionalen Molekülstrukturen (unter Beachtung festgelegter Regeln) in die Papierebene ergeben

Proteine (Eiweißstoffe): Verbindungen in denen mehr als 100 Aminosäurebausteine miteinander verknüpft sind

proteinogene Aminosäuren: die 20 im genetischen Code verschlüsselten Aminosäuren, die Bausteine der Proteine sind

Protolysen: Protonenübertragungsreaktionen von einem Protonendonator (Säure oder H_2O) auf einen Protonenakzeptor (H_2O oder Base)

Protonen (p): positiv geladene Elementarteilchen

Protonenakzeptoren: Teilchen, die bei Reaktionen Protonen aufnehmen (Brönsted-Basen)

Protonendonatoren: Teilchen, die bei Reaktionen Protonen abgeben (Brönsted-Säuren)

Protonenzahl (Z): Zahl der Protonen eines Atoms, identisch mit Kernladungszahl und Ordnungszahl

Puffersysteme: wässrige Lösungen, enthalten z. B. eine schwache Säure und eines ihrer Salze oder Zwitterionen; Verwendung zur Einstellung und Aufrechterhaltung eines bestimmten pH-Bereichs

Purinbasen: Adenin und Guanin

Pyrimidinbasen: Cytosin, Thymin und Uracil

Quantität eines Stoffes: Kennzeichnung einer abgemessenen Stoffportion durch ihre Masse, Stoffmenge, Teilchenanzahl oder ihr Volumen

Racemat (racemisches Gemisch): Gemisch aus genau gleichen Teilen optischer Antipoden (Enantiomere), z. B. DL-Alanin

radioaktive Isotope: unter Aussendung von Strahlung zerfallende, in der Natur vorkommende (z. B. ^{238}U) oder künstliche Isotope (z. B. Tritium, ^3H)

Radioaktivität: Eigenschaft bestimmter Stoffe in andere Elemente zu zerfallen und dabei α-, β- oder γ-Strahlung auszusenden.

Radionuklide: in der Natur vorkommende oder in Kernreaktoren hergestellte radioaktive Atomsorten

Reaktionsgleichung: Darstellung einer chemischen Reaktion mit Hilfe der Formelsprache der Chemiker, bei Verwendung der Stoffnamen anstelle der Formeln spricht man von einem Reaktionsschema

Redoxvorgänge: gekoppelt miteinander ablaufende Reduktions- und Oxidationsvorgänge, Übertragungsreaktionen von Elektronen

Reduktion: Aufnahme von Elektronen, Abgabe von Sauerstoff, Hydrierung

Reinstoffe: chemische Elemente und Verbindungen

relative Atommasse (A_r): Masse eines Atoms eines bestimmten Elements, bezogen auf die Masse des 12. Teils eines Atoms des Kohlenstoffisotops ^{12}C (früher als Atomgewicht bezeichnet)

relative Formelmasse: siehe Formeleinheit und relative Molekülmasse

relative Molekülmasse (M_r): Masse eines Moleküls einer bestimmten Verbindung, bezogen auf die Masse des 12. Teils eines Atoms des Kohlenstoffisotops ^{12}C (früher als Molekulargewicht bezeichnet)

reversible Reaktionen: umkehrbare, in geschlossenen Systemen unter Einstellung eines chemischen Gleichgewichts verlaufende Reaktionen

RNA (RNS): Ribonucleinsäure

Glossar

Salzprotolyse: Protolyse zwischen H_2O-Molekülen und Ionen bestimmter Salze mit dem Ergebnis, dass wässrige Lösungen dieser Salze sauer oder alkalisch reagieren (z. B. alkalische Reaktion in Seifenlösungen)

Salze: Ionenverbindungen; viele Salze bestehen aus Metallkationen und Säurerestanionen

Säureanhydride: aus Säuren unter Wasserabspaltung entstehende Verbindungen

Säure-Base-Reaktion: Reaktion, bei der Protonen übertragen werden

Säurekonstante: Zahlenwert für die Säurestärke, definiert als

$$K_S = \frac{c(H_3O^+) \cdot c(A^-)}{c(HA)}$$

Säuren: alle Stoffe, die (in wässriger Lösung) Protonen abgeben

Schalenmodell: Modellvorstellung über den Aufbau der Atomhülle; die Elektronen bewegen sich auf definierten Schalen, denen jeweils ein bestimmtes Energieniveau zugeordnet werden kann

schwache Säuren: in nur geringem Maße dissoziierende Säuren, $HA \rightleftharpoons H^+ + A^-$

Sedimentieren: Trennverfahren für Suspensionen; die Trennung erfolgt durch Absetzen des suspensierten Stoffes

Seifen: Anionen der Fettsäuren; setzen die Oberflächenspannung des Wassers herab und wirken dadurch benetzend und emulgierend

semipermeable Membranen: für Lösungsmittelmoleküle durchlässige, jedoch für gelöste Stoffe nicht durchlässige Membranen

SI-System: Internationales Einheitensystem auf der Grundlage von sieben Basisgrößen und den dazu gehörenden Basiseinheiten

Spurenelemente: für Organismen in sehr geringen Konzentrationen lebensnotwendige Elemente

starke Säuren: praktisch vollständig dissoziierende Säuren, $HA \longrightarrow H^+ + A^-$

Stellungsisomere: Verbindungen mit derselben Summenformel, aber unterschiedlicher Stellung von Substituenten am Kohlenstoffgerüst

Stereoisomere: Isomere, deren Moleküle sich in der Konfiguration unterscheiden, in der Konstitution jedoch übereinstimmen

Stöchiometrie: Lehre der Berechnung von Masse- und Volumenanteilen bei Verbindungen, Stoffmischungen und chemischen Reaktionen

Stoffmenge: die in mol (oder Bruchteilen hiervon) angegebene Quantität einer Stoffportion definierter Teilchen; sie wird aus der Masse einer Stoffportion berechnet, indem man diese durch die molare Masse der Teilchen (g/mol) dividiert.

Stoffmengenkonzentration (c): der Quotient aus der Stoffmenge n (X) der gelösten Portion des Stoffes X und dem Volumen V der Lösung (mol/l)

Stoffmengenanteil: Anteil einer oder mehrerer Komponenten an der gesamten Stoffmenge; Zeichen x

Stoffportion: ein abgegrenzter Materiebereich, gekennzeichnet durch Angaben über die Art und die Quantität der vorliegenden Stoffe

Glossar

Stoffwechsel: alle physiologischen und pathophysiologischen Vorgänge, bei denen Verbindungen abgebaut, ineinander umgewandelt oder aufgebaut werden, z. B. beim Abbau von Nahrungsbestandteilen und beim Aufbau körpereigener Stoffe (Biosynthesen)

Strukturformeln: Formeln organischer Verbindungen, die Konstitution und Konfiguration wiedergeben

Substitution: Austausch von Atomen oder Atomgruppen in organischen Molekülen oder Ionen durch andere Atome oder Atomgruppen

Substitutionsprodukte: durch Substitutionsreaktionen hergestellte Verbindungen

Substratspezifität: bezeichnet die Tatsache, dass jedes Enzym nur Umsetzungen eines oder einiger weniger Substrate katalysiert, deren räumlicher Aufbau zum aktiven Zentrum des Enzyms passen muss (Schlüssel-Schloss-Prinzip)

Substrate: bei enzymkatalysierten Reaktionen umgesetzte chemische Verbindungen

Sulfonsäuregruppe ($-SO_3H$): funktionelle Gruppe in Sulfonsäuren und Aminosulfonsäuren

Sulfonsäuren ($R-SO_3H$): starke organische Säuren

Summenformeln: Formeln, die nur die Art und die Anzahl der am Aufbau von Molekülen oder Ionen beteiligten Atome wiedergeben, nicht dagegen ihre Verknüpfung, z. B. CH_4N_2O

Suspension: Gemisch, bei dem ein Feststoff in einer Flüssigkeit heterogen verteilt ist

Synthese: Aufbau einer Verbindung aus den Elementen

System: abgegrenzter Materiebereich

Tautomerie: Isomerie bei Verbindungen mit mindestens einem beweglichen H-Atom, z. B. Keto-Enol-Tautomerie

Teilchenzahlkonzentration: Teilchenzahl pro Volumen; Zeichen C

Tenside (Detergenzien): Verbindungen mit oberflächenaktiven Eigenschaften, z. B. Seifen. Sie setzen die Oberflächenspannung des Wassers herab und wirken dadurch benetzend und emulgierend

Thiolgruppe ($-SH$): funktionelle Gruppe in Cysteinyl-Resten der Peptide und Proteine und in Coenzym A

Titration: Verfahren zur Bestimmung des Gehalts einer Lösung durch allmähliche Zugabe einer anderen Lösung mit bekanntem Gehalt

Tracer: durch radioaktive oder stabile Isotope markierte Verbindungen zur Aufklärung bestimmter Vorgänge, z. B. Stoffwechsel, Organfunktionen

Transaminierung: Übertragung von NH_2-Gruppen

Übergangsmetalle: siehe Elemente der Nebengruppen

Van-der-Waals-Bindung: Anziehung zwischen unpolaren Molekülen

Verbindung: Reinstoff, der durch chemische Reaktionen in Elemente zerlegt werden kann

Verseifung: Spaltung (Hydrolyse) von Fetten

Valenzelektronen: auf der äußersten oder auf äußeren Schalen befindliche, an chemischen Reaktionen unmittelbar beteiligte Elektronen

Verbindungen erster Ordnung: Verbindungen, in denen für die beteiligten Atome durch Ionenbindung oder durch kovalente Bindung erstmals Edelgaskonfiguration erreicht wird, z. B. NaCl, HCl

Verbindungen höherer Ordnung: entstehen aus Verbindungen erster Ordnung, indem als freie Elektronenpaare vorliegende Elektronen Bindungen zu Teilchen mit einer Elektronenlücke eingehen

Volumenanteil: Anteil einer oder mehrerer Komponenten am Gesamtvolumen; Zeichen φ

Wasserstoffbrückenbindungen: schwache Bindungskräfte zwischen an O- oder N-Atome gebundenen H-Atomen und an O- oder N-Atomen vorhandenen freien Elektronenpaaren; von großer Bedeutung bei Proteinen und Nucleinsäuren

Wasserstoffionen: die Ionen H^+, die jedoch in wässrigen Lösungen immer an Wassermoleküle gebunden sind; siehe Oxonium- und Hydroniumionen

Wirkungsspezifität: bezeichnet die Tatsache, dass jedes Enzym nur Reaktionen eines ganz bestimmten Typs, z. B. hydrolytische Spaltungen, katalysiert

Zustandsgrößen: Druck, Volumen und Temperatur, zur Beschreibung des Zustandes von Gasen

Zwitterionen: Teilchen, die sowohl eine negative als auch eine positive Ladung tragen, kleinste Teilchen von Aminocarbonsäuren und Aminosulfonsäuren

Quellen:
Jäckel, Manfred et al.: Chemie heute. Schroedel Schulbuchverlag, Hannover 1993
Holzner, Dieter: Chemie für Technische Assistenten in der Medizin. VCH Verlagsgesellschaft mbH, Weinheim 1991

Literaturverzeichnis

BOTSCH Walter, HÖFLING, Erich und MAUCH, Jürgen: Chemie in Versuch, Theorie und Übung. Verlag Moritz Diesterweg, Frankfurt am Main; Verlag Sauerländer, Aarau 1984

BUDDECKE, Eckhart: Grundriss der Biochemie. Walter de Gruyter, Berlin, New York 1989

DAUMER, Karl und SCHUSTER, Manfred: Stoffwechsel, Ökologie und Umweltschutz. Bayerischer Schulbuch-Verlag, München 1983

DOSE, Klaus: Biochemie – Eine Einführung. Springer Verlag, Berlin, Heidelberg 1985

FISCHER, Walter: Stoffe – Reaktionen – Energie – Umwelt. C. C. Buchners Verlag, Bamberg 1994

GERSTENBERGER, Brigitte und ZOLLER, Egon: Grundkenntnisse Chemie. Verlag W. Girardet, Essen 1985

GROSS, Rudolf et al.: Chemische Grundvoraussetzungen – Kurzer Auszug aus der Chemie. Studienbrief A2. Deutsches Institut für Fernstudien an der Universität Tübingen 1977

HÄUSLER, Karl: Chemie kompakt. Formeln – Regeln – Gesetze. Oldenbourg Verlag, München 1994

HOLZNER, Dieter: Chemie für Technische Assistenten in der Medizin. VCH Verlagsgesellschaft mbH, Weinheim 1991

JÄCKEL, Manfred et al.: Chemie heute – Sekundarbereich I. Schroedel Schulbuchverlag, Hannover 1993

KIECHLE, Herbert: Leistungskurs Biochemie. Verlag Moritz Diesterweg, Frankfurt am Main und Verlag Sauerländer, Aarau 1984

LECHNER, Konrad: Biochemie. Bayerischer Schulbuch-Verlag, München 1979

LÖWE, Bernd: Biochemie. C. C. Buchners Verlag, Bamberg 1976

WELLENDORF, Johann Gerhard et al.: Chemie der Zelle I – Wichtige Stoffklassen. Studienbrief A3. Deutsches Institut für Fernstudien an der Universität Tübingen 1977

WELLENDORF, Johann Gerhard et al.: Chemie der Zelle II – Chemische Reaktionen im zentralen Stoffwechsel. Studienbrief A4. Deutsches Institut für Fernstudien an der Universität Tübingen

Stichwortverzeichnis

α-glykosidische Bindung 123, 125 f.
α-Strahlung 10
Abdampfen 162
Absorptionsspektren 5
Acetyl-Coenzym A 111 f., 130 f., 138
Acetylcholin 110
Additionsreaktionen 87 f.
Adenin 25, 140, 142
Adenosin 140
Adipinsäure 101
ADP (Adenosindiphosphat) 140 f.
Adrenalin 110
Adsorption 163
Aggregatzustand 4
aktives Zentrum 143 f.
aktivierte Essigsäure 111 f., 127, 131
Aktivierungsenergie 29, 48 ff.
Alanin 87, 137
Aldehyde (Alkanale) 77, 82, 96 ff.
Aldosen 84, 121
Alkane 91 f.
Alkansäuren 100
Alkene 82, 91, 92 f.
Alkensäuren 101
Alkine 82, 91, 92 f.
Alkohole (Alkanole) 77, 82, 95 ff.
Alkylrest 91
Altersbestimmung 10, 11
Amide 82
Amine 77, 82, 109 ff.
Aminocarbonsäuren 104 f.
Aminosäureabbau 137 f.
Aminosäuren 84, 104 f., 132 ff.
Ammoniak 40, 85, 109
AMP (Adenosinmonophosphat) 141
Ampholyte 104, 133 f.
amphotere Stoffe 37, 62
Amylopektin 125
Amylose 126
Anionen 22 f.
Anomere 121
Apoenzym 144
Äquivalenzpunkt 40
aromatische Kohlenwasserstoffe 91, 94
Asparaginsäure 138
asymmetrisches C-Atom 118 f., 133
Atom 1, 6 ff.,
atomare Masseneinheit 9
Atombindung 19 f.
Atomhülle 6, 9
Atomkern 6, 9
Atommasse 9

ATP (Adenosintriphosphat) 140 f.
Ausschütteln 164
Autoprotolyse des Wassers 62 f.
Auxine 153
AVOGADROSCHES Gesetz 45

β-Carotin 112
β-glykosidische Bindung 124 f.
β-Oxidation 129, 131
β-Strahlung 11
Basen 37 ff., 42 f.
Benzol 86, 94
Bernsteinsäure 101
Bildungsenthalpie 48
Bindigkeit 32, 77
Bindungselektronenpaar 21
Bindungsenergie 19
Biopolymere 78, 136, 139
bohrsches Atommodell 7
Brenztraubensäure 87, 89, 103, 126 f., 137

Ca^{2+}/Calmodulin 150 ff.
cAMP (cyclisches AMP) 150 ff.
Carbonsäureamide 105
Carbonsäureester 105
Carbonsäuren 77, 97 f., 100 ff., 106 ff.
Carbonylverbindungen 97 ff.
Carboxy(l)gruppe 100
Carotinoide 113, 129
Cellobiose 124 f.
Cellulose 126
chemische Reaktionen 29 f., 45 f.,
chemisches Gleichgewicht 45 f.
Chiralität 119
Cholesterin 97
Cholesterol 149
Cholin 110
Cholsäure 149
Chromatografie 165
chromatografische Verfahren 164
Chromophore 112
cis-trans-Isomere 101
Citratzyklus 127, 138
Citronensäure 103
Coenzyme 144 f.
Cycloalkane 91
Cycloalkene 91
Cysteamin 137
Cystein 137
Cytokinine 153
Cytosin 25, 139, 142

209

Stichwortverzeichnis

Dampfdruck 70
Decarboxylierung 88, 137
Dehydrierung 44, 88, 97
Dekantieren 162
Delokalisation der Elektronen 94
Denaturierung 137
Desoxyribose 122, 139
Destillieren 162
destilliertes Wasser 54
Dextran 163
Dialyse 163
Dicarbonsäuren 101
Dichtegradientenzentrifugation 166
Diene 91
Dipole 21, 25, 26, 55 f., 58
Disaccharide 118, 123 f.
Dissoziation 38 f.
Dissoziation des Wassers 64 ff.
DNA 25, 139 f.
Doppelbindung 20, 91
Doppelhelix 141
Dormine 153
Dreifachbindung 20, 91

echte Lösungen 59, 68
Edelgase 6, 18 f.
Edelgaskonfiguration 18 f., 20
Einfachbindung 91
einwertige Alkohole 95
Eis 53, 57 f.
elektrische Leitfähigkeit 41, 62 f.
Elektrolyte 24
Elektronegativität 13 f., 32, 57
Elektronenakzeptor 22, 44
Elektronendonator 22, 44
Elektronenhülle 6
Elektronenschalen 7
Elektrophorese 5, 164
Elemente 2 f., 5 ff., 12 ff., 76
Eliminierungsreaktionen 88
Emulsion 3, 59
Enantiomere 119
endergonische Reaktionen 27
endotherme Reaktionen 27, 29 f., 47, 49 f.
Energie 27 f., 47 f.
Energiearten 28
Enthalpieänderung 47 f.
Enzymaktivität 146 ff.
Enzyme 37, 48 f., 90, 136, 143 ff.
Ester 82, 97, 128
Ether 82
Ethylen (Ethen) 153
exergonische Reaktionen 27
exotherme Reaktionen 27, 29 f., 47, 49 f., 60
Extrahieren 162

Extraktion 163

Farbstoffe 112 f.
Fettabbau 130 f.
fettähnliche Stoffe 128 ff.
Fette 128 ff., 138
fette Öle 128
fettlösliche Vitamine 155
Fettsäureabbau 131
Fettsäuren 128
Filtrieren 162
FISCHER-Projektion 119 ff.
Flotation 162
Fotometrie 165
Formeleinheit 71
freie Energie 27
Fructose 120, 122
Fumarsäure 101
funktionelle Gruppen 77 ff.

γ-Strahlung 11
Galactose 120
Gallenfarbstoffe 113
Gallensäuren 148
Gaschromatografie 5
Gefriertemperatur 70 f.
Gelfiltration (Gelchromatografie) 163
Gesamthärte des Wassers 54
gesättigte Fettsäuren 128
gesättigte Monocarbonsäuren 100
Gesetz v. d. konstanten Proportionen 45
Gesetz v. d. multiplen Proportionen 45
Gesetz v. d. Erhaltung der Masse 45
Gesetz v. d. Erhaltung der Masse 45
Gewebeaufschluss 163
Gibberelline 153
Gitterenergie 59 ff.
Gleichgewichtskonstante 46 f.
Gleichgewichtsreaktion 105
Glucose 120, 121, 122
Glucoseabbau 126 f.
Glycerin 128
Glycerinabbau 130
Glycerinaldehyd 119
Glycin 133
Glycolipide 130
Glycoproteine 137
Glykogen 126
glykosidische Bindung 123
Gravimetrie 165
Grenzstrukturen 94
Guanin 25, 140, 142

Halbwertszeit 11

Stichwortverzeichnis

Häm 113
Hauptgruppenelemente 12 f.
HAWORTH-Projektion 122
heteroaromatisches Ringsystem 112
heterogene Gemische 2 ff., 59
heteropolare Bindung 23
Holoenzym 144
homogene Gemische 2 ff., 59, 68
Hormone 149 ff.
Hydrathülle 60 f.
Hydration 59 f.
Hydrationsenergie 60 f.
Hydratisierung 87
Hydrierung 44, 87 f.
Hydrolasen 145
Hydrolyse 89 f., 123
hydrophil 59, 69, 95
hydrophob 59, 69, 95
hydrophobe Wechselwirkungen 19, 26
Hydroxidionen 36 f., 42, 62 f.
Hydroxycarbonsäuren 84, 102 f.
hygroskopisch 59

Indikatoren 41, 165
Infrarotspektroskopie 166
Inulin 126
in-vitro-Methoden 166
in-vivo-Methoden 166
Ionen 62
Ionenbindung 19, 22 f.
Ionenprodukt des Wassers 62 ff.
Ionenwertigkeit 22
Ionisierungsenergie 13
Isomerasen 145
Isomerie 92
Isomerisierungen 90
Isotope 9 f.

Katalysator 48 ff.
Katalyse 48 ff.
Kationen 22 f.
Kernladungszahl 7, 9, 13
Keto-Enol-Tautomerie 104
Ketocarbonsäuren 84, 103 f.
Ketone (Alkanone) 77, 82, 96 f., 99
Ketosen 84, 121
kinetische Energie 7, 14
Klassifizierung von Enzymen 144 f.
Knallgasreaktion 54
Kohlenstoffhydrate 118 ff.
Kohlenstoffisotope 10
Kohlenstoff-Stoffwechsel 138
Kohlenwasserstoffe 90 ff.
kolloidale Dispersionen 68
komplementäre Basen 142
Kondensationsreaktionen 89

Konfiguration 76 f.
konjugierte Doppelbindungen 112
Konstitutionsformel 76
Koordinationszahl 23
koordinative Bindung 19, 26
korrespondierendes Säure-Base-Paar 40
kovalente Bindung 20 f.
künstliche Elemente 6

Lactose 124
Ladungszahl 22
Ligasen 145
Lipide 129 f.
Lipoide 128 ff., 130
lipophil 69, 95
Löslichkeit 69
Lösungen 68 ff.
Lösungsmittel 68 ff.
Lösungsvorgang 61
Lyasen 145

Makromoleküle 118
Maleinsäure 101
Malonsäure 101
Maltose 123
Markierungsexperimente 166
maßanalytische Verfahren 165
Massenanteil 76
Massenspektroskopie 166
Massenwirkungsgesetz 46 f., 64 f., 105
Materie 2
mehrwertige Alkohole 95
Mesomerie 94
Metall 2
Michaelis-Konstante K_M 147 f.
Milchsäure 103, 119
Mischelemente 9
molare Masse 76
Molekülgitter 26, 57
Monomere 78
Monosaccharide 118 ff.
Mutarotation 121

native Konformation 137
Naturfarbstoffe 113
Neutralfette 130
Neutralisationsreaktion 40
Neutralisationswärme 40
Neutralpunkt 40
nicht verseifbare Lipide 129
Nichtmetall 2
Nicotinamid 105
Nucleinsäuren 138, 139 ff.
Nucleoside 140
Nucleotide 140
Nukleonen 7

211

Stichwortverzeichnis

Oestradiol 150
Oligopeptide 135
Oligosaccharide 118
optische Aktivität 118 f., 133
Orbitale 8, 20
Ordnungszahl 7, 9, 12
osmotischer Druck 70 f.
osmotischer Schock 163
Oxalacetat 138
Oxalsäure 101
Oxidation 44 ff., 96, 97, 99
Oxidationsmittel 44
Oxidationszahl 32, 44
oxidative Desaminierung 137
Oxidoreduktasen 145
Oxoniumionen 42, 62 f.

Papierchromatografie 5
Peptidbindung 134
Peptide 89, 132, 134 f.
Periode 12
Periodensystem der Elemente 12 ff.
permanente Härte 54
pH-Wert 36 f., 65, 66 f.
Phasen 3
Phosphoenolpyruvat 104
Phospholipide 130
Phosphorsäure 39, 85, 139
Phytohormone 153
pK_W-Wert 67
pOH-Wert 67
polare Atombindung 21 f., 55
polare Stoffe 68 f.
Polarimeter 5
Polarimetrie 165
Polyene 91
Polymere 78, 118
Polypeptide 135
Polysaccharide 118, 125 f.
Porphyrinfarbstoffe 113
potenzielle Elektrolyte 58, 69, 71
potenzielle Energie 7
primäre Alkohole 95 f., 98
primäre Amine 109
primäres C-Atom 93
Primärstruktur 135
Progesteron 150
prosthetische Gruppe 144 f.
Proteid-Enzyme 144
Protein-Enzyme 144
Proteine 132, 135 ff., 138
Protolyse 37, 40, 41, 62
Protonenakzeptoren 37, 62, 133
Protonendonatoren 37, 62, 133
Protonenzahl 6
Puffersysteme 42

Purinbasen 140
Pyrimidinbasen 139
Pyruvat 103, 126 f.

quartäre Ammoniumsalze 110
quartäres C-Atom 93
Quartärstruktur 135

radioaktive Elemente 6
radioaktive Isotope 10 f.
Radioaktivität 10 f.
Radiocarbonmethode 10
Radioisotope 10
Reaktionsenthalpie 27, 29 f., 48
Reaktionsgeschwindigkeit-Temperatur-Regel 46, 146
Reaktionsgleichung 30
Reaktionsschema 30 f.
Redoxreaktionen 44
Reduktion 44 ff.
Reduktionsmittel 44
Refraktometer 5
Reinelemente 9
Reinstoffe 2 ff.
Releasing-Faktoren 151 f.
Ribose 122, 139
RNA 139 f.
Röntgenstrukturanalyse 166

Saccharose 124
Salicylsäure 103
Salze 23 f., 41 f., 58, 69
Säure-Base-Reaktionen 36 ff.
Säuren 37 ff., 42 ff.
Schlämmen 162
Schlüssel-Schloss-Prinzip 143
second messenger 150 f.
Sedimentation 162
sekundäre Alkohole 95 f., 99
sekundäre Amine 109
sekundäres C-Atom 93
Sekundärstruktur 135
Sesselform 122
Sexualhormone 150
Sieben 162
Siedetemperatur 70 f.
Skleroproteine 136
Solvatation 60
Solvathülle 60
Solvationsenergie 60
Sphäroproteine 136
Standardbedingungen 47
Stärke 125
Steran 148
Stereoisomere 101

Stichwortverzeichnis

Sterine 148
Steroide 148 ff.
Steroidhormone 148, 149
stöchiometrische Wertigkeit 31 f.
Stoffarteigenschaften 4
Stoffe 2 ff.
Stoffgemische 2 ff.
Stoffmengenkonzentration 64, 69 f.
Strukturanalyse 76
Sublimation 162
substituierte Carbonsäuren 102
Substitutionsreaktionen 86 f.
Substrat 143
Substrataffinität 147 f.
Substratkonzentration 147 f.
Substratspezifität 143
Sulfonsäuren 77, 82
Summenformel 76
Suspension 3, 59
System 4

Tautomere 104
temporäre Härte 54
tertiäre Alkohole 95 f.
tertiäre Amine 109
tertiäres C-Atom 93
Tertiärstruktur 135
Testosteron 150
thermische Energie 14
Thioalkohole 77, 111
Thioester 111
Thioether 111
Thiolgruppe 111
Thymin 25, 139, 142
Tracer 10
Transaminierung 87, 137 f.
Transferasen 145

TYNDALL-Effekt 68

unechte Lösungen 59
ungesättigte Fettsäuren 128
ungesättigte Monocarbonsäuren 101
unpolare Stoffe 68 f.
Uracil 139

Valenzelektronen 12, 18 f.
Valenzschale 8
van-der-Waals-Bindung 19, 26, 56
Verbindungen 2 f.
Verbindungsklassen 2, 77
Veresterung 128 f.
Verhältnisformel 24
verseifbare Lipide 129 f.
Verseifung 89, 128 f.
Vitamin A 155
Vitamin C 154
Vitamine 154 f.
Volumen-Gesetz von GAY-LUSSAC 45

Wachse 130
Wasser 25, 53 ff.
wasserlösliche Vitamine 154
Wassermolekül 55
Wasserstoffbrückenbindung 19, 25, 56 f., 141 f.
Wasserstoffionen 36 f., 63 ff.
Weinsäure 103
Wertigkeit 31
Wirkungsspezifität 143 f.

Zellaufschluss 163
Zentrifugation 163
Zwitterionen 104, 133 f.

213

Notizen

Notizen

Notizen

Ihre Meinung ist uns wichtig!

Ihre Anregungen sind uns immer willkommen.
Bitte informieren Sie uns mit diesem Schein über Ihre Verbesserungsvorschläge!

Titel-Nr.	Seite	Fehler, Vorschlag

Damit lernen einfacher wird... **STARK**

10-V1T

Bitte ausfüllen und im frankierten Umschlag an uns einsenden. Für Fensterkuverts geeignet.

Zutreffendes bitte ankreuzen!

Die Absenderin/der Absender ist:

- ☐ Lehrer/in
- ☐ Fachbetreuer/in
  Fächer: _____
- ☐ Seminarlehrer/in
  Fächer: _____
- ☐ Regierungsfachberater/in
  Fächer: _____
- ☐ Oberstufenbetreuer/in
- ☐ Schulleiter/in

- ☐ Referendar/in, Termin 2. Staatsexamen: _____
- ☐ Leiter/in Lehrerbibliothek
- ☐ Leiter/in Schülerbibliothek
- ☐ Sekretariat
- ☐ Eltern
- ☐ Schüler/in, Klasse: _____
- ☐ Sonstiges: _____

Unterrichtsfächer: (Bei Lehrkräften!)

_____

**STARK Verlag
Postfach 1852
85318 Freising**

Kennen Sie Ihre Kundennummer?
Bitte hier eintragen.

Absender (Bitte in Druckbuchstaben!)

Name/Vorname _____

Straße/Nr. _____

PLZ/Ort _____

Telefon privat
für Rückfragen _____ Geburtsjahr _____

E-Mail-Adresse _____

Schule/Schulstempel (Bitte immer angeben!)

Sicher durch das Abitur!

Den Ernstfall trainieren und souverän meistern mit maßgeschneiderter Abiturvorbereitung: konzentriertes Faktenwissen, Übungsaufgaben und schülergerechte Lösungen. Ideal zum selbstständigen Üben zu Hause. Da erfahren Schüler, worauf es wirklich ankommt, und erhalten Sicherheit für alle Prüfungen durch dauerhaften Lernerfolg.

Mathematik

Analysis – LK .... Best.-Nr. 94002
Analysis – gk .... Best.-Nr. 94001
Analytische Geometrie
und lineare Algebra 1 – gk/LK .... Best.-Nr. 94005
Analytische Geometrie
und lineare Algebra 2 – gk/LK .... Best.-Nr. 54008
Stochastik – LK .... Best.-Nr. 94003
Stochastik – gk .... Best.-Nr. 94007
Integralrechnung – gk .... Best.-Nr. 40015
Exponential-/Logarithmusfunktionen,
gebrochenrationale Funktionen – gk .... Best.-Nr. 40016
Wahrscheinlichkeitsrechnung
und Statistik – gk .... Best.-Nr. 40055
Analytische Geometrie – gk .... Best.-Nr. 40075
Infinitesimalrechnung 1/11. Klasse .... Best.-Nr. 94006
Infinitesimalrechnung 2/11. Klasse .... Best.-Nr. 94008

Physik

Elektrisches u. magnetisches Feld – LK .... Best.-Nr. 94308
Elektromagnetische
Schwingungen und Wellen – LK .... Best.-Nr. 94309
Atom- u. Quantenphysik – LK .... Best.-Nr. 943010
Kernphysik – LK .... Best.-Nr. 94305
Atommodelle – LK .... Best.-Nr. 94304
Wellen- und Teilchenaspekt
von Licht und Materie – LK .... Best.-Nr. 94303
Physik 1 – gk .... Best.-Nr. 94321
Physik 2 – gk .... Best.-Nr. 94322
Mechanik 11. Klasse .... Best.-Nr. 94307

Biologie

Biologie 1 – LK .... Best.-Nr. 94701
Biologie 2 – LK .... Best.-Nr. 94702
Biologie 1 – gk .... Best.-Nr. 94715
Biologie 2 – gk .... Best.-Nr. 94716
Chemie für den Leistungskurs Biologie .... Best.-Nr. 54705
Abitur-Wissen Genetik .... Best.-Nr. 94703
Abitur-Wissen Neurobiologie .... Best.-Nr. 94705
Abitur-Wissen Verhaltensbiologie .... Best.-Nr. 94706
Abitur-Wissen Evolution .... Best.-Nr. 94707
Abitur-Wissen Ökologie .... Best.-Nr. 94708

Chemie

Rechnen in der Chemie .... Best.-Nr. 84735
Chemie 1 – LK .... Best.-Nr. 94731
Chemie 2 – LK .... Best.-Nr. 94732
Chemie 1 – gk .... Best.-Nr. 94741
Chemie 2 – gk .... Best.-Nr. 94742
Abitur-Wissen Stoffklassen
organischer Verbindungen .... Best.-Nr. 947304

Geschichte

Grundlagen, Arbeitstechniken
und Methoden .... Best.-Nr. 94789
Geschichte 1 – gk .... Best.-Nr. 84761
Geschichte 2 – gk .... Best.-Nr. 84762
Geschichte – gk K 12 Bayern .... Best.-Nr. 94781
Geschichte – gk K 13 Bayern .... Best.-Nr. 94782
Abitur-Wissen Die Antike .... Best.-Nr. 94783
Abitur-Wissen Das Mittelalter .... Best.-Nr. 94788
Abitur-Wissen Die Ära Bismarck .... Best.-Nr. 94784
Abitur-Wissen Imperialismus
und Erster Weltkrieg .... Best.-Nr. 94785
Abitur-Wissen Die Weimarer Republik .. Best.-Nr. 47815
Abitur-Wissen Nationalsozialismus
und Zweiter Weltkrieg .... Best.-Nr. 94786
Geschichte Quellen
Die Weimarer Republik .... Best.-Nr. 47811
Lexikon Geschichte .... Best.-Nr. 94787

Politik

Abitur-Wissen
Internationale Beziehungen .... Best.-Nr. 94802
Abitur-Wissen Demokratie .... Best.-Nr. 94803
Lexikon Politik .... Best.-Nr. 94801

Erdkunde

Erdkunde Arbeitstechniken
und Methoden – gk/LK .... Best.-Nr. 94901
Abitur-Wissen Entwicklungsländer .... Best.-Nr. 94902
Abitur-Wissen USA .... Best.-Nr. 94903
Lexikon Erdkunde .... Best.-Nr. 94904

(Bitte blättern Sie um)

Natürlich führen wir noch mehr Titel für alle Schularten. Wir informieren Sie gerne!

Telefon: 0 8161 / 1790 **Internet: www.stark-verlag.de**
Telefax: 0 8161 / 179-51 **E-Mail: info@stark-verlag.de**

Deutsch

Grundlagen, Arbeitstechniken
und Methoden ....Best.-Nr. 944062
Aufsatz Oberstufe ....Best.-Nr. 84401
Abitur-Wissen
Textinterpretation Lyrik, Drama, Epik ..Best.-Nr. 944061
Abitur-Wissen
Deutsche Literaturgeschichte gk/LK ....Best.-Nr. 94405
Abitur-Wissen Deutsch
Prüfungswissen Oberstufe gk/LK ....Best.-Nr. 94400
Lexikon Autoren und Werke ....Best.-Nr. 944081

Französisch/Latein

Textaufgaben zur
Landeskunde Frankreich ....Best.-Nr. 94501
Französisch – Wortschatz ....Best.-Nr. 94503
Textaufgaben zur Literatur gk/LK ....Best.-Nr. 94502
Französisch – Literaturgeschichte ....Best.-Nr. 94506
Französisch – Textarbeit ....Best.-Nr. 94504
Wortschatzübung Oberstufe ....Best.-Nr. 94505
Interpretationshilfen 1 Lyrik ....Best.-Nr. 94507
Interpretationshilfen 2 Prosa ....Best.-Nr. 94508
Interpretationshilfen 3 Drama ....Best.-Nr. 94509
Lateinische Literaturgeschichte ....Best.-Nr. 94602
Latein Kurzgrammatik ....Best.-Nr. 94601
Latein Wortkunde ....Best.-Nr. 94603

Kunst

Grundwissen Malerei – LK ....Best.-Nr. 94961
Analyse und Interpretation – LK ....Best.-Nr. 94962

Sport

Sport Bewegungslehre – LK ....Best.-Nr. 94981
Sport Trainingslehre – LK ....Best.-Nr. 94982

Wirtschaft/Recht

Betriebswirtschaft – LK ....Best.-Nr. 94851
Volkswirtschaft – gk/LK ....Best.-Nr. 94881
Rechtslehre – gk ....Best.-Nr. 94882

Englisch

Englisch – Übersetzungsübung ....Best.-Nr. 82454
Englisch – Grammatikübung Oberstufe ...Best.-Nr. 82452
Englisch – Wortschatzübung Oberstufe ..Best.-Nr. 82451
Grundfertigkeiten des Schreibens ....Best.-Nr. 94466
Englisch – Textaufgaben zur Literatur ....Best.-Nr. 94462
Englisch – Grundlagen der Textarbeit ....Best.-Nr. 94464
Englisch – Literaturgeschichte ....Best.-Nr. 94465
Englisch – Übertritt in die Oberstufe .....Best.-Nr. 82453
Abitur-Wissen Landeskunde GB ....Best.-Nr. 94461
Abitur-Wissen Landeskunde USA ....Best.-Nr. 94463

Religion/Ethik

Katholische Religion 1 – gk ....Best.-Nr. 84991
Katholische Religion 2 – gk ....Best.-Nr. 84992
Evangelische Religion 1 – gk ....Best.-Nr. 94971
Ethische Positionen
in historischer Entwicklung – gk ....Best.-Nr. 94951
Abitur-Wissen Ev. Religionslehre gk
Der Mensch zwischen Gott und Welt ....Best.-Nr. 94973
Abitur-Wissen Ev. Religionslehre gk –
Die Verantwortung des Christen ....Best.-Nr. 94974
Abitur-Wissen
Glaube und Naturwissenschaft ....Best.-Nr. 94977
Abitur-Wissen Jesus Christus ....Best.-Nr. 94978
Abitur-Wissen
Die Frage nach dem Menschen ....Best.-Nr. 94990
Abitur-Wissen Philosophische Ethik ......Best.-Nr. 94952
Abitur-Wissen
Freiheit und Determination ....Best.-Nr. 94954
Abitur-Wissen
Recht und Gerechtigkeit ....Best.-Nr. 94955
Abitur-Wissen
Religion u. Weltanschauungen ....Best.-Nr. 94956

Ratgeber für Schüler

Richtig Lernen – Tipps und
Lernstrategien für die Oberstufe ....Best.-Nr. 10483
Referate und Facharbeiten
für die Oberstufe ....Best.-Nr. 10484

Bestellungen bitte direkt an:
STARK Verlagsgesellschaft
Postfach 1852 · 85318 Freising

Damit lernen einfacher wird...